Kohlhammer
Urban-
Taschenbücher

Band 335

Uta-Renate Blumenthal

Der Investiturstreit

Verlag W. Kohlhammer
Stuttgart Berlin Köln Mainz

Umschlagbild:
Kaiser Heinrich IV. kniet vor der Markgräfin Mathilde von Canossa. (Übersetzung der Inschrift:) »Der König bittet den Abt! Und fleht Mathilde an.«
Nach einer Miniatur in der Pergamenthandschrift »Leben der Mathildis«
des Mönches Donizo, 1114. Rom, Vatikanische Bibliothek.

CIP-Kurztitelaufnahme der Deutschen Bibliothek

Blumenthal, Uta-Renate:
Der Investiturstreit / Uta-Renate Blumenthal. –
Stuttgart; Berlin; Köln; Mainz: Kohlhammer, 1982.
  (Urban-Taschenbücher; Bd. 335)
  ISBN 3-17-005899-1
NE: GT

Alle Rechte vorbehalten
© 1982 Verlag W. Kohlhammer GmbH
Stuttgart Berlin Köln Mainz
Verlagsort: Stuttgart
Umschlag: hace
Gesamtherstellung
W. Kohlhammer Druckerei GmbH + Co. Stuttgart
Printed in Germany

Inhalt

Vorbemerkung

Der Investiturstreit ist ein Thema, das stets die Aufmerksamkeit deutscher Historiker besonders auf sich gezogen hat, denn im Zusammenhang mit der Kloster- und Kirchenreform entstand zur Zeit Papst Gregors VII. ein Streit um den Vorrang zwischen der geistlichen und weltlichen Gewalt, der mehrere Jahrzehnte andauerte und für Deutschland besonders folgenreich war. Als er schließlich mit dem Wormser Konkordat 1122 seinen Abschluß fand, hatten sich geistige und politische Wandlungen vollzogen, die nicht nur für Deutschland, sondern auch für das übrige Europa bestimmend bleiben sollten. Das vorliegende Buch gibt unter Einbeziehung Frankreichs und Englands einen Überblick über diese Entwicklung von ihren Ursprüngen im späten neunten und zehnten Jahrhundert bis zu den Wormser Vereinbarungen zwischen Kaiser Heinrich V. und Papst Calixt II. im frühen zwölften Jahrhundert, welche diese Epoche beschließen.

Es lag keineswegs in meiner Absicht, die zum Teil ausgezeichneten Handbücher für diesen Zeitraum zu ersetzen, wie die allgemeinen Hinweise zum Literaturverzeichnis am Schluß des ersten Kapitels zeigen. Weil diese Hinweise nicht für jedes Kapitel wiederholt werden, soll hier betont werden, daß zum Beispiel die Arbeiten von Hauck, Hampe, Jordan, Kempf und Fuhrmann sowie die Jahrbücher der deutschen Geschichte auch für alle späteren Kapitel grundlegend sind. Da grundsätzlich auf die Angabe von Quellen verzichtet worden ist, sei auch für diese hier ein für alle Mal auf das allgemeine Literaturverzeichnis (am Ende von Kap.1) verwiesen. Die Literaturverzeichnisse, die außerdem jedem einzelnen Kapitel mitgegeben sind, sollen dem interessierten Leser den Zugang zur Spezialliteratur erleichtern und enthalten vorwiegend die Literatur, auf die in den Ausführungen gelegentlich hingewiesen wurde oder die diese besonders beeinflußt haben.

Abschließend möchte ich noch Herrn Professor Dr. Peter Herde verbindlich danken, der diese Arbeit angeregt hat. Außerdem danke ich auch noch besonders Herrn Professor Dr. Rudolf Schieffer, der mir freundlicherweise schon im voraus Fahnen seiner Studie, Die Entstehung des päpstlichen Investiturverbots für den deutschen König, überlassen hat, so daß ich seine Ergebnisse schon berücksichtigen konnte, und Herrn Professor Dr. Reinhard Elze für die Gastfreundschaft des Deutschen Historischen Instituts in Rom.

Rom, im Mai 1981

I. Frömmigkeit und Klosterreform im 10. und frühen 11. Jahrhundert

1. Die Lage der Kirchen und Klöster im neunten Jahrhundert

Der Schutz der Kirche war eine der vornehmsten Sorgen Karls des Großen (768–814) gewesen, und als unter seinem Sohn und Nachfolger, Ludwig dem Frommen (814–840), auf den Konzilien von 816 und 818/819 in Aachen die Klosterreform unter dem Einfluß Benedikts von Aniane energisch in Angriff genommen wurde, glaubte man sicherlich, daß karolingische Reformen auf lange Zeit Bestand haben würden. Dem war jedoch nicht so. In den dreißiger und vierziger Jahren des neunten Jahrhunderts, als man hoffte, mit dem Vertrag von Verdun (843) den Bruderkriegen ein Ende gemacht und die Nachfolge Ludwigs des Frommen endgültig geregelt zu haben, häuften sich Wikinger- und Sarazenen-Überfälle. Zunächst hatte der Ansturm der Norweger und Dänen England, Schottland und Irland getroffen, wobei die northumbrische Kultur Bedas und Alkuins unwiederbringlich zerstört wurde, dann aber wurde auch die fränkisch-friesische Küste angegriffen. Plündernd, brennend und mordend verbreiteten die Banden geradezu lähmendes Entsetzen unter allen Teilen der Bevölkerung, die an Widerstand zuerst nicht zu denken schienen. Der größte taktische Vorteil der Normannen, die in durchschnittlich dreihundert bis vierhundert Mann starken Banden operierten, war ihre Beweglichkeit. Dank ihrer schnellen und leichten Schiffe, die mit Rudern und Segel versehen waren, konnten sie rasch ans Ziel gelangen – und notfalls ebenso rasch aus der Reichweite ihrer etwaigen Verfolger. Ihre Boote tauchten überall an der Küste auf, im Gebiet zwischen Rhein und Somme, und auch auf der Seine, der Loire und der Garonne. Kaum noch eine Gegend war mehr sicher vor ihnen, nachdem sie um 850 herum in England und im Frankenreich zu überwintern begannen und für ihre Raubüberfälle auch Pferde benutzen. Das Ziel der Wikinger war zunächst einfach Beute, die aus Gold, Silber, Waffen, Vieh oder Sklaven bestehen konnte. Das Frankenreich erschien ihnen wie ein Eldorado, dessen man sich mit Leichtigkeit bemächtigen konnte. Der sächsische Graf Kobbo, den Ludwig der Deutsche 845 als Gesandten an den Dänenkönig Orich geschickt hatte, war Augenzeuge, als ein gewisser Ragnar von seinem erfolgreichen Angriff auf Paris im Jahre 843 an den dänischen Hof zurückkehrte und über den in seinen Augen sagenhaften Reichtum, den man dort unverteidigt vorfand, berichtete. Ragnar meinte, noch nie hätte er solch reiches und fruchtbares

Land gesehen, noch nie ein Volk, das so feig und furchtsam sei. In der Tat erschienen Flucht und Tributzahlungen den Großen des Landes einschließlich der Könige zunächst als das einzige Mittel, den Dänen zu entgehen. Es gibt berühmte Ausnahmen wie den Abt Gauzlin von St. Denis und späteren Bischof von Paris, oder Odo, den Abt von Corbie, und Erzbischof Liutbert von Köln, der die Stadt 885 zusammen mit Graf Heinrich verteidigte. Obwohl das Kirchenrecht Klerikern das Waffentragen verbot, was Papst Nikolaus I. noch 860 in einem Schreiben an Bischof Humfried von Thérouanne wieder eingeschärft hatte, waren es oft gerade Bischöfe und Äbte, die zum Widerstand aufriefen. Die größten Invasionen trafen das Seine-Gebiet in den Jahren 856–862 und dann, nach dem Sieg König Alfreds des Großen (871–899) 879 bei Edington über das »Große Heere« der Dänen, in den Jahren 879–891. Der Sieg des Ostfrankenkönigs Arnulf (887–899) im November 891 bei Löwen war ein Zeichen, daß das Blatt sich zu wenden begann, und mit der Ansiedlung Rollos und seiner Truppe in der Gegend von Rouen, dem Zentrum der nach ihnen benannten Normandie, durch König Karl den Einfältigen (893–922/29) verebbten die Wikinger-Angriffe tatsächlich.

Während der ganzen Zeit sahen sich die Erben Karls des Großen nicht nur vom Norden, sondern auch im Westen, Süden und Osten bewaffneten Überfällen ausgesetzt. Eine Gruppe Wikinger, die aus dem Mittelmeer zurückkehrte, drang bis nach Orléans und Clermont vor und plünderte 860 Nîmes, Arles und Valence, 861 Pisa und Fiesole, nachdem Bordeaux schon 848 zerstört worden war. Die Hauptgefahr im Mittelmeerbecken waren die Sarazenen, unter denen hauptsächlich Italien schwer zu leiden hatte. Auf Sizilien und in Apulien entstanden, hauptsächlich auf Kosten der Byzantiner und Langobarden, Sarazenen-Staaten mit Palermo und Bari als Verwaltungszentren. Allerdings konnten die Byzantiner unter dem Feldherrn Nikephoros Phokas Kalabrien in den achtziger Jahren zurückgewinnen, obwohl gerade damals (882) Montecassino zerstört wurde. Die berühmteste Festung der Sarazenen in den Alpen, La Garde-Freinet im Bistum Fréjus, diente als Ausgangspunkt für Raubzüge in die Provence und das Gebiet um Genua sowie zu Überfällen auf die Alpenpässe, unter denen unbewaffnete Pilger besonders litten. Aus diesen Vorposten wurden sie erst im 10. und 11. Jahrhundert vertrieben, als die italienischen Seestädte durch Handel erstarkten, und die Normannen sich in Süditalien niederließen. Das Ostfrankenreich blieb zwar vor den Sarazenen verschont, aber zu der äußeren Bedrohung durch die Wikinger an der Westgrenze kamen, besonders im 10. Jahrhundert, Angriffe der Ungarn und Slawen im Osten und

Südosten. Es war zum Teil dieser militärische Druck, der nach dem Tod des letzten ostfränkischen Karolingers, Ludwig des Kindes, 911 zur Wahl von Konrad I. (911–918) führte, und ohne den Sieg Ottos des Großen auf dem Lechfeld 955 über die Ungarn wäre seine Krönung zum Kaiser 962 als Nachfolger Karls des Großen undenkbar. Unter den unruhigen Verhältnissen der zweiten Hälfte des 9. Jahrhunderts überall in Europa litten vor allen Dingen die waffenlose Bevölkerung sowie die Kirchen und Klöster. Erzbischof Hinkmar von Reims mahnte König Ludwig den Stammler 877 und dessen Sohn, Ludwig III., wenig später auf dem Konzil von Fismes 881, sich auf ihre Pflichten zu besinnen und dem unglücklichen Volk, das schon seit vielen Jahren unter ständigen Überfällen und unerträglich hohen Steuern litte, die erhoben würden, um den Abzug der Wikinger zu erkaufen, eine Atempause zu verschaffen. Nicht nur die einfachen Menschen seien verarmt, sondern auch ehemals reiche Kirchen und Klöster ständen vor dem Ruin. Der König solle für Gerechtigkeit sorgen, damit Gott den Franken Mut verleihe, sich gegen die Heiden zu verteidigen. Hinkmar hat sicherlich nicht übertrieben. Die moderne Forschung ist bemüht, die oft unglaubwürdig erscheinenden Eintragungen in den Klosterchroniken, die abgesehen von archäologischen Überresten und Münzen beinahe die einzige Quelle für diese Ereignisse darstellen, objektiv zu überprüfen und zwischen den verschiedenen Teilen des Landes, die nicht alle gleichermaßen heimgesucht worden sind, zu differenzieren. Noch viele Fragen harren einer Antwort, aber es besteht auch in der neueren Forschung kein Zweifel, daß nicht nur viele Klöster und Bischofssitze mehrmals hintereinander zerstört wurden, sondern daß auch selbst in einigermaßen sicheren Gegenden wie dem südlichen Lothringen die Bevölkerung und die Kirchen sowie Klöster durch die riesigen Tributzahlungen an die Dänen, die wie das englische Danegeld als Steuern eingetrieben wurden, verarmten. Man kennt solche Steuern für 845, 853, 860/61, 862, 866, 877, 884, 889, 897, 923/24 und 926. Die Gesamtsumme von 39.000 Pfund, die errechnet wurde, stellt nach D'Haenens nicht mehr als ein Drittel bis zur Hälfte der tatsächlichen Tributzahlungen dar. Dazu kommen noch die Beträge, die von Klöstern und Kirchen direkt an die Dänen als Lösegeld und um sich vor Brandschatzung zu schützen, gezahlt wurden, zum Beispiel von den Pariser Abteien Saint-Denis, Saint-Etienne und S. Germain-des-Prés, die als einzige Kirchen in Paris im Jahre 857 nicht abgebrannt wurden.

Die Menschen litten aber nicht nur unter ständiger Unsicherheit und Armut, sondern viele müssen, wenn sie mit dem Leben davonkamen, heimatlos geworden sein. Bekannt aus den Klosterchroniken und Heiligenleben sind vor allen Dingen die zum Teil epischen Wanderungen der Mönche mit den Überresten ihrer Schutzheiligen. Vielleicht ist die Wanderung der Mönche von Noirmoutier mit dem Sarkophag des Heiligen Philibert, die vierzig Jahre lang keine permanente Bleibe hatten bis sie 875 in Tournus Aufnahme fanden, und erst nach gut hundert Jahren wieder in ihr Heimatkloster zurückkehrten, eine Ausnahme, aber auch die Mönche von Saint-Maixent durchzogen das Land auf ständiger Flucht vor den Normannen von der Bretagne bis nach Burgund, bevor sie vor 942 in ihr Kloster Maillezais bei Poitiers zurückkehrten. Gewiß, oft waren Mönche nur wenige Jahre oder sogar nur wenige Monate auf der Flucht, besonders nachdem man mit der Taktik der Feinde vertraut geworden war und wußte, daß ein gut befestigter Schlupfwinkel wichtiger war als Distanz, aber andererseits gibt es auch Klöster und Stifte, die aufhörten, als religiöse Gemeinschaften zu bestehen. Im großen und ganzen läßt sich sagen, daß die wirtschaftlichen und geistig-religiösen Auswirkungen der Wikinger-Einfälle oft verheerend waren. Häufig fiel der Besitz der abwesenden Mönche in die Hände der benachbarten Großgrundbesitzer, und selbst nachdem die Normannen vertrieben worden waren, fehlte den heimkehrenden Mönchen so die Existenzgrundlage. Selbstverständlich konnte unter den gegebenen Umständen von einem strengen Klosterleben im Sinne der Aachener Reformen keine Rede sein.

Klöster und Kirchen waren aber nicht nur durch die Einfälle der Normannen und Sarazenen bedroht. Die großen Abteien des westfränkischen Reichs wurden durch das Eigenkirchenrecht und das Laienabt-System in der Form, wie es unter den Nachfolgern Ludwigs des Frommen (814–840) gehandhabt wurde, in die Bruderkriege und Thronfolgestreitigkeiten zwischen Karolingern und Robertinern verwickelt. Besitzer und/oder Abt wechselten je nach der Gunst des Augenblicks. In nicht wenigen Fällen wurden Abteien zu Befestigungen, die den Klosterherren mit Truppen, Weib und Kind, Hunden und Pferden als Wohnort dienten.

Den Ausgangspunkt für ein Studium des Eigenkirchenrechts bilden nach wie vor die Forschungen von Ulrich Stutz, obwohl sie in gewissen Punkten überholt sind. Insbesondere die These vom germanischen Ursprung des Eigenkirchenrechts wird heute im allgemeinen abgelehnt, da es sich gezeigt hat, daß diese neue Rechtsform auch in nicht-germanischen Teilen des ehemaligen Reiches anzutreffen war und sich in ähnlicher Gestalt bei den Slawen und Iren findet. Im Gegensatz zur zentralisierten Organisation der Kirche im Römischen Reich, in der dem Bischof alle Klöster und Kirchen in seiner Diözese mit ihrem Personal und Eigentum unterstanden, setzte sich in den germanischen Nachfolgestaaten sowie in Ost-Rom, dem späteren Byzantium, die sachrechtliche Auffassung durch, daß eine Kirche oder ein Kloster, das auf eigenem Grund und Boden gegründet worden war, auch weiterhin zum Familienbesitz des Stifters gehörte, und er über diese wie über sein anderes Eigentum frei schalten und walten konnte. Der Altar, der über den Reliquien des Heiligen, dem er geweiht wurde, erbaut wurde, galt als der rechtliche Anker, dem das Kirchen- oder Klostergebäude, der Friedhof, Ländereien, der Zehnt und andere Gebühren zugeordnet waren. Der Grundherr verfügte im Namen des Heiligen über den Altar und damit über den gesamten zugehörigen Besitz, weil seine Rechte über den Grund und Boden, auf dem der Altar stand, weiterhin bestehen blieben. Der Eigentümer konnte den Altar und damit das diesem zugehörige Einkommen und Besitz veräußern, verleihen, vererben, verpfänden oder als Morgengabe verwenden, jedoch nur unter der Bedingung, daß die Kirche, einmal geweiht, ihrem eigentlichen Zweck nicht entfremdet werden dürfe. Der Eigentümer hatte auch das Recht, vielmehr die Pflicht, für ordnungsgemäße Abhaltung des Gottesdienstes zu sorgen und den Priester für dieses Amt zu bestallen und zu versorgen. Damit verloren die Bischöfe einen großen Teil ihres Einflusses auf und ihrer Rechte an den Kirchen und Klöstern ihrer Diözesen. Sie hatten auch kaum eine Möglichkeit, ihrer Aufsichtspflicht zu genügen. Die anfangs lebhafte bischöfliche Opposition zum Eigenkirchenrecht – in Theorie gaben die Bischöfe ihre Rechte nie auf – konnte sich im Frankenreich jedoch nicht durchsetzen, besonders in Anbetracht der verschiedenen Säkularisationswellen, die von den Herrschern durchgeführt wurden, um ihre Anhänger zu versorgen, auf deren militärische Unterstützung sie angewiesen waren. Auch alte Kirchen und Klöster sowie natürlich deren Besitz kamen zunehmend in Laienhand.

Unter Karl dem Großen und Ludwig dem Frommen kam es auf den großen Reformkonzilien von 806 und 818/19 sozusagen zu einem Kompromiß zwischen der alten und der neuen Ordnung des Kirchenrechts. Das Eigenkirchenwesen wurde anerkannt, aber die schlimmsten Auswüchse wurden in Kapitularien unterbunden. Es wurde Laien verboten, ohne die Genehmigung des zuständigen Bischofs Priester ein- oder abzusetzen oder Unfreie zu Priestern weihen zu lassen. Außerdem sollte jede Kirche, die über ein ausreichendes Einkommen verfügte, einen eigenen Priester haben und jedem Priester sollte eine von grundherrlichen Lasten freie Hufe zur Verfügung stehen, für die, wie für Haus und Garten, Zehnte und Oblationen, nur geistige Dienste verlangt werden durften. Aber auch die Rechte der Laien wurden geschützt. Zur Sicherung der Grundherren bestimmten die Konzilien erstens, daß kein Bischof die Ordination eines vorgeschlagenen Eigenklerikers, dessen Lebensführung und Ausbildung zu keinem Tadel Anlaß bot, verweigern durfte und zweitens, daß der Bischof den neugegründeten Kirchen den ihnen zukommenden Zehnten überlassen mußte. Auf Klöster, die nicht zugleich auch Pfarrkirchen waren, trafen diese Bestimmungen in dieser Form natürlich nicht zu, aber auch hier verbrieften die Kapitularien das Recht der Eigentümer, indem sie den Gründern und deren Nachkommen meistens die Abtwahl überließen.

Die bedeutendsten und ältesten Klöster wurden seit Ludwig dem Frommen als Königs- oder Reichsklöster betrachtet wie auch bestimmte Stifte, auch wenn sie nicht von Königen oder auf königlichem Grund und Boden errichtet worden, dem König von adligen Gründern übergeben oder durch Konfiskation an den König gefallen waren. Nach Adhémar von Chabannes soll Ludwig bei Antritt seiner Regierung alle Abteien eingezogen haben, und zwar im Einvernehmen mit Benedikt von Aniane, um sie damit vor etwaigen Eingriffen der Grafen und Bischöfe zu schützen. Seit 815 verband Ludwig den königlichen Schutz mit der Immunität, so daß die eingezogenen Klöster von da ab nicht nur faktisch, sondern auch rechtlich zur königlichen Machtsphäre gehörten. Der königliche Schutz sollte die Unabhängigkeit der Klöster und Abteien sichern und Mönchen und Kanonikern ein Leben nach der Regel gewährleisten. Die Kapitularien und vor allen Dingen die Konzilskanones des 9. Jahrhunderts zeigen deutlich, was für weitgehende Rechte und Pflichten die Könige aufgrund dieser Regelung besaßen. Selbst Hinkmar von Reims, der gegen die königliche Kirchenhoheit und besonders die königliche Ernennung der Bischöfe polemisierte, forderte die Könige wiederholt auf, durch Kommissionen von *missi* in den Klöstern nach dem Rechten zu sehen. Die *missi* sollten bis ins einzelne gehende Inventare alles Besitzes anlegen, über die Zahl der Mönche und Nonnen und ihren Lebenswandel berichten, und der König sollte dann die entsprechenden Schritte unternehmen, um dafür zu sorgen, daß überall die rechte Zahl von Mönchen anzutreffen sei, daß der Gottesdienst würdig zelebriert würde, und daß ein Kloster weder zu viel noch zu wenig an irdischem Besitz zur Verfügung hätte. Theoretisch verzichtete Ludwig der Fromme 818/19 zwar auf die Nominierung der Äbte in den Reichsklöstern des *Ordo regularis,* das heißt, der durch Benedikt von Aniane reformierten Benediktinerregel, aber da er sich das Konsens- und Einsetzungsrecht und eine Überprüfung der Wahl vorbehielt, war diese doch nicht frei, wie die Regel verlangte, sondern lag in seiner Hand. Wie Voigt schon vor langem gezeigt hat, wirkte sich diese Tatsache jedoch erst seit der Regierungszeit Karls des Kahlen (840–877) negativ aus, als dieser Herrscher unter dem Druck des Adels begann, Klöster an Laien zu vergeben. Diese Laien eigneten sich allmählich sämtliche königliche Rechte an. Als Laienäbte, manchmal gemeinsam mit einem regularen Abt, oder als Laienbesitzer beherrschten sie die Klöster ganz im Sinne des Eigenkirchenrechts. Sie nutzten sie für ihre eigenen Zwecke aus, angefangen vom Recht zur Einlagerung bis zum Recht, die militärischen Kontingente, die ein Kloster zu stellen hatte, für ihre Privatkriege zu benutzen. Durch ihre Laienbesitzer wurden die Klöster und Stifte in die Thronfolgestreitigkeiten hineingezogen. Sie stellten wichtige Machtpositionen in den Händen der aristokratischen Familien dar, die um die Macht oder Unabhängigkeit stritten. Es ist daher nicht erstaunlich, daß gegen Ende des 9. Jahrhunderts und zu Anfang des 10. Jahrhunderts von Weltabgeschiedenheit und Beachtung der Regel Benedikts kaum noch irgendwo die Rede war.

2. Die Anfänge der Klosterreform in Lothringen

Das religiöse Empfinden der Menschen ließ sich jedoch nicht verleugnen. Anfang des 10. Jahrhunderts regten sich die ersten Reformbestrebungen, und zwar zunächst in Lothringen (Brogne, Gorze, Verdun) und in Burgund (Cluny), wobei sich das geistige Erbe Benedikts von Aniane mit eremitischen Zügen vermischte. Die Erneuerungswelle berührte in erster Linie Klöster, aber auch der Weltklerus, die Kanoniker- und Kanonissenstifte wurden von ihr erfaßt. Selbst in der zweiten Hälfte des 9. Jahrhunderts fanden Klostergründungen statt, aber der Geist der Reform wird wohl zuerst in der Gestalt des Abtes Gerhard († 959) greifbar, der 913/14 auf seinem ererbten Allod eine monastische Gemeinschaft gründete, für die er von dem französischen, von der Abtei S. Denis in Paris abhängigen, Klösterchen Deuil Reliquien des Heiligen Eugenius erwerben konnte. Gerhard war damals noch Laie, und was er tat, tat er als Eigenkirchenherr. Er entstammte dem kriegerischen Adel Lothringens, und sein Vater war ein Vasall des großen Kapetinger Grafen Robert von Paris, der 922 König von Frankreich wurde. Mit dem Grafen Berengar von Namur (Brogne liegt bei Namur) und Bischof Stephan von Lüttich hatte Gerhard und seine Familie die allerbesten Beziehungen.

Leider ist die Vita Gerardi abbatis Broniensis ein »roman hagiographique« (De Smet), der ganz auf die Zustände in der Diözese Lüttich in der zweiten Hälfte des 11. Jahrhunderts zugeschnitten ist, so daß wir über die Motive Gerhards wenig wissen. Das gleiche gilt für die frühe Organisation von Brogne, da nicht nur die Vita Gerardi größtenteils Legende ist, sondern Brogne auch zu den bekanntesten mittelalterlichen Fälscherwerkstätten gehörte, und Urkunden nur mit Vorsicht für die frühen Zustände in Brogne benutzt werden können. Es steht jedoch fest, daß Gerhard, der Eigenkirchenherr, wohl 918/19 Mönch wurde und in das Kloster S. Denis eintrat. 921 weihte ihn Bischof Theodulf von Paris zum Subdiakon und vom gleichen Jahr ist ein Diplom König Karls von Frankreich datiert, das Brogne die Immunität verlieh. Ein Jahr später wurde er ebenfalls in Paris zum Diakon ordiniert und seit 923 wird er in Diplomen als Abt von Brogne bezeichnet, das heißt, daß Brogne damals ein selbständiges Kloster wurde. 927 empfing Gerhard die Priesterweihe in Paris, aber die Jahre zwischen 923 und 927 verbrachte er anscheinend nicht mehr in Paris sondern in Brogne und vor allen Dingen auf Reisen, um von den verschiedenen interessierten Parteien, die damals schnell wechselten, Privilegien für seine geliebte Gründung zu erhalten. Gerhards Reformen und der Erfolg der Erneuerung des monastischen Lebens in Brogne müssen bemerkenswert gewesen sein, denn schon 931/32 übertrug Herzog Giselbert von Lothringen († 939) Gerhard das Kloster S. Ghislain im Hennegau, das völlig heruntergekommen war.

Obwohl es bei der Gründung Brognes Gerhards Wunsch gewesen war, sein Leben in mönchischer Zurückgezogenheit zu verbringen, versagte er auch Markgraf Arnulf von Flandern (918–965) seine Hilfe nicht, als dieser ihm Anfang der vierziger Jahre mehrere große flandrische Abteien zur Erneuerung übergab: in Gent Saint-Bavo und Saint-Pierre vom Mont-Blandain, besser bekannt als Blandigny, und die berühmte Abtei Saint-Bertin. Die Geschichte dieser Klöster gestattet einen guten Einblick in die damaligen Zeitumstände. Das Königskloster Saint-Bavo war im 9. Jahrhundert von den Normannen zerstört worden und kam danach in den Besitz der flandrischen Grafen, die sich wohl an seinem Besitz schadlos hielten, denn die Klostergemeinde hatte anscheinend aufgehört zu bestehen, obwohl noch Gottesdienste in der Kirche abgehalten wurden. In Saint-Pierre auf dem Blandinerberg war die Situation ähnlich, obwohl es dort noch eine Gruppe von Kanonikern gab, die Markgraf Arnulf von Gerhard durch Mönche ersetzen ließ. Arnulf hatte Saint-Bertin von seinem Bruder geerbt und war wie dieser vor ihm Laienabt der Abtei. Als sich die dortigen Mönche, die dort also noch oder wieder lebten, gegen die Reformen Gerhards von Brogne sperrten, wurden auch sie wie die Kanoniker von Blandigny durch Arnulf, den Eigenklosterherren, ausgewiesen und durch Neuankömmlinge ersetzt. Die Herkunft der neuen Mönche ist unbekannt, sie sind aber wohl nicht aus Brogne gekommen. Bei allen drei Klöstern gab der Markgraf aus Anlaß der Erneuerung der klösterlichen Observanz an die Klöster Teile ihres ehemaligen Besitzes zurück, von denen er meinte, daß sie zum Unterhalt der Mönche ausreichen sollten. Das übrige Gut behielt er, wie er auch weiterhin Klosterherr war, jedoch nicht mehr Laienabt. Die Reform der flandrischen Klöster, zu denen auch S. Vaast und S. Amand gehörten, durch Markgraf Arnulf in Zusammenarbeit mit Gerhard von Brogne war jedoch so stark von diesen beiden Persönlichkeiten getragen, daß sie mit dem Tode Gerhards († 960) und Arnulfs († 962) zum Stillstand kam und später von Richard von Saint-Vanne und Poppo von Stablo erneuert werden mußte.

Von größerer Dauer und Einfluß war die Reform, die fast gleichzeitig von dem lothringischen Kloster Gorze nach Niederlothringen und Deutschland ausstrahlte, obwohl sie auch hier, fast immer von den Eigenklosterherren, Laien und Bischöfen, die i. d. R. dem Hochadel angehörten, ausgelöst wurde. Es ist das große Verdienst von Dom Kassius Hallinger, die Differenzierung der lothringisch-deutschen Richtung innerhalb der monastischen Reformbewegung des 10. und 11. Jahrhunderts auf breiter Quellenbasis dargestellt zu haben. Selbst wenn nicht alle Elemente, auf die er sich bei seiner scharfen Abgrenzung der gorzischen von der cluniazensischen Erneuerungsbewegung berufen hat, der Kritik standgehalten haben, so gibt Hallinger, abgesehen von einigen wenigen früheren Einzelstudien, doch zum ersten Mal einen Einblick in die breite klösterliche Reform, die Lothringen und mit der starken Unterstützung der ottonischen und frühsalischen Könige auch Deutschland vor dem Investiturstreit erfaßte. Hallinger machte ein für allemal die Ausmaße und Wirkung einer Klosterreform deutlich, die zunächst nicht mit Cluny in direkter Verbindung stand. Es steht seit Hallinger fest, daß die Gorzer Richtung nicht mehr von Cluny abgeleitet werden kann. Es gelang ihm zu zeigen, hauptsächlich indem er sich auf eine neue Quellenart, die Nekrologe, im Zusammenhang mit Äbtelisten stützte, daß Gorze seinen Einfluß in zehn weitausgreifenden Filiationsgruppen geltend machte: Gorze selbst, St. Maximin, St. Emmeram, Niederaltaich, Lorsch, Fulda, der Mainzer Gruppe, Einsiedeln, Klöstern der lothringischen Mischobservanz und Klöstern der Junggorzer Richtung. Doch was war die Gorzer Reform?

Bischof Adalbero von Metz, der 933 in einem Privileg das völlig heruntergekommene Kloster Gorze vor den Toren der Stadt, das im 8. Jahrhundert von Chrodegang von Metz gegründet worden war, wieder errichtete, übergab es an eine Gruppe reformbegeisterter Kleriker aus dem Gebiet Metz, Toul und Verdun. Der erste Abt war der frühere Touler Archidiakon Einold. Aus der Vita seines Nachfolgers, des Johannes von Vandière, erfährt man, daß Adalbero beinahe unfreiwillig zu dieser Handlung gezwungen wurde, denn es war weder für ihn selbst einfach, die ehemaligen Besitzungen von Gorze, die die Bischöfe sich angeeignet hatten, wieder herauszugeben, noch diese seinen hochadligen Verwandten zu entreißen. Den Ausschlag gab der Plan des Johannes, mit seinen Gesinnungsgenossen, das heißt mehreren Klerikern aus Metz, dem Archidiakon und Asketen Einold von Toul sowie den Einsiedlern Humbert von Verdun und Lautbert aus den Ardennen nach Benevent auszuwandern, wo die Freunde, wie Johannes überzeugt berichtete, die Möglichkeit finden würden, ihr Leben in einer Einsiedlerkolonie ganz Gott zu widmen. Um sie in Lothringen zu behalten, bot ihnen Adalbero Gorze zur Niederlassung an, einen Vorschlag, den sie nach einigem Zögern auch annahmen. Nach einer wirtschaftlich schwierigen Anfangszeit – Adalbero von Metz hatte mit der Rückgabe des Gorzer Klosterbesitzes sehr gegeizt, und die nunmehrigen Benediktinermönche von Gorze waren schon einmal drauf und dran, nach St. Maximin in Trier zu übersiedeln – blühte Gorze auf und war in der Lage, auch den Bitten anderer Klöster um Hilfe bei der Wiedereinführung von strenger benediktinischer Observanz nachzukommen.

Eines der ersten Klöster, in das sie für kurze Zeit zwei Mönche schickten, war St. Maximin von Trier, als es 934 von Herzog Giselbert von Lothringen, der schon im Jahr vorher Saint-Ghislain Gerhard von Brogne anvertraut hatte, ihnen zur Reform übergeben wurde. Es muß betont werden, daß trotz der freundschaftlichen Beziehungen zwischen Gorze und St. Maximin, die Trierer, nachdem ihnen von ihrem Laienabt, eben Herzog Giselbert, der Weg erst einmal frei gegeben worden war, die Reform aus eigener Kraft vollendeten. Ihr Abt wurde nicht ein Mönch aus Gorze, sondern Ogo (934–945), der schon 923 als Mönch von St. Maximin urkundlich erwähnt wurde. In bezug auf die Verbreitung der Klosterreform war St. Maximin im Grunde wichtiger als Gorze selbst. Otto der Große (936–973) bediente sich der Mönche aus Trier zur Reform der Reichskirche. Einer von ihnen wurde Abt des Moritz-Klosters in Magdeburg und ein anderer, Adalbert, vorher schon Abt von Weißenburg, wurde von Otto zum ersten Erzbischof des eben gegründeten Magdeburg ernannt. Abt Sandrat von St. Maximin selbst reformierte in Ottos Auftrag Reichsklöster, und auch die bayrische monastische Reform stand in Beziehung zu den Trierern, denn Abt Ramwold von St. Emmeram, der Freund Kaiser Heinrichs II. (1002–1024), dem früheren Herzog von Bayern, wurde von Bischof Wolfgang von Regensburg, der am Trierer Dom Schulleiter gewesen war, aus St. Maximin nach Regensburg berufen. Heinrich II. holte sich auch mit Abt Immo von Gorze direkt aus Gorze Hilfe, aber in der Hauptsache war es doch der Ramwold-Kreis, auf den sich Heinrich als Kaiser für die Klosterreform verließ.

H. Büttner weist in seiner mustergültigen Untersuchung über die Konstitution des Klosters Saint-Evre in Toul außer auf den Einfluß von St. Maximin in Zusammenhang mit dem Aufblühen der Reform in Lothringen und Deutschland auch auf Saint-Evre hin, dem er ähnlichen Einfluß zuschreibt. Das Diplom, das Bischof Gauzlin von Toul wohl 934 für die wiedererrichtete Abtei Saint-Evre ausstellte, verbindet den Leitgedanken der innerklösterlichen Freiheit *(libertas monastice religionis)* mit einer sorgsam abgewogenen Bestimmung zum Schutz dieser *libertas,* in der das stark betonte Eigenkirchenrecht der Touler Bischöfe gegen Mißbrauch durch Appellationsfreiheit des Klosters an den Metropoliten (Trier) und gegebenenfalls den König abgesichert wird. Die Formel *libertas monastica religionis* stellt sich dabei als gar nicht neu oder gar revolutionär heraus, wie man meinen möchte, wenn man die Touler Bestrebungen aus dem Blickwinkel des Investiturstreits heraus betrachtet, sondern es zeigt sich, daß Gauzlin von Toul für dieses Diplom, das von dem asketischen Mönch Humbert von Gorze geschrieben wurde, auf Privilegien für Saint-Evre aus dem 9. Jahrhundert zurückgegriffen hat. Wichtig darunter waren verschiedene Königsurkunden und vor allen Dingen die Urkunde Bischofs Frothars von Toul von ca. 836, die im engsten Zusammenhang mit der geistigen Welt Benedikts von Aniane stand und für nachmalige Restitutionen zum Vorbild wurde. Das wesentliche Ergebnis von Büttners Untersuchung ist, im einzelnen gezeigt zu haben, wie verschiedenartig die Formen sein konnten, in denen der Wunsch nach Erneuerung des religiösen Lebens seinen Ausdruck fand und wie unabhängig die einzelnen Klosterherren die Reform in Angriff nahmen, wobei sie aus den verschiedensten Richtungen Impulse empfingen. Dem Touler Bischof standen Anregungen zur Wiederbelebung strengen klösterlichen Lebens nicht nur in seinem eigenen Archiv, in Brogne und in Gorze zur Verfügung, sondern ihm waren, da er mit der Abtei Fleury (Saint-Benoît-sur-Loire) in Verbindung stand, die um das Jahr 930 von Abt Odo von Cluny reformiert worden war, auch sicherlich die Einrichtungen und Bestrebungen dieser burgundischen Abtei nicht fremd.

3. Die Anfänge Clunys

Cluny war eine Neugründung, mit dem Ziel, die strenge Beachtung der Regula Benedicti, wie sie von Benedikt von Aniane interpretiert worden war, durchzusetzen und dem Verfall klösterlicher Sitten zu steuern. Wilhelm der Fromme, Herzog von Aquitanien und Graf von Auvergne, beauftragte zu Beginn des 10. Jahrhunderts Abt Berno von Beaume, einem wegen seiner mönchischen Strenge in Aquitanien und Burgund berühmten Abt, zum Seelenheil von Wilhelms »Senior«, König Odo, dem seiner Verwandten und seiner selbst, auf seinen Besitzungen ein neues Kloster zu gründen und zu leiten. Berno wählte als Ort für die neue Niederlassung ein Jagdhaus des Herzogs, Cluny, in der Nähe von Mâcon. Die für ihre Zeit bemerkenswerte Gründungsurkunde des Stifters von 909 entzog das neue Kloster mit seinen Gütern von vornherein dem Zugriff jeglicher weltlichen Gewalt, sicherte freie Abtwahl und unterstellte es dem Schutz des heiligen Stuhls (tuitio und defensio). Alle fünf Jahre sollte Cluny in Rom einen Rekognitionszins in Höhe von 10 solidi zahlen. Wie man weiß, war dies zwar keine Exemtion des Klosters im Sinne der Klosterexemtionen des späteren 11. und 12. Jahrhunderts, da die geistlichen Rechte des Bischofs von Mâcon zunächst bestehen blieben, aber die Urkunde gestattete dem Kloster doch, sich ungestört von Laien- oder Bischofsinterventionen in bezug auf weltlichen Besitz zu entfalten und zu wachsen, falls es dazu in der Lage sein sollte. Zunächst sah es nicht so aus, denn das Klösterchen war vielleicht das ärmste der sechs Klöster, von denen Berno († 927) bei seinem Tode Abt war. In seinem Testament teilte er diese zwischen seinem Neffen Wido (Gigny, Beaume, Ethice) und Odo, dem er sein Lieblingskloster Cluny und außerdem Déols (917 mit einem Privileg gegründet, das dem Clunys praktisch gleich war) und Massay vermachte. Die Teilung war notwendig geworden, weil die strenge Haltung Odos nicht allen Mönchen zusagte, und es deswegen schon zu Bernos Lebzeiten zu Zwistigkeiten unter seinen Mönchen gekommen war. Odo war der Sprößling einer aquitanischen Adelsfamilie mit engen Beziehungen zur Abtei des heiligen Martin in Tours. Unter Odos Abbatiat, das von 927 bis 942 dauerte, ging es mit Cluny bald aufwärts. Dank seiner Familienbeziehungen zum aquitanischen Hof, aber vor allen Dingen dank seiner persönlichen Heiligkeit und dem Ruf, den er damit für Cluny erlangte, wuchs der Besitz des Klosters zusammen mit der Zahl seiner Mönche. Odo sicherte den Bestand seiner Abteien, indem er mehrmals von den Königen Frankreichs (Rudolf sowie Ludwig IV.) und den Päpsten (Johann X., Johann XI. und Leo VII.) für diese Privilegien erhielt, darunter die Bestätigung der Gründungsurkunden für Cluny und Déols (der Petent war in diesem Fall der Gründer, Ebbo von Déols), die jetzt zum erstenmal sowohl durch den König von Frankreich (927) als auch den Papst (931) bestätigt wurden.

Odos außergewöhnlicher Ruf zusammen mit seinen Familienbeziehungen brachte es mit sich, daß er bald mit der Wiederbelebung anderer Klöster befaßt wurde. Unter ihnen befanden sich Fleury (Saint-Benoît-sur-Loire), Aurillac und Saint-Julien in Tours. In Fleury mußte Odo starke Widerstände überwinden, um die Reform durchzusetzen. Daß die Verbreitung der Reform ein Hauptanliegen Odos war, findet man in den Privilegien des Jahres 931 bestätigt, in denen Papst Johann XI. Abt Odo die päpstliche Erlaubnis erteilte, Klöster, die ihm von ihren Eigentümern *(ex voluntate illorum, ad quorum dispositionem pertinere videtur)* zur Wiederbelebung übertragen würden, zu reformieren, falls Odo willens sei, die Aufgabe zu übernehmen. Odo wird es auch gestattet, fremde Mönche aufzunehmen, die unter einer strengeren Regel leben wollten, solange dies in ihrem Heimatkloster noch nicht möglich sei. 938 erwirkte Odo auch für Fleury, wo er eine Zeit lang Abt war, eine Reformlizenz, obwohl die Abtei ein von Cluny unabhängiges königliches Eigenkloster blieb.

Odos Einfluß reichte in diesen Jahren bis nach Italien, wo ihm in Rom von Alberich, einem Sohn Marozias und Theophylacts, mehrere Klöster zur Reform übergeben wurden. Auch auf Klöster, die an seinen Reisewegen lagen, wirkte Odo ein. Außer um die Klosterreform bemühte sich Odo in Italien besonders um eine Aussöhnung zwischen Alberich, dem Fürsten Roms, und Hugo von Franzien, der sich zum König von Italien hatte krönen lassen und mit Alberich um die Herrschaft über Rom kämpfte. Odos Vermittlertätigkeit war vielleicht der ursprüngliche Grund seiner Italienaufenthalte. Zwar war Odo weder als Vermittler noch als Reformer in Italien besonders erfolgreich, aber nichtsdestoweniger hinterließen Odos Ansichten über das Wesen des christlichen und besonders des klösterlichen Lebens doch einen nachhaltigen Eindruck. Sein Nachfolger Majolus (954–993) konnte mit der Unterstützung der Kaiserin Adelheid 971 das Kloster San Salvatore in Pavia gründen, nachdem er in der gleichen Stadt schon vorher die Abtei, die später seinen Namen tragen sollte, erneuert hatte. 983 reformierte er in Pavia auch das Kloster San Pietro Ciel d'oro. Im 11. Jahrhundert verstärkte sich der Einfluß Clunys auf Italien zusehends. Ungefähr zwischen 1030 und 1048 übernahm das Kloster Farfa die *Consuetudines* von Cluny, nachdem zu Anfang des Jahrhunderts ein Schüler Abts Odilos von Cluny (993–1048), Alferius, die Abtei La Cava in der Nähe Salernos gegründet hatte. In Norditalien, besonders in San Benedetto, Polirone, machte sich cluniazensischer Einfluß erst in der zweiten Hälfte des 11. Jahrhunderts stärker geltend.

Wie in Burgund und Aquitanien hatte Odo auch in Italien auf strikte Befolgung der Regel, wie sie unter Benedikt von Aniane entwikkelt worden war, bestanden, zum Beispiel dem Verbot von Fleischgenuß. Odo von Cluny hat auch einige Tendenzen, die sich bei Benedikt finden, stärker betont. So führte er verschärftes Stillschweigen und verlängertes Chorgebet ein. Die genaue Befolgung der überlieferten Tradition war ihm von allergrößter Wichtigkeit und das sine qua non des wahren Mönchtums. Odo war in erster Linie Mönch, dessen Hauptsorge den ihm anvertrauten Klöstern galt. Trotzdem zeigen die Quellen aber auch, daß Odo auch wann immer möglich versuchte, das christliche Lebensbewußtsein bei der adligen Gesellschaft seiner Zeit und dem Säkularklerus zu heben. Mönchtum und Weltflucht schließen Weltbekehrung nicht aus, sondern sind Züge, die sich ergänzen und nebeneinander bestehen. Unter Odos Nachfolgern entwickelte sich Cluny weiter in der von Odo gewiesenen Richtung. Abt Majolus (954–993), der zweite Nachfolger Odos und ihm geistig eng verwandt, aber vielleicht von größerer menschlicher Wärme, war der erste Abt von Cluny, der schon wenige Jahre nach seinem Tode in einem päpstlichen Privileg als Heiliger bezeichnet wurde. Er war der Freund des Königs von Frankreich, und es wird berichtet, daß Kaiser Otto II. (973–983) ihn zum Papst wählen lassen wollte, was Majolus aber ablehnte. Genau wie Odo, wirkte Majolus als Reformer und als Vermittler zugleich. Auf Bitten des Kaisers versuchte er, die Römer und die Tuskulanergrafen miteinander zu versöhnen. Abt Odilo (994–1049), der von Fulbert von Chartres in seiner *Vita Odolonis* wegen seiner Reformtätigkeit als Erzengel der Mönche bezeichnet wurde, war ein würdiger Nachfolger des Heiligen Majolus. Er ist es, der ungefähr um 1030 in Cluny und in den von ihm beeinflußten Klöstern die jährliche Feier des Allerseelentages am 2. November, dem Tag nach Allerheiligen, einführte. Wie die Forschung gezeigt hat, war in Cluny das Totengedächtnis, das in Klöstern und Kirchen des ganzen Europas begangen wurde, von besonderer Bedeutung. Es wurde dort in sehr feierlichen und prunkvollen liturgischen Gebräuchen ausgedrückt und fand in äußerst umfangreichen Nekrologen, in denen die Namen der Toten, für die man betete, verzeichnet waren, ihren Niederschlag.

Mit dem Ruf seiner außergewöhnlichen Äbte verbreitete sich auch der Ruhm Clunys. Die Abtei wurde reicher und mächtiger, und die Zahl ihrer Mönche wuchs ständig. 937 unterstanden Odo 17 Häuser, die mit ihm locker durch die *abbatia* genannte Einrichtung verbunden waren. Unter dem Abbatiat Odilos stieg die Zahl der von Cluny abhängigen Klöster auf ungefähr 60 an. Es wird noch oft angenommen, daß es Odilo war, der begann, die Abhängigkeit der verschiedenen von Cluny reformierten, gegründeten oder an Cluny geschenkten Klöster von der Mutterabtei zu systematisieren, aber dies war genau besehen erst unter seinem Nachfolger, dem großen Abt Hugo (1049–1109), der Fall. Nach einigen Schätzungen – genaue Listen sind weder überliefert noch bisher von der Forschung erstellt worden – soll die Zahl der jetzt auch juristisch von Cluny abhängigen Klöster unter Hugo ungefähr 2000 erreicht haben. Diese Zahl ist wohl zu hoch, aber soviel steht doch fest, daß Cluny unter den Äbten Odilo und Hugo Weltruf gewann und zahlreiche Klöster in Frankreich, Italien, Spanien, Deutschland und England von Cluny abhängig oder doch stark von ihm beeinflußt wurden. Man spricht von einem Ordo oder einer Kongregation Clunys, aber diese Bezeichnungen dürfen noch nicht in ihrem modernen Sinn verstanden werden und Abhängigkeit und Einfluß sollten unterschieden werden.

Gute Beispiele für den Einfluß Clunys auf Klöster, die unabhängig blieben, für das zehnte und frühe 11. Jahrhundert sind außer Fleury, Farfa und La Cava auch die Klöster, die von Wilhelm von Volpiano geleitet wurden. Unter Abt Majolus kam Wilhelm 987 als Mönch nach Cluny, da Majolus Wilhelm tief beeindruckt hatte, als der Abt von Cluny auf seiner damaligen Italienreise in Wilhelms Heimatkloster Lucedio sowohl auf der Hin- als auch auf der Rückreise eingekehrt war. Wie wir von Rudolf Glaber, dem Biographen Wilhelms wissen, hatte der junge Mönch sich geweigert, die Weihe zum Diakon durch den Bischof von Vercelli, dem Diözesan und Eigenkirchenherrn Lucedios anzunehmen, da dieser wie damals üblich einen Obödienzeid forderte. Die Eidleistung war laut altkirchlicher Tradition Mönchen verboten, und Wilhelm blieb der Tradition treu. Drei Jahre nachdem Wilhelm in Cluny eingetroffen war, wurde ihm von Bischof Bruno von Langres das Kloster S. Bénigne in Dijon zur Reform übergeben, eine Aufgabe, die ihm glänzend gelang. Seine Energie und Askese verbreiteten schnell seinen Ruf, so daß sich auch bald der Bischof von Metz an Wilhelm wandte und ihm mehrere Klöster in seiner Diözese, die ursprünglich unter dem Einfluß von Gorze erneuert worden waren, übergab. Zu diesen gehörten Gorze selbst und im Sprengel Toul Saint-Evre und Moyenmoutier. Der Herzog der Normandie berief Wilhelm zum Abt von Fécamp. Wilhelms Strenge in der Beachtung der Regel Benedikts wie sie durch die Gebräuche Clunys erweitert worden war, führte dazu, daß man dem Abt von S. Bénigne den Spitznamen *super regulam* gab. Wilhelms persönliches Verständnis des Inhalts der Klosterreform spricht sich am deutlichsten in den Gründungsurkunden und den zu seinen Lebzeiten von allen Seiten erworbenen Privilegien seiner eigenen Stiftung Fruttuaria in der Nähe Vercellis auf allodialem Besitz seiner Familie aus, da er hier keine Rücksicht auf Eigenkirchenherren zu nehmen brauchte. Zur Ausschaltung jeglicher eigenkirchlicher Rechte und von Simonie sorgte er für die volle Exemtion Fruttuarias vom Diözesanbischof und für Unabhängigkeit von jedem anderen Kloster. Der Nachfolger eines Abtes sollte durch diesen designiert werden, und sich dann mit Selbstinvestitur in das Amt einsetzen. Kluge Voraussicht und unermüdlicher Eifer Wilhelms verbrieften diese Rechte für Fruttuaria zu einer Zeit (1015–1022/1025), als die volle und weiter reichende Exemtion Clunys, die die burgundische Abtei 1024 erhielt, noch im Entstehen war. Es ist festzuhalten, daß, obwohl Wilhelm von Cluny stark beeinflußt war, man zwischen seinem Werk und den Reformen Clunys selbst unterscheiden muß.

Wie entwickelte sich die Kongregation Cluny und was waren die Beziehungen zwischen der Abtei und den von ihr abhängigen Häusern? Schon seit der Gründung 909 hatte der Abt von Cluny einen Abbatiat inne, das heißt, daß er gleichzeitig Abt mehrerer Klöster war, ein Fall der für die meisten Äbte und Laienäbte der Karolingerzeit typisch ist, man denke nur an Einhard († 840), den Biographen Karls des Großen, dem von Ludwig dem Frommen mehrere bedeutende Abteien anvertraut wurden. Die ersten Äbte Clunys erneuerten Niederlassungen, die ihnen übergeben worden waren, meist dadurch, daß sie dort die Observanz cluniazensischer Gebräuche einführten. In anderen, wie Fleury, einem königlichen Kloster, das Abt Odo auf Wunsch des Grafen Elisiardus gegen den Willen der dortigen Mönchsgemeinde reformierte, blieb Odo für einige Zeit Abt. Aber aus dem ersten päpstlichen Privileg, das Fleury nach der Erneuerung durch den Abt von Cluny 938 von Papst Leo VII. verliehen wurde, ist deutlich zu erkennen, daß Odo zwar seine Reform zu festigen suchte, jedoch in keiner Weise eine Unterordnung des Klosters unter Cluny erstrebte. Fleury blieb eine königliche Abtei mit dem Recht der freien Abtwahl. Es wurde Cluny gleichgestellt, indem der Papst, wie wir sahen, auch Fleury die Reformlizenz gewährte, die er schon 931 Cluny und Déols gegeben hatte. Erst unter Odilo und besonders unter Hugo begann sich das spätere System zu entwickeln, in dem theoretisch jedes Kloster, das von den Äbten von Cluny reformiert wurde, in ein Priorat verwandelt wurde oder, falls es von Anfang an eine Zelle oder Priorat war, als solches in Abhängigkeit von Cluny verblieb. Der Prior, der diesen Gemeinschaften anstatt eines eigenen Abtes vorstand, wurde vom Abt von Cluny ein- und auch abgesetzt. Der Abt von Cluny nahm auch die Weihe der Novizen des Priorats vor, so daß ihm alle Mönche direkt verbunden und zu Gehorsam verpflichtet waren. Man versucht manchmal, dieses enge Verhältnis zwischen den Mönchen der von Cluny abhängigen Klöster und dem Abt von Cluny in Analogie mit dem säkularen Lehnsrecht zu interpretieren, doch hatte diese Bindung mit dem Feudalismus nichts gemein. Sie war viel enger als die Beziehung zwischen einem Lehnsherrn und einem Vasallen, der ja mehrere Bindungen gleichzeitig eingehen konnte. »Die cluniazensischen»Eigenkirchen«(in diesem Fall die Priorate) wurden aus allen feudalen Beziehungen gelöst und in eine straffe monarchische Organisation eingegliedert, die dem lockeren Lehensgefüge weit überlegen war.« (H. Hoffmann)

Bei der Unterordnung reformierter Klöster unter Cluny gab es folgende Ausnahmen:

1. einige berühmte Abteien behielten den Rechtsstatus von Abteien, obwohl ihr Abt von Cluny ernannt wurde und die Häuser cluniazensischen Consuetudines folgten;

2. einige Abteien behielten das Recht der Abtwahl, der Gewählte mußte jedoch von Cluny bestätigt werden;

3. es gab Abteien, die nur locker mit Cluny durch die Observanz gemeinsamer Gewohnheiten und durch die liturgischen Übungen verbunden waren, aber sonst die völlige Unabhängigkeit bewahrten;

4. einige Abteien hatten zwar einen Cluniazenser als Abt, der wohl auch einige cluniazensische Gebräuche einführte, aber die Abtei darüber hinaus nicht mit Cluny in Verbindung brachte.

Zu allem ist noch zu bemerken, daß sowohl in bezug auf die weltliche Gewalt als auch in bezug auf die Diözesanbischöfe, also die Exemtion, nicht alle Klöster die gleiche Unabhängigkeit wie Cluny besaßen. Auch nachdem also unter dem Großabt Hugo die Verbandsbildung Clunys juristisch abgesichert wurde, kann man von Cluny nicht als von einem die Diözesanverfassung sprengenden Klosterverband sprechen.

Die Überbetonung von Clunys Exemtionsstreben hat bei Historikern oft dazu geführt, daß Cluny zu einseitig als Gegner des Episkopats und der damaligen Gesellschaftsordnung, die kurz als feudalistisch bezeichnet wird, angesehen wird. Cluny hatte jedoch die besten Beziehungen zu adligen Kreisen, denen die Mönche selbst entstammten und bischöfliche Unterstützung für Cluny trug wesentlich zum Wachstum der Abtei und der Verbreitung ihres Rufes bei. Die Bischöfe des christlichen Europas von Spanien und Italien über Frankreich und Deutschland bis hin nach England sahen in Cluny keine Institution, die ihren Interessen entgegenstand. Die Zusammenarbeit der Cluniazenser mit Päpsten und Königen, dem Adel und den Bischöfen, und der eifrige Erwerb von Eigenkirchen, der in Cluny wie in anderen Abteien zuhause war, zeigt, wie sich Cluny den Ansprüchen der sie umgebenden Gesellschaft anpaßte, ohne in ihr aufzugehen. Obwohl Cluny schon bei seiner Gründung von Herzog Wilhelm die Unabhängigkeit erhielt und unter den päpstlichen Schutz gestellt wurde, war für Clunys Entwicklung das Recht freier Abtwahl, das ihm in der gleichen Urkunde zugesichert wurde, zunächst ungleich wichtiger als der päpstliche Schutz. Die Wahlfreiheit wurde von den frühen Äbten als Recht, den Nachfolger zu designieren, verstanden, um das Nachlassen des Reformeifers und der Sittenstrenge zu verhüten. Der Schutz, den später die Könige und Päpste Cluny angedeihen ließen, führte von seiten der Päpste erst allmählich zur vollständigen Exemtion von der Diözesangewalt, die 1024 von Papst Johannes XIX. verliehen wurde, um den bitteren Konflikten zwischen Cluny und dem Bischof von Mâcon, der durch die Expansion Clunys einen großen Teil der Einkünfte aus seiner Diözese verloren hatte, ein Ende zu machen.

Schon 998 hatte Papst Gregor V. in einem Privileg unter anderem bestätigt, daß kein Bischof oder Priester ohne die Einladung des Abtes in Cluny Weihen vornehmen oder die Messe feiern dürfte. Cluniazensermönche durften von einem beliebigen Bischof, den der Abt gewählt hatte, ordiniert werden, und die Mönche ihrerseits konnten bestimmen, welcher Bischof ihren Abt weihen durfte. Die geistlichen Rechte des Bischofs von Mâcon in Verbindung mit Cluny wurden von Papst Johann XIX. dann völlig aufgehoben, als er 1024 Abt Odilo in einem Privileg für Cluny bestätigte, daß kein Bischof oder Priester Cluny selbst exkommunizieren oder mit dem Anathem belegen dürfte, und daß alle Mönche Clunys fortan nur noch der Jurisdiktion des apostolischen Stuhls unterstünden. Die Erzbischöfe von Vienne und Lyon protestierten auf dem Konzil von Anse von 1025 gegen diese Regelung des Papstes, die den Kanones widerspräche, doch vergeblich. Johannes XIX. bestätigte 1027, als Odilo zur Krönung Kaiser Konrads II. in Rom anwesend war, sein drei Jahres altes Privileg energisch, indem er Cluny als in geistigen Dingen einzig und allein Rom unterstehend bezeichnete. Die Entwicklung Clunys unter päpstlichem Schutz, Unabhängigkeit von weltlichen Gewalten und schließlich Exemtion von der Diözesangewalt durch päpstliches Privileg wurde von den Reformern in der zweiten Hälfte des elften Jahrhunderts zwar als beispielhaft für die Entfaltungsmöglichkeiten einer direkt und ausschließlich dem Papst unterstehenden Kirche gesehen, aber Cluny und seine Erfolge bildeten doch nur ein weiteres Argument im Streit um die Kirchenfreiheit, die die Päpste seit der Zeit Leos IX. hauptsächlich aufgrund der alten päpstlichen Primats- und Unabhängigkeitsansprüche gegenüber Laien, wie sie in den Kirchenrechtssammlungen vertreten wurden, erstrebten.

Die Expansion Clunys ist ein Beweis dafür, wie sehr die Abtei geschätzt wurde und was für weite Kreise von dem Reformgedanken erfaßt wurden. Sogar Abteien, die der Reform nicht mehr oder noch nicht bedurften, wurden Cluny durch fromme Laien oder Bischöfe übergeben, gar manches Mal gegen den Willen der Mönche, die ihre eigenen Gebräuche energisch verteidigten. So kam es unter Wilhelm von Volpiano († 1031), Richard von Saint-Vanne († 1046) und Richards Schüler Poppo von Stablo († 1046) durch Querverbindungen zwischen cluniazensischen und lothringischen Reformen zur Bildung jener klösterlichen Filiationsgruppen, die K. Hallinger als die »Lothringische Mischobservanz« und die »Junggorzer« Richtung bezeichnete. Aber auch nach diesem Zeitpunkt gab es noch deutliche Unterschiede zwischen der cluniazensischen und der lothringisch-deutschen Reform: Autonomie (Dekanieverfassung) der einzelnen Klöster der letzteren stand dem Prioratssystem von Cluny gegenüber und bischöfliche und königliche Eigenklosterherren gewährten dort die Sicherheit, die in Cluny durch die Exemtion und die direkte Unterstellung unter Rom geschaffen wurde. Unterschiede gab es auch in der Tracht, den Klosterschulen und in den liturgischen Feierlichkeiten, die in Cluny die Handarbeit zum Teil verdrängt hatten. Größtenteils aufgrund der völlig anderen politischen Verhältnisse – dem Auflösungsprozeß aller zentralen öffentlichen Ordnung in Frankreich stand die Festigung der königlichen Macht unter den Ottonen im Osten gegenüber – beharrte man im Ostfrankenreich stärker auf der karolingischen Tradition, die sowohl im Osten als auch im Westen der Nährboden der Reform gewesen ist.

Die Klosterreform, die neben der Wiederbelebung des Kirchenrechts ein Ausdruck der erneuerten Frömmigkeit des 10. Jahrhunderts war, war auch in England heimisch, wo nach den Dänenkriegen so gut wie nichts von klösterlichem Leben übrig geblieben war. In England vermischten sich burgundische und lothringische Reformelemente mit einheimischen Traditionen. Dunstan († 988) gründete eine neue monastische Gemeinschaft in Glastonbury, wo er vor 940 Abt wurde. Später war Dunstan Bischof von Worcester, von London und seit 960 Erzbischof von Canterbury. 956 verbrachte Dunstan einige Zeit im Exil in der Abtei St. Peter in Gent und wurde so mit lothringischen Reformideen, die in St. Peter auf Gerard von Brogne zurückgingen, vertraut. Die Einflüsse Clunys hatten sich schon früher indirekt über Fleury, wo Erzbischof Oda von Canterbury († 958) Mönch geworden war, bemerkbar gemacht.

Odas Neffe, Oswald, verbrachte mehrere Jahre im gleichen Kloster und auch Dunstans brilliantester Schüler, Aethelwold, interessierte sich für die Gebräuche Fleurys. Da er selber in England, wo König Eadred ihn mit dem Wiederaufbau der Abtei Abingdon beauftragt hatte, unabkömmlich war, sandte Oswald einen seiner Schüler, Osgar, nach Fleury. Der bekannteste Ausdruck der englischen Reform ist die Regularis Concordia, die 970 auf einem Konzil in Winchester schriftlich niedergelegt wurde. Sie war von Aethelwold unter Beratung mit Mönchen aus Gent und Fleury, die in der Concordia ausdrücklich erwähnt werden, geschaffen worden.

4. Klosterreform und Eremiten-Bewegung in Italien

Wie die Länder nördlich der Alpen, so litt auch Italien im 9. Jahrhundert unter Sarazenen- und Ungarn-Einfällen. Von klösterlichem Leben konnte kaum mehr die Rede sein. Hier wie dort bemühte man sich um eine Erneuerung. In Frankreich, Burgund und Lothringen sowie in Deutschland baute diese auf den Reformen des Benedikt von Aniane auf. In Italien hatten diese nicht recht Fuß gefaßt. Außerdem unterschied sich die Lage in Italien dadurch, daß das Anachoretentum dort wesentlich stärker war als im Norden, obwohl es den Kreis um Gorze beeinflußt hatte.
Die politische Lage in Italien war noch unsicherer und verworrener als in Frankreich und in den Grenzgebieten Burgunds und Lothringens. Das lombardische Königtum im Norden der Halbinsel war äußerst schwach. Nach dem Tode Kaiser Ludwigs II. (879) wurde die Krone von Pavia bis zur Krönung Ottos I. im Jahre 951 ein verlockendes Objekt für die Herrscher von Burgund und Vienne sowie die Markgrafen von Ivrea. Die norditalienischen Bischöfe, die in den dortigen Städten seit 876 durch eine Verleihung Karls des Kahlen neben der geistlichen Gewalt auch als Vertreter der Kaiser fungierten, begannen, ihre Städte durch Bezwingung der benachbarten Landgebiete, dem Contado, in »Kleinstaaten« auszubauen. Mittelitalien wurde von den Markgrafen von Tuszien und den großen stadtrömischen Adelsfamilien der Creszentier und Tuskulaner beherrscht. Der Süden Italiens war aufgeteilt in die Herzogtümer Spoleto und Benevent, den Prinzipat von Salerno, die Grafschaft Capua und die griechischen Themen Kalabrien und Langobardien, von wo die Byzantiner die Araber vertrieben hatten. Sizilien war von einer nordafrikanischen islamischen Dynastie erobert worden und war noch fest in deren Hand.
Im zönobitischen Bereich des Mönchslebens machte sich im 10. Jahrhundert durch die Reisen seiner Äbte der Einfluß Clunys gel-

tend, obwohl auch Gorze einmal von Rom aus um Hilfe bei der monastischen Erneuerung gebeten wurde. Obwohl, wie wir gesehen haben, der Einfluß Clunys auf Italien nicht unterschätzt werden sollte, war er im großen und ganzen indirekt. Das persönliche Beispiel der Äbte Clunys regte die einheimischen Reformer an, ihnen nachzueifern, um die Klöster Italiens wieder zu würdigen Stätten zönobitischer Frömmigkeit werden zu lassen. Erst in der zweiten Hälfte des 11. Jahrhunderts wirkte Cluny stärker auf Italien ein.

Die Eremiten der ägyptischen Wüste waren die ersten Vertreter des christlichen Mönchtums. Das Ideal strenger Askese und vollkommener Hingabe an Buße und Gebet in völliger Einsamkeit blieb auch später in oströmischen Gebieten sehr einflußreich. Dazu gehörte auch Süditalien, das teilweise bis spät im 11. Jahrhundert unter byzantinischer Herrschaft stand und wo noch heute in einigen abgelegenen Gegenden Dialekte gesprochen werden, die auf das Griechische zurückgehen. Im 9. und 10. Jahrhundert vermehrten sich die Mönchsgemeinschaften Kalabriens und Apuliens, die meist nach den Vorschriften Basilius' des Großen (330–379) als Anachoreten lebten, durch Mönche und Einsiedler, die vor den Arabern und den Kämpfen aus dem tieferen Süden und aus Sizilien geflohen waren. Besonders wichtig wurde die monastische Heptarchie Mercurion. Der bekannteste Vertreter dieses italienisch-byzantinischen Mönchtums, Nilus, wurde in den dortigen Klöstern geprägt und errichtete um 940 seine Einsiedelei in einer Höhle ganz in der Nähe. Sein Schüler und Biograph Bartolomeus d. Jüngere hinterließ eine Beschreibung von Nilus' asketischem Leben, das dem Gebet, der Buße und dem Studium der Heiligen Schrift sowie der Väter gewidmet war. Als Sarazenen-Einfälle Nilus zwangen, die Gegend des Mercurion zu verlassen, gründete er in der Nähe seines Geburtsorts Rossano auf Eigengut ein Kloster, aber er weigerte sich, die ihm angetragene Würde eines Erzbischofs von Rossano anzunehmen. Neue Angriffe der Sarazenen führten Nilus dann nach Kampanien, wo er auf cassinensischem Gebiet, das ihm vom Abt von Montecassino, Aligerno, überlassen worden war, das Kloster Valleluce erbaute. Doch die Sehnsucht nach noch größerer Einsamkeit trieb Nilus schließlich in die Gegend von Gaeta, wo er das Kloster Serperi errichtete. Der Einsiedler machte einen tiefen Eindruck auf Kaiser Otto III. und seinen Hof, und dem Kaiser zuliebe übernahm Nilus für kurze Zeit die römische Abtei Tre Fontane. Schließlich gründete Nilus die Abtei Grottaferrata, wo er 1004 starb.

Nilus ist es zu verdanken, daß die griechischen Aspekte des italienischen Mönchtums wieder stärker zur Geltung kamen. Als Ideal erstrebte er die Nachfolge der Wüstenväter des 3. Jahrhunderts, deren

Schriften auch Romuald zum Vorbild dienten. Romuald, ein Sohn des Herzogs von Ravenna, trat mit ungefähr 20 Jahren um 972 in das Kloster Sant'Apollinare in Classe ein, um eine Bluttat seines Vaters zu sühnen. Aber das Klosterleben in Sant'Apollinare ließ ihn unbefriedigt, so daß er sich nach drei Jahren als Schüler einem Einsiedler in den Marschen Venedigs anschloß. Mit diesem, seinem Lehrer, begab sich Romuald zusammen mit einigen adligen Venezianern 978 nach dem katalonischen Kloster Cuxà. Er verbrachte dort etwa zehn Jahre, um dann nach Italien zurückzukehren. Auf ständigen Wanderungen durch Mittelitalien gründete er verschiedene Klöster und Einsiedeleien, unter ihnen Valdicastro und um das Jahr 1010 Camaldoli. Camaldoli, auf einem Hügel in der Nähe Arezzos, bestand aus einer Zahl einzelner Klausen inmitten eines großen ummauerten Gebiets. Nach ägyptischem Vorbild war die Anlage als Wüste konzipiert. Die Mönche lebten in den Zellen, aber trafen sich zu bestimmten Zeiten zu gemeinsamem Gebet und zu Mahlzeiten in der Kirche und dem Refektorium. Wenig später (1012) errichtete Romuald unterhalb des Eremus ein zönobitisches Kloster, das der strikt interpretierten Regula S. Benedicti folgte. Mönche aus dem unteren Kloster konnten unter die Einsiedler aufgenommen werden, aber ein Aufenthalt im unteren Kloster war keine Bedingung für die Aufnahme. Geeignete Kandidaten konnten sofort Eremit werden. Das untere Kloster war weniger zur Vorbereitung auf das eremitische Leben gedacht als zum Schutz der Einsiedelei. Das Kloster hatte die Aufgabe, wirtschaftliche und verwaltungstechnische Aufgaben zu übernehmen, damit die Einsiedler vom Treiben der Welt nicht behelligt werden würden.

Romuald starb 1027 in Valdicastro ohne eine Regel zu hinterlassen. Sein Werk, das nicht überall Bestand hatte, war von besonderer Bedeutung, weil hier die beiden Richtungen des Mönchtums, Eremitentum und Zönobitismus nicht nur in einer Institution vereinigt worden waren, sondern auch einem einzigen Prioren unterstanden, der Eremit sein mußte. Zwei Generationen nach dem Tod Romualds wurde die Tradition von Camaldoli unter dem Prior Rudolf (1074–89) schriftlich als Eremiticae Regulae festgehalten. Der Fortbestand von Romualds Werk war jedoch weniger dieser schriftlichen Fixierung der Gebräuche von Camaldoli zu danken als dem Werk Petrus Damianis, der in eine andere Gründung Romualds, Fonte Avellana, 1034 eintrat und dort 1043 Prior wurde. Sein Ruf und seine Schriften, zu denen eine der Viten Romualds gehört, kamen Fonte Avellana und Camaldoli in ähnlicher Weise zugute wie die hervorragende Persönlichkeit der großen Äbte von Cluny dies für das burgundische Kloster getan hatte.

Wenig nach dem Tode Romualds trat Johannes Gualbertus, 995 in Florenz geboren, in das florentinische Kloster S. Miniato ein. Durch Streitigkeiten mit dem dortigen Abt und dem Bischof von Florenz, die er beide als Simonisten verklagte, vertrieben, kam Johannes nach Camaldoli und schließlich 1036 nach Vallombrosa. Dort tat er sich mit zwei dort lebenden Eremiten zu einer Klostergemeinschaft zusammen, um mit ihnen gemeinsam nach der Regel Benedikts zu leben, die von ihm mit einer Strenge ausgelegt wurde, die sicherlich über das von Benedikt beabsichtigte Maß hinausging. Die Mönche lebten nach den Gewohnheiten Camaldolis in einzelnen Hütten und zogen sich auf der Suche nach Einsamkeit auf einen benachbarten Berg, später Paradisino genannt, zurück. Die Gemeinde des Johannes Gualbertus wuchs so schnell, vor allen Dingen durch Mönche aus S. Miniato, daß, nachdem zunächst Kaiser Heinrich II. Bischof Rudolf von Paderborn zur Einweihung der ersten Kirche nach Vallombrosa geschickt hatte, Kardinal Humbert von Silva Candida schon 1051 eine neue, aus Stein gebaute Kirche einweihte. Von Camaldoli übernahm Johannes Gualbertus auch die Einrichtung eines Klosters, das hier wie dort wirtschaftliche Aufgaben übernahm. Die Bewohner seines Klosters wurden als *conversi,* Konversen, bezeichnet und waren im Gegensatz zu den Conversi von Cluny keine Mönche, sondern nahmen die gleiche Stellung ein wie die späteren Laienbrüder. Die Frage der Herkunft des Konverseninstituts ist noch immer nicht zufriedenstellend geklärt, aber zumindest weiß man, daß sich die Konversen Vallombrosas grundsätzlich von den conversi alter Art, die in Cluny wie die *nutriti,* das heißt im Kloster aufgewachsene Mönche, Mönche waren, unterschieden.

Die Verchristlichung des Empfindens, die überall in Europa zu Klosterreformen anregte, führte auch zur Wiederbelebung des Kirchenrechts. Die vertiefte Religiosität der oft adligen Laienklosterherren, der Bischöfe und der Mönche fand in allen Kreisen der Bevölkerung Widerhall und brachte schließlich die Erneuerung des Papsttums durch Kaiser Heinrich III. mit sich, das daraufhin die Führung in der allgemeinen Kirchenreform übernahm.

5. *Allgemeine Hinweise zur Literatur*

Das lebhafte Interesse an der mittelalterlichen Geschichte hat zu einer ständig wachsenden Flut von Veröffentlichungen geführt, von denen in den folgenden Literatur-Hinweisen zu den einzelnen Kapiteln nur wenige genannt werden können, um dem Leser eine schnellere Orientierung zu ermöglichen. Vollständigere Literaturangaben findet man in den Handbüchern wie in dem Sammelband Deutsche Geschichte im Überblick, hrsg. von *P. Rassow* (1973[3]) für die Zeit der Karolinger bis zur Zeit der Staufer und dem unentbehrlichen *B. Gebhardt,* Handbuch der Deutschen Geschichte, hrsg. von *H. Grundmann,* Bd. 1 (1970[9]) mit Beiträgen von *H. Löwe* (bis 911), *J. Fleckenstein* (911–1002), *M. L. Bulst-Thiele* (1002–1056), *K. Jordan* (1056–1197), *H. Grundmann* (ab 1198) und *K. Bosl* über Staat, Gesellschaft und Wirtschaft. Die Beiträge sind jetzt zum Teil in der Wissenschaftlichen Reihe des Deutschen Taschenbuch Verlags (dtv) einzeln erhältlich. In der Reihe der einen guten Überblick vor allem über deutsche Geschichte vermittelnden Taschenbücher gehören auch *T. Schieffer,* Die deutsche Kaiserzeit, 900–1250 (1973) und die Reihe Deutsche Geschichte, hrsg. von *J. Leuschner,* Bd. 1: *J. Fleckenstein,* Grundlagen und Beginn der deutschen Geschichte (1974) und Bd. 2: *H. Fuhrmann,* Deutsche Geschichte im hohen Mittelalter, ein Band, in dem die Sozial- und Wirtschaftsgeschichte im Zeitalter des Investiturstreits (der daher in einer ganz neuen Perspektive beschrieben wird), betont wird. Die Jahrbücher der Deutschen Geschichte sind nach wie vor als chronologische Darstellung mit Quellenbelegen sehr nützlich, obwohl nicht von gleichmäßiger Qualität. (Ausgezeichnet sind die Bände *G. Meyer von Knonaus* für Heinrich IV. und V.) Für Kirchengeschichte sei hier besonders auf *Albert Hauck,* Kirchengeschichte Deutschlands, Bd. 3 (1958[9] mit verschiedenen Neudrucken) verwiesen und auf das ausgezeichnete Handbuch der Kirchengeschichte, hrsg. von *H. Jedin,* Bd. 3, 1. Halbbd., Vom kirchlichen Frühmittelalter zur gregorianischen Reform (1966) mit Beiträgen von *F. Kempf, H.-G. Beck, E. Ewig* und *J. A. Jungmann.* Die Literaturangaben sind detailliert. Die Oxford History of England gibt einen sehr guten chronologischen Überblick über englische Geschichte von der Römerzeit bis 1945. Die meisten Bände liegen als Neuausgaben vor, die nach dem Ende des Zweiten Weltkriegs erschienen sind. Die Bibliographien von *M. Altschul,* Anglo-Norman England 1066–1154 (1969) und besonders *E. Graves,* Hrsg., Bibliography of English History to 1485 based on the Sources and Literature of English History from the Earliest Time to About 1485 (1975), erleichtern die Beschäftigung mit englischer Geschichte. Zur Einführung in die französische Geschichte muß z.T. leider noch auf *E. Lavisse,* Hrsg., Histoire de France (18 Bde., 1900–1911), hier bes. Bde. 2 (1–2) und 3(1), verwiesen werden. Die Sammelreihe Histoire des institutions françaises au moyen âge, hrsg. von *F. Lot* und *R. Fawtier* ist noch unvollständig. Erschienen sind bisher Bd. 1: Institutions seigneuriales, Bd. 2: Institutions royales und Bd. 3, Institutions écclésiastiques. Neue Literatur einschließlich von Zeitschriften, Aufsätzen, Sammelbänden und Monographien wird in Bibliographien verzeichnet, zu denen die Einführung von *R. H. Rouse,* Serial bibliographies for medieval studies, zu benutzen ist. Besonders wichtig sind die Literaturangaben im Deutschen Archiv für Erforschung des Mittelalters (mehr als tausend Titel pro Jahr) und die noch umfangreichere Bibliographie der Revue d'histoire écclésiastique.

6. Quellenkunde

Die meisten der Quellen für den behandelten Zeitraum sind im Rahmen der MGH kritisch herausgegeben worden. Ähnlich angelegt ist die englische Rolls series des Public Record Office und die Collection de textes für Frankreich. Da es sehr gute Einführungen in die Quellenkunde gibt, wird hier nur kurz auf diese Orientierungsmöglichkeit verwiesen. *H. Quirin,* Einführung in das Studium der mittelalterlichen Geschichte (1964[3]); *K. Jacob/H. Hohenleutner,* Quellenkunde der Deutschen Geschichte im Mittelalter (1968[6]); *W. Wattenbach/R. Holtzmann,* Deutschlands Geschichtsquellen im Mittelalter, 4 Hefte (1938–1943 mit mehreren Nachdrucken), 3. Teil, hrsg. von *F.-J. Schmale* (1971); dazu kommt das 5. Heft, Wattenbach-Levison, bearb. von H. Löwe (1973) und *W. Wattenbach – F. J. Schmale,* Deutschlands Geschichtsquellen im Mittelalter, Vom Tode Kaiser Heinrichs V. bis zum Ende des Interregnum, Bd. 1 (1976); besonders wichtig das leider erst bis zu Bd. 4 (Gez) reichende Repertorium fontium medii aevi, das auf internationaler Basis vom Instituto storico Italiano, Rom, herausgegeben wird und *A. Potthast,* Bibliotheca historica medii aevi (1862) und *C. U. J. Chevalier,* Répertoire des sources historiques du moyen âge, größtenteils ersetzen wird.

7. Literaturhinweise zu I.

Eine nützliche, übersichtliche Kurzbibliographie zur Einführung für Nicht-Spezialisten ist *G. Constable,* Medieval Monasticism: A Select Bibliography (1976).

Sammelbände:

La vita commune del clero nei secoli XI e XII, Atti della settimane di studio Mendola 1959, Miscellanea del Centro di studi medioevali 3, 2 Bde. (1962); L'eremitismo in Occidente nei secoli XI e XII, Atti della seconda settimana internazionale di studio Mendola 1962, Miscellanea del Centro di studi medioevali 4 (1965); Il monachesimo nell'alto medioevo e la formazione della civiltà occidentale, Settimane di studio del Centro italiano di studi sull'alto medioevo, Spoleto 1957.

Allgemein:

E. *Amann* und A. *Dumas,* L'Eglise au pouvoir des laïques (888–1057), Histoire de l'Eglise 7 (1948); G. *Constable,* Monastic Tithes From Their Origins to the Twelfth Century (1964); C. *Erdmann,* Die Entstehung des Kreuzzugsgedankens (Nachdr. 1974); K. *Hallinger,* Woher kommen die Laienbrüder? in: Analecta S. Ord. Cisterciensis (1956), S. 1–104, der bisher wichtigste Beitrag zum Konversen-Institut; A. *Hauck,* Kirchengeschichte Deutschlands, Bd. 3, S. 343–388 und S. 443–515; D. *Knowles,* From Pachomius to Ignatius: A Study in the Constitutional History of the Religious Orders (1966); R. *Kottje,* Klosterbibliotheken und monastische Kultur in der zweiten Hälfte des 11. Jahrhunderts, in: ZKG 80 (1969), S. 145– 162 sowie in dem Sammelband Il monachesimo e la riforma ecclesiastica (1049–1122), Atti della quarta Settimana internaz. di studio Mendola 1968, Miscellanea del Centro di studi medioevali 6 (1971), S. 351–372; R. *Molitor,* Aus der Rechtsgeschichte benediktinischer Verbände, 3 Bde. (1928–33); E. *Tomek,* Studien zur Reform der deutschen Klöster im 11. Jahrhundert, Teil 1: Die Frühreform (1910); E. *Werner,* Die gesellschaftlichen Grundlagen der Klosterreform im 11. Jahrhundert (1953); zu dieser marxistischen Interpretation s. die Stellungnahme von C. *Violante,* Il monachesimo Cluniacense di fronte al mondo politico ed ecclesiastico (secoli X e XI) in: Convegni del Centro di studi sulla spiritualità medioevale 2 (Spiritualità cluniacense) (1960), S. 153–242; wieder abgedr. in ders., Studi sulla Cristianità medioevale (1972), S. 3–67; eine deutsche Übersetzung (K. Arndt) in: Cluny, Beiträge zu Gestalt und Wirkung der cluniazensischen Reform, hrsg. von H. *Richter* (Wege d. Forschung 241) (1975), S. 141–225; K. *Voigt,* Die karolingische Klosterpolitik und der Niedergang des westfränkischen Königtums (1917); J. *Wollasch,* Mönchtum des Mittelalters zwischen Kirche und Welt (1973).

Zu den Normannen:

E. *Ewig,* Die Kirche im Abendland vom Tode Ludwigs des Frommen bis zum Ende der Karolingerzeit, Handbuch der Kirchengeschichte, Bd. 3/1, S. 144–178; A. *D'Haenens,* Les invasions normandes en Belgique au IXe siècle. Le phénomène et sa répercussion dans l'historiographie médiévale (1967); ders., Les invasions normandes, une catastrophe? (1970); K.-U. *Jäschke,* Die Anglonormannen (1981); F. *Lot,* Le tribut aux Normands et l'Eglise de France au IXe siècle (1924); *L. Musset*, Les invasions: le second assaut contre l'Europe chrétienne (1965); *F. Vercauteren*, Comment s'est-on défendu, au IXe siècle, dans l'Empire franc contre les invasions? in: Annales du XXXe congrès de la Fédération archéologique et historique de Belgique 1935 (1936), S. 117 ff; *W. Vogel*, Die Normannen und das fränkische Reich bis zur Gründung der Normandie (799–911) (1906); *H. Zettel*, Das Bild der Normannen und der Normanneneinfälle in westfränkischen, ostfränkischen und angelsächsischen Quellen des 8. bis 11. Jahrhunderts (1977).

Kirchenverfassung, Eigenkirche und Exemtion:

F. Kempf, Kirchenverfassung, Kultus, Seelsorge und Frömmigkeit vom 8. Jahrhundert bis zur gregorianischen Reform, Handbuch der Kirchengesch., Bd. 3/1, S. 294–341, mit Bibliographie; *H. E. Feine*, Kirchliche Rechtsgeschichte (1972[5]), zur Eigenkirche S. 160–182, zum kirchlichen Benefizialwesen, Kirchl. Rechtsgesch. S. 205–213; *ders.*, Kirchleihe und kirchliches Beneficium nach italienischen Rechtsquellen des frühen Mittelalters, in: HJ 72 (1953), S. 101–111; *H. Appelt*, Die Anfänge des päpstlichen Schutzes, MIÖG 62 (1954), S. 101–111; *P. Hofmeister*, Die Exemption der Ordensleute vom Pfarrverband, Archiv f. kath. Kirchenrecht 222 (1942/43), ersch. 1947), S. 46–87; *H. Hirsch*, Untersuchungen zur Gesch. d. päpstlichen Schutzes, MIÖG 54 (1941), S. 363–433; *ders.*, Die Klosterimmunität seit dem Investiturstreit (Neudr. 1967); *G. Mollat*, La restitution des églises privées au patrimoine écclésiastique en France du IXe au XIe siècle, Revue hist. du droit français et étranger 67 (1949), S. 399–423; *W. Schwarz*, Jurisdicio und Condicio: Eine Untersuchung zu den Privilegia libertatis der Klöster, ZRG Kan. Abt. 45 (1959), S. 34–98; *J. Semmler*, Traditio und Königsschutz, ZRG Kan. Abt. 45 (1959), S. 1–33; *U. Stutz*, Die Eigenkirche als Element des mittelalterlich-germanischen Kirchenrechts (Neudr. 1955); *ders.* Lehen und Pfründe, ZRG GA 20 (1899), S. 213 ff; *W. Szaivert*, Die Entstehung und Entwicklung der Klosterexemtion bis zum Ausgang des 11. Jahrhunderts, MIÖG 59 (1951), S. 265–298.

Zur Klosterreform:

Grundlegend sind: *E. Sackur*, Die Cluniacenser in ihrer kirchlichen und allgemeingeschichtlichen Wirksamkeit bis zur Mitte des 11. Jh., 2 Bde. (Neudr. 1965), eine Arbeit die trotz des Titels die Klosterreform als ganzes behandelt, und jetzt *K. Hallinger, O.S.B.*, Gorze-Kluny, Studien zu den monastischen Lebensformen und Gegensätzen im Hochmittelalter, 2 Bde. (1950/51). S. dazu die ausführliche Besprechung von *T. Schieffer*, Cluniazensische oder Gorzische Reformbewegung?, Archiv f. mittelrh. Kirchengesch. 4 (1952), S. 24–44 und abgedruckt in: Cluny, Beiträge zu Gestalt und Wirkung der cluniazensischen Reform, hrsg. von *H. Richter* (Wege der Forschung 241) (1975), S. 60–90; *F. Kempf*, Renovations- und Reformbewegungen von 900 bis 1050, Handbuch d. Kirchengesch. Bd. 3/1, S. 365–398; *P. Doyère*, Erémitisme en Occident: Dict. de Spiritualité ascétique et mystique, Doctrine et Histoire, Bd. 4 (1960), S. 953–982; *J. Sainsaulieu*, Ermites, DHGE 15 (1963), Sp. 766–787.

Lothringen und Deutschland:

H. Büttner, Verfassungsgeschichte und lothringische Klosterreform, Aus Mittelalter und Neuzeit: Gerhard Kallen zum 70. Geburtstag, hrsg. von *J. Engel* und *H. M. Klinkenberg* (1957), S. 17–27; *H. Dauphin*, Le bienheureux Richard, abbé de Saint-Vanne de Verdun (1946); aus Anlaß des 900jährigen Todestags von Gerhard von Brogne am 3. Oktober 1959 fand ein Kongreß in der Abtei Maredsous statt, dessen wertvolle Beiträge zu den Forschungen über Brogne in Bd. 70 (1960) der Revue bénédictine veröffentlicht wurden, der als Ausgangspunkt für alle weiteren Arbeiten zu nehmen ist; s. bes. *J. M. de Smet*, Recherches critiques sur la Vita Gerardi abbatis Broniensis, Rev. bén. 70 (1960), S. 5–61; *E. Sabbe*, Etude critique sur la biographie et la réforme de Gérard de Brogne, Mélanges Félix Rousseau (1958), S. 497–524; *W. Wühr*, Die Wiedergeburt Montecassinos unter seinem ersten Reformabt Richer von Niederaltaich († 1055), Studi Gregoriani 3 (1948), S. 369–450; zu Gorze s. *Hallinger*. Zu Wilhelm von Volpiano: N. Bulst, Untersuchungen zu den Klosterreformen Wilhelms von Dijon 962–1031 (1973); *K. H. Kaminsky*, Zur Gründung von Fruttuaria durch den Abt Wilhelm von Dijon, ZKG 77 (1966), S. 238–267; *G. Picasso*, Fruttuaria, DHGE 19 (1979), Sp. 246–251.

Zu Cluny:

G. Antonelli, L'opera di Odone di Cluny in Italia, Benedictina 4 (1950), S. 19–40; *A Cluny*, Congrès scientifique... en honneur des saints abbés Odom et Odilon (1950); Spiritualità cluniacense, Convegni del Centro sulla Spiritualità Medievale 2 (1960); *K. Hallinger*, Klunys Bräuche zur Zeit Hugos des Großen (1049–1109), Prolegomena zur Neuherausgabe des Bernhard und Udalrich von Kluny, ZRG Kan. Abt. 45 (1959), S. 99–140; *ders.*, Zur geistigen Welt der

Anfänge Klunys, DA 10 (1954), wieder abgedr. in Cluny, Beiträge zu Gestalt und Wirkung der cluniazensischen Reform, hrsg. von *H. Richter* (1975), S. 91–124; *H. Hoffmann,* Von Cluny zum Investiturstreit, Archiv f. Kulturgesch. 45 (1963), S. 165–203, wieder abgedr. in Cluny, hrsg. von *H. Richter,* S. 319–370; *J. Hourlier,* Saint Odilon, Abbé de Cluny (1964); *N. Hunt,* Cluny under Saint Hugh (1049–1109) (1967); *K. Schmid und J. Wollasch,* Die Gemeinschaft der Lebenden und Verstorbenen in Zeugnissen des Frühmittelalters, Frühmittelalterliche Studien 1 (1967), S. 365–405; zu Cluny s. besonders den 2. Teil von *J. Wollasch,* Die Überlieferung cluniacensischen Totengedächtnisses, S. 389ff; *G. Schreiber,* Gemeinschaften des Mittelalters, Recht und Verfassung, Kult und Frömmigkeit (1948); zu Cluny s. besonders die folgenden Aufsätze: Cluny und die Eigenkirche, S. 81–183; Zur cluniazensischen Reform, S. 139–49 und Gregor VII., Cluny, Citeaux, Prémontré zu Eigenkirche, Parochie, Seelsorge, S. 283–370; *H. Schwarzmaier,* Das Kloster S. Benedetto di Polirone in seiner cluniacensischen Umwelt, in: Adel und Kirche, hrsg. von *J. Fleckenstein* und *K. Schmid* (1968), S. 280–294; *G. Sitwell,* St. Odo of Cluny (1958); *G. Tellenbach,* Hrsg., Neue Forschungen über Cluny und die Cluniacenser mit Beiträgen von *H. Diener,* Das Verhältnis Clunys zu den Bischöfen, S. 219–352, *H. E. Mager,* Studien über das Verhältnis der Cluniacenser zum Eigenkirchenwesen, S. 167–217, *J. Wollasch,* Königtum, Adel und Klöster im Berry während des 10. Jhdts., S. 20–165; *G. Tellenbach,* Zum Wesen der Cluniacenser, Saeculum 9 (1958); wieder abgedruckt in Cluny, hrsg. von *H. Richter,* S. 125–140; *J. Wollasch,* ein cluniacensisches Totenbuch aus der Zeit Abt Hugos von Cluny, Frühma. Studien 1 (1967), S. 406–443; *ders.,* Qu'a signifié Cluny pour l'abbaye de Moissac?, Annales du Midi 75 (1963), S. 345ff.; der Sammelband, Cluny, hrsg. von *H. Richter* (1975) enthält eine ausführliche Bibliographie; *G. de Valous,* Le monachisme clunisien des origines au XVe siècle, 2 Bde. (1970²) ist neben *E. Sackurs* Werk die umfassendste Arbeit über Cluny.

Zur monastischen Erneuerung in Italien:

S. Wilhelm von Volpiano oben; *S. Boesch Gajano,* Storia e tradizione vallombrosane, Bullettino dell' Istituto storico italiano per il medio evo 76 (1964). S. 99–215; *B. Cappelli,* Il Mercurion, Arch. storico per la Calabria e Lucania 25 (1956), S. 43–62; *A. Guillou,* Il monachesimo greco in Italia meridionale e in Sicilia, in dem Sammelband l'Eremitismo in occidente (s. oben), S. 355–379; *G. Ferrari,* Early Roman Monasteries (1957); *W. Franke,* Romuald von Camaldoli und seine Reformtätigkeit zur Zeit Ottos III. (Hist. Studien Ebering 107), (1913); *B. Hamilton,* The Monastic Revival in Tenth-Century Rome, Studia Monastica 4 (1962), S. 35–68; *W. Kurze,* Campus Malduli, Die Frühgeschichte Camaldolis, QF 44 (1964), S. 1–34; *L. Mattei Cerasoli,* La Badia di Cava e i monasteri greci della Calabria superiore, Arch. stor. per la Calabria e la Lucania 8 (1938), S. 167–185 u. 265–285 und ebd. 9 (1939), S. 279–318; *G. Penco,* O.S.B., Storia del monachesimo in Italia dalle origini alla fine del Medio Evo, Bd. 1 (1961) und Bd. 2 (1968); *F. F. Tarani,* L'ordine vallombrosano, Note storico-cronologiche (1921).

Zur monastischen Erneuerung in anderen Ländern:

G. J. Bishko, Salvius of Albelda and Frontier Monasticism in 10th-Century Navarre, Speculum 23 (1948), S. 559–590; *ders.,* The Cluniac Priories of Galicia and Portugal: Their Acquisition and Administration, Studia Monastica 7 (1965), S. 305–356; *H. Dauphin,* Le renouveau monastique en Angleterre au Xe siècle et ses rapports avec la réforme de Saint Gérard de Brogne, Revue bén. 70 (1960) S. 177–96; *M. Defourneaux,* Les Français en Espagne aux XIe et XIIe siècle (1949); *E. John,* The Sources of the English Monastic Reformation, A Comment, Rev. bén. 70 (1960), S. 197–203; *J.-F. Lemarignier,* Structures monastiques et structures politiques dans la France de la fin du Xe et des débuts du XIe siècle, Il monachesimo nell'alto medioevo e la formazione della civiltà occidentale, Centro Italiano di studi sull'alto medioevo, Settimane di studio 4 (Spoleto 1957), S. 357–400; *A. Mundò,* Moissac, Cluny et les mouvements monastiques de l'est des Pyrénées du Xe au XIIe siècles, Annales du Midi 75 (1963), S. 551–570; *P. Schmid,* Die Entstehung des Marseiller Kirchenstaates, AUF 10 (1928), S. 176–207 und 11 (1930), S. 138–152; *P. Segl,* Königtum und Klosterreform in Spanien: Untersuchungen über die Cluniacenserklöster in Kastilien-Leon vom Beginn des 11. bis zur Mitte des 12. Jhdts. (1974); *F. Stenton,* Anglo-Saxon England (1943[2]), Kapitel 13; *G. de Valous,* Les monastères et la pénétration française en Espagne du XIe au XIIIe siècle, Rev. Mabillon 30 (1940), S. 77–97.

II. Der Romgedanke und das deutsche Kaisertum

1. Die Monarchie unter den Ottonen und ersten Saliern

Das 10. und 11. Jahrhundert war ein vorwiegend bäuerliches Zeitalter, obwohl wie Münzfunde zeigen, der Handel Aufschwung nahm und der Grundbesitz- und Waffenadel, zu dessen Familien auch die Geistlichkeit gehörte, ihm eine aristokratische Prägung gaben. In Deutschland hatte sich Allodial- oder Eigenbesitz auf breiter Ebene erhalten, so daß das Lehnswesen, oft lose als Feudalismus bezeichnet, nur eine Form von Bindungen neben anderen war und sich nicht wie in Frankreich generell durchsetzte. Das Lehnswesen beruhte auf der gegenseitigen Beziehung zwischen der Vergabe eines Leihgutes, des Beneficiums, und dem Treueversprechen, das der Vasall *(vasallus* oder *homo)* seinem Schutzherrn, dem *dominus* oder *senior* (franz. *seigneur)* gab. Seit dem Ende des 11. und Anfang des 12. Jahrhunderts wurde dieser Teil des Zeremoniells als *hominium* (Handgang) bezeichnet. Das Treueversprechen, das nicht nur Treue *(fidelitas* im Sinne der Gefolgschaft des Tacitus) sondern auch Rat und Hilfe *(consilium* und *auxilium)*, d.h. einen bestimmten Dienst, zum Inhalt hatte, beruhte auf Gegenseitigkeit und seine Verletzung berechtigte zur Fehde. Lehen wurden im allgemeinen an die kriegsführenden Bevölkerungsgruppen verliehen, zu denen auch Bauern selbst mit kleinstem Eigenbesitz gehören konnten. Die Übergabe eines Lehens erfolgte meist in symbolischer Form durch einen Stab, Schwert oder einen Speer während einer Zeremonie, die seit der zweiten Hälfte des 11. Jahrhunderts Investitur genannt wird. Lehnsrechtliche Formen wurden auch mit der Übertragung von Ämtern verbunden und spielten auch in politischen Beziehungen eine wichtige Rolle. Die Erblichkeit aller Lehen, oft bekämpft, aber immer wieder durchgesetzt, macht es verständlich, »daß das Lehnrecht in Überschneidung mit dem Amtsrecht die staatliche Ordnung sowohl festigen wie gefährden konnte« (T. Schieffer). Die unteren Bevölkerungsschichten bestanden hauptsächlich aus mehr oder minder von Großgrundbesitzern abhängigen Bauern, unter denen sich gegen Mitte des 11. Jahrhunderts die Ministerialen oder Dienstleute, die ihren Herren bewaffneten Schutz boten, abzusondern begannen. In Gegenden Deutschlands, in denen das Curtis System Fuß gefaßt hatte, was in Sachsen und Bayern zum Beispiel nicht der Fall war, fielen unfreie Bauern unter das Hofrecht und wurden als zur *familia* eines weltlichen oder geistlichen Grundbesitzers gehörend gezählt und auch durch diesen nach außen hin vertreten. Die älteste bekannte Hofrechts-Aufzeichnung ist die des Bischofs Burchard I.

von Worms († 1025). Es ist zu beachten, daß selbst dieses Hofrecht, das zunächst Hörigkeit bedingte, eine Art von Vertragsverhältnis zwischen Herrschaft und Bauer darstellte (Mitteis). Daran liegt es, daß die wirtschaftliche Expansion des 11. und 12. Jahrhunderts in allen Teilen Europas gerade dieser Klasse zugute kommen konnte.

Auf diesem Hintergrund entstanden in Deutschland die Herzogtümer und die Monarchie. Das Westfrankenreich war um das Jahr 900 in ungefähr 30 unabhängige Territorien zerfallen, die zur umstrittenen Krone nur noch sehr lose in Beziehung standen. Der König hatte fast allen Einfluß verloren, da nicht nur der Grundbesitz, der früher als Lehen verliehen worden war, sondern auch die Ämter inzwischen fest in die Hand adliger Familien gelangt waren, so daß Dienst und Treue zu leeren Formeln wurden. Diese Familien verfolgten eigene dynastische Ziele und mediatisierten dabei ehemalige Kronvasallen, die *vassi dominici*. Die Situation in Lothringen war ähnlich. Im Ostfrankenreich, dem späteren Deutschland, bildeten sich jedoch anstelle einer Vielzahl von unabhängigen Herrschaftsgebieten Ende des 9. und Anfang des 10. Jahrhunderts die vier Herzogtümer Bayern, Franken, Sachsen-Thüringen und Schwaben, die sich größtenteils auf den alten Stämmen gründeten, »ohne sich etwa grundsätzlich je auf einen ganzen, abgerundeten Stamm zu erstrekken oder zu begrenzen« (Tellenbach). Um die Macht und Autorität des einflußreichsten Herzogs oder Grafen kristallisierte sich ein Stamm, der erst durch den Herzog zu einer politischen Einheit wurde. Die Autorität der meist stammesfremden Herzöge, die ausnahmslos dem karolingischen Adel entstammten, häufig mit den Karolingern verwandt waren und diesen Herrschern größtenteils als Markgrafen gedient hatten, beruhte auf ihrem Vorrang unter den übrigen Magnaten einer Gegend, der sich hauptsächlich auf Besitz und militärischen Erfolge gründete, die zu der alten Amts-Autorität hinzukamen. Bei den Liudolfingern in Sachsen und den Luipoldingern in Bayern war dieser Vorrang unbestritten, aber in Franken und Schwaben, wo vornehme karolingische Familien häufiger waren als weiter östlich, wurde er erst in blutigen Kämpfen gegen Rivalen zur Tatsache.

Solange die Karolinger an der Macht waren, sogar zur Zeit des illegitimen Arnulfs von Kärnten (887–899) und seines unmündigen Sohnes, Ludwig d. Kindes (899–911), wird der Einfluß der Herzogtümer noch nicht recht deutlich. Arnulf konnte Herzöge noch ohne weiteres absetzen, mit anderen Worten, sie als Inhaber eines Amtes betrachten, das allein vom König abhing, obwohl Stammeszugehörigkeit zumindest militärisch schon unter Ludwig d. Deutschen eine Rolle gespielt hatte. 911 war ein Wendepunkt, denn mit Ludwig d.

Kind starb der ostfränkische Zweig der Karolinger in männlicher Linie aus, aber in Westfranken war mit Karl d. Einfältigen (893–922, † 929) ein Karolinger an der Macht.

Es fragt sich, ob die Stämme diesen anerkennen, oder ob sie ihren Weg unabhängig fortsetzen würden. Lothringen erkannte Karl an. Es war wohl besonders die Ungarngefahr im Osten, gepaart mit der Erkenntnis, daß vom westfränkischen König keinerlei militärische Hilfe erwartet werden könnte, die dazu führte, daß die ostfränkischen Stämme sich anders entschieden als die Lothringer. Die Franken und die Sachsen wählten im November 911 im fränkischen Forchheim, das an der Grenze zwischen den beiden Stammesgebieten lag, Konrad I. (911–918) von Franken zum König, nachdem er von Herzog Otto von Sachsen designiert worden war. Bayern und Schwaben gaben ihre Zustimmung etwas später. Es wird im allgemeinen angenommen, daß die Wahl deshalb auf den Konradiner fiel, weil er, wenn auch kein Karolinger so doch wenigstens ein Franke war. Es kommt noch hinzu, daß die Familie Konrads durch Uta, Gemahlin Arnulfs und Mutter Ludwig d. Kindes, mit dem letzten Karolinger verwandt war und die Regierungsgeschäfte für den unmündigen Ludwig geführt hatten. Die Wahl bedeutete daher eine Entscheidung für eine Fortsetzung der bisherigen Politik, wenn auch unter einem nicht-karolingischen König. Dementsprechend verstand sich Konrad I. auch keineswegs als der Erste unter einer Gruppe gleichberechtigter Herzöge, was er eigentlich war, sondern als Erbe der karolingischen Tradition, wie sie von Arnulf verkörpert worden war. König Konrad hatte in seinen Unternehmungen aber keine glückliche Hand. So kämpfte er vergeblich um die Rückgewinnung Lothringens und gegen die Ungarn, die eine ständige Bedrohung darstellten. Er verfeindete sich die Herzöge, deren Macht er mit allen Mitteln zu brechen suchte, obwohl diese nunmehr an den Stämmen, für die jetzt Stammesversammlungen bezeugt sind, festen Rückhalt fanden und sich, zunächst in Bayern, erbliche Nachfolge im Herzogsamt sichern konnten. Konrad fand jedoch eine Stütze an der Kirche, die auf der Synode von Hohenaltheim von 916, auf der nur die Bischöfe aus Sachsen fehlten, jeglichen Angriff auf die Autorität des Königs mit dem Anathem bedrohte.

Konrad scheint sich jedoch darüber im klaren gewesen zu sein, daß seine Politik fehlgeschlagen war, denn er designierte nicht seinen Bruder Eberhard zum Nachfolger, sondern seinen gefährlichsten Gegner, Herzog Heinrich von Sachsen, dem Eberhard nach dem Tode Konrads die Königsinsignien überbrachte. Nach Vorverhandlungen wurde Heinrich dementsprechend 918 in Forchheim von Franken und Sachsen zum König gewählt. Die Bayern versuchten zunächst, ihren Herzog Arnulf als König durchzusetzen. Auch die Schwaben und Lothringer (seit 920 vom Westfrankenreich wieder unabhängig unter Giselbert, den die Lothringer zum Princeps gewählt hatten) waren zunächst nicht geneigt, Heinrichs Wahl hinzunehmen. Heinrich zeigte jedoch kluge Mäßigung. Er hatte seine eigenen Erfahrungen als Herzog von Sachsen nicht vergessen. Er verzichtete auf die kirchliche Salbung und zunächst auch auf eine Hofkapelle, vermied es also, den qualitativen Unterschied zwischen Herzogs- und Königsgewalt durch königliches Zeremoniell besonders zu betonen. Heinrich war im Gegensatz zu Konrad auch willens, herzogliche Rechte anzuerkennen, solange diese sich nicht gegen das Königtum richteten. Von sächsischer Macht beeindruckt, war daher Schwaben 919 unter Herzog Burchard bereit, Heinrich anzuerkennen, und nach einer siegreichen Schlacht konnte der König 921 auch Bayern unter seinem Herzog wieder in das Ostfrankenreich eingliedern. Beide Herzöge, Burchard von Schwaben († 926) und Arnulf von Bayern († 937), wurden als Vasallen des Königs von Heinrich mit ihren Herzogtümern belehnt. Heinrich behielt sich dabei die Besetzung der kirchlichen Stellen in Schwaben vor, obwohl er Arnulf die Kirchenhoheit für Bayern bestätigen mußte. Man sieht, trotz seines zunächst im traditionellen Sinn »unköniglichen« Auftretens verfolgte Heinrich doch von Anfang an Ziele, die wieder zu einer Erstarkung des Königtums führen mußten.

Zunächst war die Regierung Heinrichs zwar nur »ein schwacher Abglanz Fränkisch-karolingischer Sakral- und Amtsmonarchie« (T. Schieffer), aber umso erstaunlicher sind seine späteren Erfolge. Heinrich wurde zum eigentlichen Begründer des deutschen »Staats« des hohen Mittelalters, denn trotz seiner ursprünglichen Abkehr von der königlichen Tradition, bewegte sich Heinrichs Politik bald wieder in karolingischen Bahnen. 922/23 erneuerte er die Hofkapelle, indem er den Erzbischof von Mainz, Heriger, zum Erzkaplan ernannte. 925 konnte Heinrich Lothringen übernehmen, das drei Jahre später das fünfte deutsche Herzogtum wurde. Es ist oft bemerkt worden, daß Lothringens Vereinigung mit Ostfranken die Gewichte neu verteilte und eigentlich erst die territoriale Grundlegung des deutschen Reichs geschaffen hat. Heinrichs weitsichtige Politik und seine kluge Zurückhaltung verdienen Bewunderung. Es war z. B. ein neunjähriger Waffenstillstand mit den Ungarn, der durch Tributzahlungen erkauft werden mußte, verbunden mit Burgenbau, der Schaffung von Burgbezirken wohl nach dem angelsächsischen Vorbild Alfred d. Gr. († 899), sowie der Betonung des alten königlichen Heerbannes, der schließlich 933 an der Unstrut einen Sieg über die Ungarn ermöglichte.

Ähnlich bedächtig und wohlüberlegt war auch Heinrichs Italienpolitik. Das Eingreifen in die verworrenen Verhältnisse dort war nicht nur für die *regna* Provence und Burgund, sondern auch für die Herzogtümer Schwaben, Bayern und Lothringen eine große Verlockung, die von der Hoffnung genährt wurde, das alte Mittelreich Kaiser Lothars wieder zu errichten und mit seiner Krone auch seine reichen Landschaften unter die eigene Herrschaft zu bringen. Die Vereinigung Lothringens, Burgunds oder eines süddeutschen Herzogtums mit Italien hätte einen Machtblock geschaffen, der das Gleichgewicht zwischen den übrigen Stämmen Deutschlands empfindlich gestört hätte. Kein König konnte es sich daher leisten, die Ereignisse in Italien aus dem Auge zu verlieren. Während der Regierung Heinrichs war Italien zwischen König Rudolf II. (912–937) von Burgund und Hugo von Provence († 948) umstritten. Hugo erkaufte die Anerkennung seiner italienischen Ansprüche durch den Burgunder durch die Überlassung niederburgundischer Gebiete an diesen, aber Rudolf II. überließ die Heilige Lanze nicht Hugo, sondern König Heinrich, wahrscheinlich bei einem Treffen 926 in Worms. Die Heilige Lanze, sie wird noch heute in der Schatzkammer der Wiener Hofburg aufbewahrt, symbolisierte nach Luitprand von Cremona, dem Höfling und Gesandten Ottos I., den Anspruch auf Italien. Sie war Heinrich immerhin die Stadt Basel wert, und man wird wohl geneigt sein, Luitprand Glauben zu schenken. Heinrich traf sich 935 zum Abschluß eines Freundschaftsbundes noch einmal mit dem Burgunder König und König Rudolf von Westfranken (923–936). Es ist durchaus möglich, daß Heinrich einen Italien-Feldzug zur Gewinnung der Kaiserkrone plante, als er 936 in Memleben starb.

Sein Sohn Otto I. (936–973) war von Heinrich auf einem Erfurter Reichstag 936 formell zum Nachfolger designiert und durch Wahl bestätigt worden. Seine Brüder Thankmar, der ältere, und Heinrich und Brun, die jüngeren, wurden von der Nachfolge ausgeschlossen. Das *regnum Francorum* wurde also nicht mehr als Familienbesitz betrachtet, der nach fränkischem Brauch geteilt werden konnte, sondern als eine unteilbare öffentlich-rechtliche Institution. Daß der sächsische Herzog durch das behutsame und zielstrebige Wirken Heinrichs I. zum Erben der fränkisch-karolingischen Königstradition geworden war, zeigte sich schon deutlich bei der feierlichen Krönung Otto I. Bezeichnenderweise fand diese in der Pfalz Aachen statt, der Ruhestätte Karls d. Gr. und dem geistigen Mittelpunkt seines Reiches. Die weltlichen und geistlichen Teile des Zeremoniells wurden dabei unterschieden: auf die Ausrufung und Huldigung durch die Vertreter der Stämme im Vorhof des Münsters folgte die Salbung und Krönung durch die Geistlichkeit sowie

Thronbesteigung und Krönungsmahl. Otto hatte fränkische Kleidung angelegt. Beim Krönungsmahl taten die Herzöge Giselbert von Lothringen, Eberhard von Franken, Hermann von Schwaben und Arnulf von Bayern als Vasallen des jungen Königs Hofdienst als Kämmerer, Truchseß, Mundschenk und Marschall. Das Mahl versinnbildlichte die Anerkennung des amtsrechtlichen Hoheitsanspruchs des Königtums durch die Herzogsgewalt.

Doch das friedliche Bild der Krönungsfeierlichkeiten in Aachen täuschte. Es waren die beiden übergangenen Brüder Thankmar und Heinrich, aber auch die Herzöge von Franken, Bayern und Lothringen, die sich in Verbindung mit geistlichen Fürsten und sogar dem Karolingerkönig Ludwig IV. von Westfranken teils nacheinander, teils miteinander gegen Otto auflehnten. Es war eine Reaktion gegen den Ausbau der königlichen Gewalt unter Heinrich I. Auf die erste Krise von 937–8 folgten noch zwei Aufstände in 939 und in 953–5. Da Otto aus ihnen jeweils als Sieger hervorging, führten die Kämpfe jedoch zu einer weiteren Stärkung des Königtums gegenüber dem Partikularismus des Adels. Die Geschicke Bayerns mögen als Beispiel dienen. Herzog Arnulf hatte seinen Sohn Eberhard zum Nachfolger designiert, der dementsprechend vom Stamm »gewählt« wurde und nach dem Tode Arnulfs 937 seinem Vater als Herzog von Bayern nachfolgte. Er weigerte sich, einer Vorladung Ottos an den Hof Folge zu leisten und wurde von Otto daraufhin abgesetzt. Otto ernannte dann, in Übergehung der anderen Söhne Arnulfs, Arnulfs Bruder, Berchthold von Kärnten, zum Herzog von Bayern, der dem König jedoch die Ernennung aller Bischöfe und Grafen überlassen mußte. Auch die Krongüter Bayerns wurden durch einen Pfalzgrafen, der dem Herzog zur Seite stand, wieder für das Königshaus verwaltet. Ottos Erfolge in Bayern waren zwar noch nicht von Dauer, und ihre Wirksamkeit zum Beispiel in bezug auf die Grafen ist noch umstritten, aber es wird doch deutlich, daß der Aufstand Eberhards von Bayern Otto Gelegenheit gab, die Autorität des Königs innerhalb Bayerns wieder zur Anerkennung zu bringen. Wie Heinrich I. erkannte Otto die Herzöge zwar an, aber nicht als von der Krone unabhängige, erbliche Stammesfürsten. Nach dem Tode Berchtholds (947) ernannte Otto sogar seinen eigenen Bruder Heinrich 948 zum Herzog von Bayern. Es ist ebenfalls von nicht zu unterschätzender Bedeutung, daß Berchthold grundsätzlich das Recht des Königs anerkannte, die Bischofsstühle zu besetzen, ein Recht, das der König in den anderen Herzogtümern schon seit der Zeit Heinrichs I. ausübte.

Der Rebellion von 953–5 wird im allgemeinen eine ebenso große Wirkung zugemessen wie den früheren Aufständen, gerade weil es sich um einen Familienzwist handelte. Der Aufstand bewies, daß die Politik Ottos, soweit wie möglich Mitglieder seiner eigenen Familie als Herzöge einzusetzen und so seine amtsrechtliche Autorität durch verwandtschaftliche Bindungen zu sichern, ein Fehlschlag war. Sein ältester Sohn Liudolf, seit 950 Herzog von Schwaben und schon zum Nachfolger im Königsamt designiert, sowie sein Bruder Heinrich, der seit 948 Herzog von Bayern war, fachten den Aufstand an, an dem auch Ottos Schwiegersohn, Konrad von Lothringen, beteiligt war. Unter allen seinen Verwandten hielt ihm nur sein jüngster Bruder Brun, seit 940 Kanzler und seit 953 Erzbischof von Köln, die Treue. Angesichts der drohenden Ungarngefahr unterwarfen sich Juni/Dezember 954 die Aufrührer, aber trotzdem verursachte die Krise einen Wechsel in der Politik Ottos. Otto besann sich nunmehr wieder stärker auf die traditionelle Zusammenarbeit zwischen Kirche und Königtum, in der die Kirchenfürsten, deren Amt und Besitz ja nicht an direkte Nachkommen vererbt werden konnten, als Gegengewicht zu den Sonderinteressen des Adels die Hand des Königs stärkten.

Die enge Zusammenarbeit zwischen den Königen und der Kirche wird oft als »ottonisch-salisches Reichskirchensystem« beschrieben, doch ist diese Bezeichnung eigentlich irreführend. Es handelt sich weder um ein System im technischen Sinn noch war die Zusammenarbeit auf die Ottonen und die Salier beschränkt. Auch in Frankreich, England und Spanien waren im Mittelalter die Beziehungen zwischen Herrscher und Kirche sehr eng, um vom byzantinischen Reich gar nicht zu sprechen. Trotzdem ist aber nicht zu bestreiten, daß unter den politischen Umständen im Deutschland des 10. und 11. Jahrhunderts diese Zusammenarbeit besonders wichtig war, weil sie mit dem Aufbau der Königsherrschaft zusammenfiel. Der sichtbarste Ausdruck dieser Zusammenarbeit war die Ernennung von Bischöfen und Äbten durch den König, ein Recht, das schon die Merowinger in Anspruch genommen hatten. Dieses Gewohnheitsrecht widersprach zwar zumindest dem Geist der kanonischen Bestimmungen über die Wahl des Bischofs durch Klerus und Volk der betreffenden Diözese, erregte aber im allgemeinen genauso wenig Anstoß wie die königliche Einberufung und Leitung der fränkischen Nationalsynoden unter den Merowingern und Karolingern. Der König war kein gewöhnlicher Laie, sondern ein von Gott erwählter Herrscher, der zu Eingriffen in das kirchliche Leben nicht nur berechtigt, sondern sogar verpflichtet war, da der Schutz und die Aufsicht über die Kirche ein Teil des von Gott dem König verliehenen *ministerium* waren.

Unter Ludwig d. Frommen und seinen Nachfolgern versuchte die

Kirche, vertreten durch solche streitbaren und hochgebildeten Kleriker wie Erzbischof Hinkmar von Reims, zwar den königlichen Einfluß in der Kirche einzudämmen, aber diese Bemühungen schlugen insofern fehl, als die Kirche und mit ihr die Bischofsernennungen nach dem Zerfall der königlichen Macht und damit des öffentlichen Rechts in Frankreich ganz in die Hände des Adels fiel, wie das für die Klöster oben im 1. Kapitel beschrieben worden ist. In Deutschland gelang es den ersten deutschen Königen, den Schutz und die Führung der Kirche weiter als königliches Recht zu beanspruchen und gegenüber den Herzögen durchzusetzen. Sie handelten dabei im Einverständnis und mit der Unterstützung der Kirche, die im allgemeinen aus ideologischen aber auch sehr praktischen Gründen die Königs- der Herzogsherrschaft vorzog. Adhémar von Chabannes, der im Anfang des 11. Jahrhunderts schrieb, berichtete, daß Ludwig d. Fromme alle Abteien *(abbatia)* in seiner Hand vereinigt hätte, um sie vor dem Adel und Bischöfen zu schützen. Dahinter stand die Absicht Ludwigs, eine Königskirche aufzubauen, wie sie in dieser Form unter Karl d. Gr. nicht bestand, aber auch ein religiöses, der Reform zugewandtes Anliegen, da Ludwigs Schritte im engsten Einvernehmen mit Benedikt von Aniane erfolgten.

Auch im 10. und 11. Jahrhundert wurden königliche Bischofsernennungen und die Übernahme von Klöstern in die königliche Schirmherrschaft als Schutz gegen Eingriffe durch den Adel, besonders in der Form von Besitzentfremdung, verstanden. Die königliche Schirmherrschaft war ein Privileg, das als *libertas,* Freiheit, bezeichnet wurde und bis zur Mitte des 11. Jahrhunderts die höchste Stufe der *libertates* darstellte, die ein Stifter für seine Klostergründung erhalten konnte. Der päpstliche Schutz, den wir seit der Regierungszeit Ottos I. des öfteren in Klosterprivilegien erwähnt finden, war lediglich eine Ergänzung der königlichen *defensio* oder *tuitio* »und selbst die Traditio [Übergabe] eines *monasterium* an den hl. Petrus in Rom trat gegenüber den königlichen Schutz- und Herrschaftsrechten in den Hintergrund« (Semmler). Seit der Reform Ludwigs d. Frommen waren königlicher Schutz und Immunität eng miteinander verbunden und ergaben für den Herrscher eigenkirchliche Rechte, selbst wenn die Klöster nicht auf königlichem Grund und Boden gegründet worden waren, es sei denn, die Übergabe an den König erfolgte unter Eigentumsvorbehalten. Die eigenkirchlichen Rechte des Königs gegenüber den Bistümern waren zwar beschränkter als bei den Klöstern, aber seit 976 waren sämtliche Bistümer direkt vom König abhängig.

Eines der wichtigsten Ergebnisse war, daß der König bei Bischofs- und Abtswahlen ausschlaggebend war. Selbst wenn es sich um Abteien handelte, deren Privilegien ihnen freie Abtwahl zusicherten, war seine Zustimmung bei reichseigenen Klöstern notwendig. Seit dem späten 9. Jahrhundert ist für das Westfrankenreich die Einweisung eines erfolgreichen Kandidaten in sein Bistum durch den König die Überreichung eines Stabs, wenigstens in einer Quelle als Hirtenstab beschrieben, erwähnt. Unter den deutschen Königen, vor allen Dingen seit Otto I., wird dieses Zeremoniell, für das später der Name Investitur (mittelhochdeutsch: gewere) aufkam, stark betont. Unter Heinrich III. (1039–1056) kam zu dem Stab noch der Bischofsring, der ursprünglich von dem zuständigen Metropoliten bei der Konsekration übergeben worden war. Die bei der Investitur vom König gebrauchte Formel, »empfange die Kirche *(accipe ecclesiam)*«, zeigt, daß dabei der König Amt und den dazu gehörenden Besitz begrifflich nicht unterschied. Der neue Bischof oder Abt versprach seinerseits Treue und Gefolgschaft, in Deutschland meist in eidlicher Form. Die Konsekration durch den Metropoliten folgte normalerweise auf die königliche Investitur. Die Einweisung in Kirchenämter war also der Investitur mit weltlichen Lehen sehr ähnlich, aber schon Albert Hauck hat darauf hingewiesen, daß dies nicht bedeutet, daß Kirchenämter als Lehen betrachtet wurden. Die Investitur war lediglich ein Ausdruck dafür, daß der Bischof oder Abt dem König verpflichtet war und umgekehrt unter seinem Schutz stand.

Sowohl die Reichsabteien als auch die Bistümer waren durch königliche und private Schenkungen zu bedeutenden Grundbesitzern geworden, die zu Reichsdiensten herangezogen wurden. Als ständige Leistung forderte der König die alljährlichen Geschenke, *dona annualia,* die meist aus Pferden und Waffen bestanden sowie das wichtigere *servitium regis,* bestehend aus grundherrlichen Abgaben, Beherbergungs- und Geleitspflichten. Militärische Gefolgschaft und Hofdienst wurden mit einigen Ausnahmen für Frauen- und wenige Männerklöster ebenfalls auferlegt. Unter den Ottonen erweiterten sich diese Pflichten, besonders indem zu der Niedergerichtsbarkeit, die den Äbten und Bischöfen durch die Immunität, die den königlichen Schutz begleitete, zugefallen war, die hohe Gerichtsbarkeit kommen konnte. Dadurch wurden die betreffenden Äbte und Bischöfe in gewissem Sinn den Grafen gleichgestellt und in die Reichsverwaltung einbezogen. Gleichzeitig waren Immunitätsrechte nicht mehr an die Grundherrschaft gebunden, da Grafschaftsrechte und Grafschaften unabhängig von ihr verliehen wurden. Es entstanden »Bannleihbezirke«, in denen Beauftragte des Bischofs anstelle der Grafen die öffentliche Gewalt repräsentierten. Ganz vereinzelt erhob sich Widerspruch dagegen, daß die Könige über Bistümer verfügten oder daß Bischöfe so mit weltlichen Geschäften überlastet waren, daß ihnen für ihre seelsorgerische Tätigkeit kaum Zeit blieb. Im allgemeinen aber wurde die harmonische Zusammenarbeit zwischen Geistlichen und dem König als selbstverständliche gegenseitige Ergänzung verstanden. So entstand einerseits die Basis für die bischöfliche Territorialmacht und andererseits eine Staatskirche (Kempf), die so stark vom König abhängig war, daß dieser sie »zum Zentralinstitut des Reiches ausbaute« (Mitteis). Beides war nur zu einer Zeit möglich, »die noch nicht die ontologische Unterscheidung zwischen Staat und Kirche kannte, sondern bloß die funktionelle Unterscheidung zwischen Sacerdotium und Regnum. Da sich die beiden Gewalten als Glieder einer übergeordneten, unter der Herrschaft Christi stehenden Einheit demselben religiös-politischen Ziel verpflichtet fühlten, konnten Reichsdienst, weltliche Verwaltung und Gottesdienst als eine und dieselbe religiös-sittliche Leistung begriffen werden« (Kempf).

Ottos I. jüngster Bruder Brun ist ein in mancher Beziehung typisches Beispiel eines Kirchenfürsten, der zugleich mit weitgehenden weltlichen Rechten ausgestattet war, aus denen sich entsprechende Verpflichtungen ergaben. Als jüngster Sohn König Heinrichs I. war er von klein auf zum Geistlichen bestimmt und wurde an der Utrechter Domschule erzogen bis Otto ihn an den Hof rief. Als Fünfzehnjähriger war er schon Kanzler (940), mehrere Jahre später wird er als Abt bzeichnet und 950 wurde er Abt des Klosters Lorsch. Seit 953 Erzbischof von Köln, ernannte ihn sein Bruder kurze Zeit später nach dem Ausbruch der Revolte von 953, an der Konrad der Rote beteiligt war, zum Herzog von Lothringen. Brun starb 965 und verwaltete bis dahin getreulich beide Ämter gemeinsam als sichere Stütze seines Bruders. Er war zugleich ein erfolgreicher Herzog und ein ernster Bischof gewesen, der dem Mönchtum nahestand.

Ein weiteres Beispiel für die Zusammenarbeit zwischen der geistlichen und der weltlichen Gewalt zur Zeit der Ottonen und ersten Salier ist die Expansion und die Missionstätigkeit im Norden, Osten und Südosten Deutschlands, die sich unter Otto I. im Anschluß an die siegreiche Schlacht Heinrichs I. bei Lenzen (929) und dessen Sieg über die Dänen (934) zusammen mit dem Sieg über die Ungarn (933) und Ottos eigenen Sieg von 955 weiter entwickelte. Zwei berühmte Markgrafen, Hermann, Stammvater der Billunger, und Gero wurden an der Slawengrenze von Otto I. eingesetzt. Im Norden wurden, wahrscheinlich 947, die Bistümer Schleswig, Ripen und Aarhus als Suffragane von Hamburg-Bremen gegründet, die auf der Synode von Ingelheim (948) vertreten waren. Die Bistümer Brandenburg und Havelberg bestanden seit 948. Dazu kamen dann 968 die Diözesen Meißen, Merseburg und Zeitz. Wahrscheinlich im gleichen Jahr wurde auch die Diözese Oldenburg für die Wagrier und Abodriten errichtet, die Hamburg-Bremen unterstellt wurde. Brandenburg, Havelberg, Meissen, Merseburg und Zeitz (seit c.1030 nach Naumburg verlegt) unterstanden dem Erzbischof Magdeburg, das auf Drängen Ottos I. von Papst Agapet II. 955 als Erzdiözese trotz des Widerspruchs von Mainz und Halberstadt anerkannt wurde, was aber erst nach Überwindung dieser Opposition durch Papst Johannes XIII. (965–972) 968 feierlich verkündet werden konnte. In die Zeit Ottos des Großen fallen auch die Entstehung dreier Reiche an der Südostgrenze Deutschlands: Böhmens, Polens und etwas später Ungarns, die unter christlichen Herrschern größtmögliche Unabhängigkeit von den deutschen Herrschern erstrebten. Lehnshuldigungen und Kriege wechselten sich ab, die dann jeweils besonders bedrohlich wurden, wenn sie sich, wie zur Zeit Ottos I. im Falle Böhmens, mit innerdeutscher Rebellion verbanden. Die Beziehungen zwischen Deutschland und besonders Polen und Böhmen waren eng und spielten bei der Christianisierung dieser Länder eine große Rolle. Kurz nach dem Tode Ottos I., der den Machtzuwachs, der für die bayerische Kirche und damit dem bayerischen Herzogtum durch die seit dem 9. Jahrhundert vor sich gehende Missionstätigkeit in Böhmen entstand, verhindern wollte, wurde 976 die Diözese Prag dem Erzstuhl Mainz unterstellt, vielleicht um Mainz für die Verdrängung aus dem wendischen Missionsgebiet durch Ottos Gründung Magdeburg zu entschädigen (Kempf). Die kirchliche Organisation Polens kristallisierte sich um die Bischofsstühle von Posen (wohl ohne Beziehung auf Magdeburg durch Missionstätigkeit von Böhmen aus entstanden) und Gnesen, das mit tatkräftiger Unterstützung des Enkels Ottos d. Gr., Otto III., in einem päpstlichen Privileg, das Otto im Jahre 1000 auf einer Wallfahrt selbst nach Polen brachte, zu einem Erzbistum erhoben wurde. Polen, das 990 von Mieszko I. zum Schutz vor Deutschland und Böhmen an den heiligen Petrus geschenkt worden war, hatte damit seine kirchliche Unabhängigkeit von Magdeburg endgültig erreicht.

Die Erfolge Ottos des Großen innerhalb Deutschlands und im Osten kommen in Ottos Sieg auf dem Lechfeld über die Ungarn 955 am sinnbildlichsten zum Ausdruck. Der Sieg erschien schon Zeitgenossen als ein letzter Beweis für die Vormachtstellung, die Otto im christlichen Abendland errungen hatte. Von der Vormachtstellung zur Erinnerung an das Kaisertum des Frankenkönigs Karl war es nicht weit. Der Chronikler Widukind berichtet, daß Otto noch auf dem Schlachtfeld vom Heer zum Kaiser ausgerufen worden sei. Schon seit Heinrich I. Zeiten lag Italien im Blickfeld des

deutschen Herrschers, und es ist wahrscheinlich, daß Otto schon auf
der ersten Italienfahrt 951, als er die Königswürde in Pavia annahm
und sich mit Adelheid vermählte, die karolingische Kaiserpolitik
wieder aufzunehmen gedachte und sich in Rom zum Kaiser hatte
krönen lassen wollen. Aber Otto stieß auf den Widerstand des Adels
und des Papstes in Rohm und kehrte nach Deutschland zurück.

Die Krönung Ottos zum Kaiser fand jedoch 962 statt, ein bedeutsa-
mes Ereignis, das in Ottos Augen und den Augen der Umwelt die
Wiederherstellung des *regnum Francorum* vollendete. Der Sachse
Otto wurde der Erbe des Frankenkaisers Karls. Freilich hatten Veränderungen stattgefunden. Frankreich war völlig unabhängig und
wurde stets so betrachtet. Doch wie unter Karl so sollte auch unter
Otto das Kaisertum das Schwert der Kirche sein, und Kaiser und
Papst sollten zusammen die höchsten Ziele der Christenheit verfolgen (Mitteis). Für Otto entstand dadurch eine Verpflichtung zum
Schutz des Papstes, der Kirche und der Heidenmission, die, wie wir
sahen, jedoch nur in bezug auf den Papst und Italien neu war und
mit der Kaiserkrone zusammenhing. In Nachfolge der Pippinischen
Schenkung stellte Otto I. der römischen Kirche ein Privilegium aus,
das dem Papst als Nachfolger des Apostelfürsten Petrus Teile Italiens überließ, die die Grundlage des Kirchenstaates bildeten, obwohl sich Otto wie schon Karl d. Große die weltliche Oberaufsicht
vorbehielt. Die Italiener waren aber alles andere als begeistert. Was
einem Adam von Bremen als eine Wiederherstellung der alten römischen Freiheit durch Otto d. Großen erschien, wurde von ihnen als
Verknechtung des römischen Reiches, d.h. Italiens, gesehen. Es ist
daher nicht weiter verwunderlich, daß sogar zur Zeit Ottos I. selbst,
aber auch unter seinem Sohn, Otto II. und seinem Enkel Otto III.
Verschwörungen in Italien immer wieder um sich griffen, um das
Joch der Fremden, wie leicht es auch gewesen sein mag, abzu-
schütteln.

Auch Byzanz war wie zur Zeit Karls nicht bereit, einen zweiten Kaiser und Erben der römischen Tradition anzuerkennen, es sei denn,
daß Byzanz politisch und militärisch keine andere Wahl blieb. Erst
der Wechsel der byzantinischen Dynastie verhalf der Brautwerbung
Ottos zum Erfolg, der durch den berühmten Luitprand von Cremona um eine byzantinische Prinzessin für seinen Sohn bis dahin ver-
gebens ersucht hatte. Trotz aller Widerstände gelang es Otto aber
doch, die Kaiserwürde so zu sichern, daß sie nach seinem Tode ohne
weiteres auf Otto II. übertragen wurde. Trotz des unglücklichen
Ausgangs von Ottos II. Regierungszeit, er starb 983, nachdem er bei
Cortone von den Sarazenen vernichtend geschlagen worden war,
die er mit einem deutschen Heer zusammen mit den Byzantinern

aus Süditalien hatte vertreiben wollen, wurde auch sein kleiner Sohn, Otto III., der Enkel Ottos I., zum Kaiser gekrönt. Die Kaiserkrönung von 962 begründete also trotz aller Schwierigkeiten, die einer deutschen Oberherrschaft in Italien im Weg standen, eine feste Tradition, die dazu führte, daß Deutschland zum römischen Reich wurde und deutsche Herrscher zu den Nachfolgern der römischen und fränkischen Kaiser.

Auch italienische Kreise bekannten sich zu dieser Tradition, zumindest solange die deutschen Herrscher die vom italienischen Adel und den Städten während der Jahre nach 888 usurpierten königlichen Rechte anerkannten und ihre Interessen durch italienische Fürsten vertreten ließen. Die Stützen der ottonischen Kaiser waren vor allen Dingen unter den Bischöfen und Äbten zu suchen, zu denen Fürsten wie Pandulf von Capua und die Markgrafen von Tusculum kamen. Auch in Rom selbst, in dem die Familien der Crescentier und Tusculani um die Vorherrschaft rangen, gab es zumeist eine Partei, die um die Unterstützung durch den Kaiser ersuchte und diesem an der Spitze seines Heeres die Tore öffnete. Schon gegen Ende der Regierungszeit Ottos II., als dieser gegen die Sarazenen und Byzantiner das Feld ergriff, wurde in Urkunden ein neuer Ausdruck für die Kaiserwürde benutzt, *romanorum imperator augustus,* um die Legitimität des westlichen Kaisertitels zu betonen.

Unter seinem Sohn Otto III. (983–1002), der 983 als dreijähriger noch zu Lebzeiten seines Vaters in Verona gekrönt worden war, noch vor seiner Krönung zu Weihnachten 983 in Aachen, wurde die universale Kaiseridee zum beherrschenden Programmpunkt, nachdem er 995 selbst die Regierung übernahm. Durch seine Mutter Theophanu mit dem Griechischen vertraut, umgab sich der junge, schwärmerisch und religiös veranlagte Kaiser mit Lehrern und Beratern wie dem süditalienischen Griechen Johannes Philagatos (der ihn schwer enttäuschen sollte), Bernward von Hildesheim, Leo von Vercelli, Adalbert von Prag und vor allem dem berühmten Gelehrten Gerbert von Aurillac, dem späteren Papst Sylvester II. († 1003). Sein römisches Programm, zu dem der Anstoß von ihm selber ausging, war darauf abgestellt, die Idee der römischen Erneuerung, die *renovatio* oder *restitutio,* zu verwirklichen und durch konkrete Maßnahmen die Verbindung zwischen der fränkischen Tradition Aachens und dem antiken Rom in eine politische Realität zu verwandeln. Otto III. residierte in Rom in einem Palast, den er sich auf dem Palatin hatte erbauen lassen und nach einem römischen Aufstand übte er die Stadtherrschaft direkt aus. Er erhob Nicht-Italiener in hohe Stellungen und schuf so feste Verbindungslinien zwischen Rom und Deutschland. In dem Hofstaat, mit dem er sich umgab, stachen antik-byzantinische Titel hervor. Die Legende auf seinen Bullen, *Renovatio imperii romanorum,* und die Bilder Karls d. Gr. und der Roma, die sie schmückten, machen Ottos Programm wohl am deutlichsten. Der erste deutsche Papst, Gregor V. (996–999), wurde von ihm nominiert, dem Gerbert, ein Franzose, nachfolgte. Gerbert wählte als Papstnamen Sylvester II., in deutlicher Anspielung auf Konstantin und Sylvester I. Es ist unter all diesen Umständen bemerkenswert, daß Otto III. und seine Berater, vor allem Leo von Vercelli, das Ottonianum von 962 als auf einer Fälschung beruhend verwarfen und auch die Konstantinische Schenkung nicht anerkannten. Dies bedeutet jedoch keine Schmälerung tatsächlicher kirchlicher Rechte. Otto III. sah sich in besonderer Weise mit der Kirche verbunden. Wie Schramm gezeigt hat, erweiterte Otto den Kaisertitel einmal im Zusammenhang mit seiner Pilgerfahrt nach Gnesen durch die Titel: ...*servus Jesu Christi, servus apostolorum.* Seine engen Beziehungen nicht nur zu dem Heiligen Adalbert, sondern auch zu Nilus und zu Einsiedlern in den Marschen von Ravenna sind greifbarer Ausdruck seiner Religiösität, die mit einer Schmälerung kirchlicher Rechte nicht zu vereinbaren ist. Ottos kühne Pläne für die Renovatio imperii, die von einem außerordentlichen Geist zeugen, zerronnen jedoch als er 21jährig in Paterno kurz vor Rom an einem Fieber starb, ohne einen Erben zu hinterlassen. Seinem Wunsch entsprechend wurde er in Aachen beigesetzt.

2. Die Nachfolger der Ottonen

Der neuerliche Aufstand in Rom, gegen den Otto III. kurz vor seinem Tod die Waffen ergriffen hatte, griff nach Norden über und verwandelte ganz Italien in einen Aufruhrherd. 1002 konnte sich Markgraf Arduin von Ivrea zum italienischen König krönen lassen. Trotzdem gelang es aber Heinrich II., der von den weltlichen und geistlichen Großen schließlich aufgrund seiner Verwandtschaft mit den Ottonen (er war Heinrich IV. von Bayern und Urenkel Heinrichs I.) zum König gewählt worden war, Arduin zu isolieren und sich selbst 1004 in Pavia krönen zu lassen. Erst zehn Jahre später erfolgte die Kaiserkrönung in Rom durch Papst Benedikt VIII. († 1024), einem Tusculaner, der die Crescentier 1012 verdrängt hatte. Wie man sieht, hatten die häufigen italienischen Aufstände doch nicht vermocht, die grundsätzliche Verbindung zwischen deutschem Königtum und römischem Kaisertum, die von Otto I. geschaffen worden war, zu verhindern oder ernsthaft in Frage zu stellen. Das in verschiedene Machtblöcke gespaltene Italien bedurfte eines Kaisers, so wie auch die deutschen Könige darauf angewiesen waren, ihre Macht gegenüber den Herzögen zu stärken.

Mit dem Regierungsantritt Heinrichs hatte sich trotzdem ein deutlicher Wandel in bezug auf Italien vollzogen. Die großartigen Pläne Ottos III. wurden von Heinrich II. aufgegeben, und die Italienpolitik ungefähr wieder auf die Ausmaße beschränkt, die sie unter Otto d. Gr. gehabt hatte. Heinrichs Haltung entsprang einem bewußten Kurswechsel. Seine Bullenlegende, *Renovatio regni Francorum,* zeigt dies vielleicht am deutlichsten, denn sie ersetzte die Ottos III.: *Renovatio imperii Romanorum.* Ganz konsequent bemühte sich Heinrich nicht um eine persönliche Herrschaft in Rom, die er den Crescentiern und dann, nach 1012, den Tusculanern überließ. Er führte dagegen die bereits erwähnte italienische Sonderkrönung in Pavia ein, nachdem er die Macht Arduins von Ivrea zerschlagen hatte. Diese Schritte genügten ihm zur *Renovatio regni Francorum,* die für ihn darin bestand, daß er sich planvoll um die Sicherung deutschen Einflusses in angrenzenden Gebieten wie in Burgund, in der Lombardei und im Osten bemühte, sowie um die Stärkung der königlichen Macht innerhalb Deutschlands. Die Krönung in Pavia sicherte den Einfluß auf die Kirche Norditaliens und die Alpenübergänge, die Kaiserkrönung konnte daher auf sich warten lassen.

Eine Zeitlang zum Geistlichen bestimmt, erwies sich Heinrich sein Leben lang als außerordentlicher Freund und Förderer der Klosterreform. Die süddeutsch-bayrische Reform, die mit den Namen Godehard von Niederaltaich und Bischof Wolfgang von Regensburg besonders verknüpft ist, dehnte ihren Einfluß auf das übrige Deutschland und sogar auf Italien aus. Godehard, dem Heinrich schon als Bayernherzog Niederaltaich und Tegernsee zur Reform übertragen hatte, wurde Bischof von Hildesheim (1022–1038), nachdem er das Kloster Hersfeld reformiert hatte. Heinrich förderte aber auch die Lothringer Reformer. Immo von Gorze wurde in Prüm und Reichenau eingesetzt. Richard von St. Vannes/Verdun und Poppo von Stablo genossen seine besondere Bewunderung und Unterstützung. Auch Wilhelm von Dijon wurde von Heinrich gefördert. In einem Privileg bestätigte der König die Freiheit und den Besitz der Eigengründung Wilhelms, Fruttuarias, obwohl Wilhelm sein Kloster in engstem Zusammenhang mit Arduin von Ivrea, Heinrichs Rivalen um die Krone von Pavia, gegründet hatte. Heinrich hatte Poppo 1020 Stablo-Malmedy übergeben, auf das 1023 St. Maximin in Trier folgte. Obwohl die Cluniazenser keinen unmittelbaren Einfluß auf die deutsche Klosterreform ausübten, war Heinrich auch mit Odilo von Cluny auf das Freundschaftlichste verbunden. 1007 stiftete Heinrich das Bistum Bamberg, seine Lieblingsgründung, die er reich ausstattete und wo er begraben wurde. Bamberg hielt sein Andenken in hohen Ehren und erwirkte 1146

Heinrichs Heiligsprechung, nachdem sich schon seit der zweiten Hälfte des 11. Jahrhunderts Legenden um Heinrichs Namen gebildet hatten, dessen Ehe mit Kunigunde als jungfräulich galt.

Zeitgenossen wie auch Historiker waren von Heinrichs persönlicher Frömmigkeit so beeindruckt, daß man öfters kaum bemerkt hat, daß es gerade dieser fromme König war, der das »ottonische Reichskirchensystem«, das im Investiturstreit ein solcher Stein des Anstoßes werden sollte, konsequent ausbaute und das *servitium regale* der Klöster und Hochstifte auf neue Art und Weise systematisch für Regierungszwecke nutzte. Er verwirklichte königliche Kirchenhoheit viel stärker als seine Vorgänger. Wie sie berief und leitete auch er Synoden; wie sie akzeptierte er das Eigenkirchenwesen als Selbstverständlichkeit und verfügte ohne weiteres über Klostergut, das er neu verteilte, nicht nur an Bistümer, sondern auch an Vasallen. Wie unter seinen Vorgängern kam auch unter Heinrich II. der Hofkapelle eine wichtige Rolle als Bildungsstätte für den Episkopat Deutschlands zu.

Aber zu dem inzwischen üblich gewordenen und fest umrissenen *servitium regale* der Abteien kam jetzt als Neues eine stärkere wirtschaftliche Nutzung der Hochstifte. Im Itinerar des Königs und seines Gefolges nehmen jetzt zum ersten Mal Bischofsstädte einen hervorragenden Platz ein und treten somit an die Stelle der alten Königspfalzen. Wie Fleckenstein gegenüber Heusinger betont, war dies nur möglich, weil Heinrich II. auch die Kirche politisch weitaus stärker beherrschte als die Ottonen. Er setzte nicht nur Äbte ein oder ab, sondern war auch geflissentlich darauf bedacht, die Besetzung der Bischofsstühle mit seinen eigenen Kandidaten unter allen Umständen durchzusetzen. Er scheute dabei selbst vor kriegerischen Auseinandersetzungen nicht zurück, wie es sich im Falle der Besetzung von Trier zeigte. Heinrich verwarf 1008 die Wahl seines Schwagers Adalbero und ernannte statt dessen seinen Hofkaplan Megingoz zum Erzbischof. Dies führte zu mehrjähriger Fehde mit den lützelburgischen oder luxemburger Verwandten seiner Gemahlin Kunigunde.

Daß es Heinrich dabei um die grundsätzliche Anerkennung eines Prinzips ging, das sich durch den Einschub »*salvo tamen regis sive imperatoris consensu*« bei der Bestätigung von Privilegien für Bischofskirchen, die freie Wahl hatten, ausdrückte, zeigen die Vorgänge bei den Wahlen in Magdeburg besonders deutlich. Man hatte dort 1004 unter Berufung auf das Recht der freien Bischofswahl den Dompropst Waltherd zum neuen Bischof gewählt, obwohl Heinrich seinen Kapellan Wigbert nach Magdeburg gesandt hatte, um das Kapitel zur Wahl des Kapellans Tagino zu veranlassen. Heinrich rief daraufhin Waltherd zu sich an den Hof und überredete diesen dann, zugunsten Taginos zurückzutreten. Nach dessen Tod in 1012 bemühte sich das Kapitel von Magdeburg nochmals, das Recht zur freien Wahl durchzusetzen, indem man wiederum Waltherd wählte. Waltherd wurde daraufhin wieder zum König beschieden und von ihm diesmal auch anerkannt, aber erst, nachdem Heinrich eine neue Wahlhandlung durchgesetzt hatte, die auf dem königlichen Vorschlag von Waltherd als Kandidaten beruhte. Heinrich bestand also zumindest formal darauf, daß ihm die Initiative vorbehalten blieb. Waltherd starb nach wenigen Monaten. Diesmal verwarf Heinrich die Magdeburger Wahl kurz und bündig, ohne sich auf Verhandlungen einzulassen, und machte den Hofkapellan Gero zum neuen Erzbischof. Der Magdeburger Kandidat, Dietrich mit Namen, wurde königlicher Kapellan in der Pfalz Grone. Ähnliche Fälle ereigneten sich 1012 in Cambrai, 1013 in Bremen und 1023 in Halberstadt, aber im ganzen blieben diese Aufsehen erregenden Fälle jedoch die sprichwörtliche Ausnahme, die die Regel bestätigt, daß königliche Bischofsernennungen reibungslos verliefen. Die Magdeburger Ernennungen sind hauptsächlich deswegen erwähnenswert, weil sie zeigen, daß das ottonische Prinzip der königlichen Verfügungsgewalt über Bistümer tatsächlich erst durch Heinrich II. voll durchgesetzt wurde.

Zwei weitere Punkte in der Kirchenpolitik Heinrichs verdienen in unserem Zusammenhang besondere Beachtung. Obwohl Otto III. bereits ein Kanonikat an der von ihm zu neuem Glanz erhobenen Marienkapelle in Aachen und wohl auch in Hildesheim unter seinem Freund und Lehrer Bernward eingenommen hatte, war es Heinrich II., dem die eigentliche Entstehung des Königkanonikats zu verdanken ist, einer Einrichtung, die die inneren Zusammenhänge zwischen Kirche und Königtum, Kirchenherrschaft und Kirchenreform, für uns greifbar macht. Heinrich ließ sich in verschiedenen Domkapiteln unter die Kanoniker aufnehmen, im Falle Bambergs sogar zusammen mit der Kaiserin: Bamberg, Straßburg, Magdeburg, Paderborn und Hildesheim. Der zweite Punkt, der wenigstens kurz erwähnt werden muß, betrifft die Verbindung zwischen der Hofkapelle und den wichtigsten Kirchen im Reich. Die Hofkapelle, die seit karolingischer Zeit außerhalb der Diözesanordnung bestand und hauptsächlich für den herrscherlichen Gottesdienst verantwortlich war, aber auch als Kanzlei, mit dem Erzkanzler an der Spitze, diente, wurde seit den Zeiten Ottos des Großen zu einer »Schule« für zukünftige Bischöfe ausgebaut. Die Kapelläne, die meist dem Hochadel entstammten und zum engsten Mitarbeiterkreis der Könige gehörten, hatten manchmal zur gleichen Zeit ein

Kanonikat in einem oder dem anderen Domkapitel inne. Wie Flekkenstein gezeigt hat, war die Hofkapelle gegen Ende der Regierung Ottos III. bereits im ganzen Reichsgebiet einschließlich Süddeutschlands in etwa der Hälfte der wichtigeren Bischofskirchen durch Kapelläne, die dort gleichzeitig Kanoniker waren, vertreten. Heinrich II. verstärkte auch diese Tendenz weiter, so daß einerseits durch die Kanonikate der Hofkapelläne und andererseits durch die Erhebung von Hofkapellänen auf Bischofsstühle nach deren Hofdienst die wichtigeren Kirchen Deutschlands mit der Hofkapelle des Königs in ständiger Beziehung zueinander standen. Dazu kam in einzelnen Fällen dann noch die direkte Verbindung verschiedener Hochstifte mit dem Herrscher selbst durch das Königskanonikat.

3. Die ersten Salier

Mit dem Tod Kaiser Heinrichs II. erlosch 1024 der liudolfingische Mannesstamm, und das Wahlprinzip kam ein zweites Mal in kurzer Zeit zu voller Geltung. Die einzigen beiden Kandidaten für die Königskrone, die genannt werden, waren zwei Vettern, beide mit dem Namen Konrad, die in weiblicher Linie von Heinrich I. abstammten. Der ältere Konrad wurde in Franken gegenüber Oppenheim am Rhein gewählt und kurz danach trotz einiger Unstimmigkeiten vom Erzbischof von Mainz gekrönt. Das Krönungszeremoniell folgte in den einzelnen Zügen dem vom Heinrich II. gesetzten Beispiel. Konrad II. war der erste der Salier. Das Bemerkenswerteste an diesem Dynastiewechsel ist die Reibungslosigkeit, mit der er vollzogen wurde sowie die Kontinuität, die in jeder Beziehung vorherrschte, angefangen beim Personal der Hofkapelle und der Kanzlei bis hin zur Außen- und Innenpolitik. Selbstverständlich gab es Unterschiede, vor allen Dingen in den Beziehungen Konrads und seiner Nachfolger zu den Ministerialen, den ursprünglich unfreien Dienstleuten in Deutschland, und, aufgrund veränderter Umstände, zu den Städten und den Valvassoren in Italien, aber die großen Züge der Politik veränderten sich nicht. Der Ausspruch Konrads den Pavesen gegenüber wird zu Recht oft zitiert. Die Paveser hatten den Königspalast in Pavia nach dem Tode Heinrichs II. abgerissen, da, wie sie sagten, mit ihm das Königtum erloschen sei. Konrad hielt ihnen in Konstanz daraufhin entgegen, daß Reich und Königtum selbst nach dem Tode eines Königs fortbestünden, so wie ein Schiff bliebe, dessen Kapitän gefallen sei *(si rex periit, regnum remansit, sicut navis remanet, cuius gubernator cadit)*. Es ist durchaus nicht nötig, diesem Diktum, das von Wipo überliefert wurde, eine übertrieben große theoretische Bedeutung zuzulegen, um zu erkennen, wie sehr diese Äußerung den Kern des Regierungsprogramms Konrads trifft. Theodor Schieffer drückte es sehr prägnant so aus: Neuansatz 1002, so gut wie nahtlose Kontinuität 1024.

Bevor wir uns der Regierung Heinrichs III. zuwenden können, muß noch kurz auf das Verhältnis Konrads II. zur Kirche eingegangen werden, da sich hier anscheinend Unterschiede zwischen Heinrich II., dem Heiligen, und Konrad II. bemerkbar machen, der von Rodulf Glaber geradezu als vom Teufel inspiriert beschrieben wurde, vielleicht hauptsächlich wegen Konrads kanonistisch anfechtbarer Ehe mit Gisela. Aber selbst Konrads treuer Biograf Wipo war in bezug auf die Kirche nicht immer mit seinem Helden einverstanden, und es erhebt sich die Frage, ob die Kritik an Konrad nicht vielleicht berechtigt war und sein Verhalten zu dem späteren Zerwürfnis zwischen *Regnum* und *Sacerdotium* beigetragen hat. Schon zur Zeit Konrads II. begann die Klosterreform in die allgemeine Kirchenreform überzugehen.

Zunächst muß jedoch wieder betont werden, wie eng sich Konrad II. auch in der Kirchenpolitik an seinen Vorgänger, Heinrich II., anlehnte, der ihm zu einer fest gegründeten Kirchenherrschaft die Wege geebnet hatte. Bei seiner Krönung war Konrad von Erzbischof Aribo von Mainz als Stellvertreter Christi bezeichnet worden, und den Zeitgenossen erschien die Herrschaft des Königs über die Kirche noch als ganz selbstverständliche Konsequenz des ihm auferlegten Ministeriums. Konrad griff energisch auch in interne Angelegenheiten der Kirche ein und wußte seinen Willen auf Synoden, die er einberief und auf denen er anwesend war, nachdrücklich zur Geltung zu bringen. Es gelang ihm zum Beispiel, den alten Streit um Gandersheim zwischen Bischof Godehard von Hildesheim und Aribo von Mainz durch einen Kompromiß aus der Welt zu schaffen. Den Eheprozeß gegen den Grafen von Hammerstein, der Heinrich, den Papst und den Episkopat lange in Atem gehalten hatte, schlug Konrad nieder. Die Bischöfe mußten sich fügen. Er sorgte auch selbst für die Klärung liturgischer Fragen und war sogar für die Verlegung des Bistums von Zeitz nach Naumburg verantwortlich. Wie bei Heinrich II. so entsprach auch bei Konrad II. der Herrschaft über die Kirche ein ebenso großes Gefühl der Verantwortung für die Kirche. Selbstverständlich verfügte er über Abteien und Bistümer, aber ebenso selbstverständlich sorgte er auch für Reform. Er verschaffte der lothringischen Reform breiten Einfluß in Deutschland. Wie Heinrich vor ihm, unterstützte auch Konrad Abt Poppo von Stablo-Malmedy auf das Wärmste. Schon kurz nach seinem Regierungsantritt übergab er ihm seine eigene Familienstiftung Limburg und überließ ihm oder seinen Schülern auch Echternach, St. Gislain, Hersfeld, Weißenburg, St. Gallen sowie das Kloster Waussor mit Hostières, das dem Bistum Metz gehörte und nicht wie die anderen Abteien Königskloster war. Geistliche und Laien übertrugen als Stifter oder Diözesanbischöfe weitere Konvente an den lothringischen Abt, so daß dessen Einfluß in Deutschland weit über den seines Lehrers Richard von Saint-Vanne hinausging. Poppos strenge, asketische Frömmigkeit und sein schon in den eigenen Lebzeiten legendäres Bestehen auf unbedingtem Gehorsam und Verleugnung des eigenen Willens selbst bei Männern, die er als Äbte eingesetzt hatte, war nicht allen Klöstern willkommen oder verständlich, kam doch zu allem noch die Auffassung Poppos, daß ein Mönch unablässig die Leiden Christi nachzuempfinden habe und jegliche Heiterkeit unangebracht sei. Berühmt sind die Skizzen Ekkehards IV. von St. Gallen, eines Schülers Notkers, der das Leben in St. Gallen vor der Übernahme durch Poppo beschrieb und aus seiner und der anderen Mönche feindseligen Ablehnung des fremden Abtes keinen Hehl machte. Die Lothringer, Gallier, wie er sie bezeichnete, galten ihm als Schismatiker, die durch die Bildung eines Klosterverbandes die Einheit der Kirche zerstörten. Die in verhältnismäßig kurzem Zeitraum oft mehrmals reformierten deutschen Abteien sahen im allgemeinen nicht ein, wieso ihre eigenen Gebräuche nicht ebenso zu recht bestünden wie die der Lothringer oder Cluniazenser. Man muß Theodor Schieffer zustimmen, wenn dieser schreibt, daß »Konrads Handlungsweise nur aus einer wirklichen Sympathie für die besonderen Gewohnheiten Poppos und für die neuartigen, über das Einzelkloster hinausgehenden straffen Organisationsformen zu erklären ist.« Auch in bezug auf die Hofkapelle und die Besetzung von Bistümern, die er Reformern öffnete, aber genauso wie sein Vorgänger wirtschaftlich in Anspruch nahm, verhielt sich Konrad ebenso wie sein Vorgänger. Das Königskanonikat entwickelte sich weiter, indem zu den Stiften, denen schon Heinrich II. angehört hatte, noch Worms und Speyer hinzu kamen, die Konrad besonders nahe standen. In Speyer gründete er den romanischen Dom, der bis zum heutigen Tag wohl Konrads bedeutendstes künstlerisches Denkmal ist.

Schon einige von Konrads Zeitgenossen waren jedoch nicht bereit, weniger positive Seiten seiner Kirchenhoheit zu übersehen. Ihm wurde dreierlei gelegentlich zum Vorwurf gemacht: erstens, seine kanonistisch anfechtbare Ehe mit Gisela; zweitens, die Verleihung von Bistümern, Abteien und Kirchengut gegen finanzielle und territoriale Leistungen; und drittens, sein Vorgehen gegen die Erzbischöfe Aribert von Mailand und Burchard von Lyon. Bei weitem das größte Aufsehen erregten der zweite und der dritte Punkt, die auch für die Mißbilligung verantwortlich sind, die Konrads Gestalt bei manchen Historikern erregte. Aribert von Mailand (1018–1045), der vordem auch von Kaiser Konrad stark begünstigte Führer des kaiserlich gesinnten italienischen Episkopats, empörte sich mit dem lombardischen Episkopat gegen den Kaiser und verschloß ihm die Tore Mailands, als dieser sich in einem Aufstand der niedrigen Lehnsträger der Mailändischen Kirche, der Valvassores, auf deren Seite gestellt hatte und in seiner richterlichen Entscheidung des Konflikts, der *Constitutio feudorum* von 1037, das Lehnrecht stark zu ihren Gunsten veränderte. Da Aribert sich nicht fügen wollte, ließ Konrad sich dazu hinreißen, ihn selbständig abzusetzen, ohne auf eine synodale Entscheidung zu warten. Der Hintergrund war also politischer Art. Über die Vorgänge im burgundischen Lyon wissen wir sehr wenig, aber auch hier dürfte es sich um politische Schwierigkeiten gehandelt haben. Nichtsdestoweniger wurde Konrads Vorgehen, das nachträglich sowohl von Papst Johannes XIX (1024–32) als auch von einer Synode bestätigt wurde, schon damals als unannehmbar empfunden. Sein Sohn und Nachfolger, Heinrich III. – Konrad II. starb 1039 – fand sich jedenfalls zum Ausgleich mit Aribert bereit, der bald nach Konrads Tod wieder am deutschen Hof erschien.

Der Mißklang, mit dem Konrads Regierung endete, zeigt, daß der Kaiser trotz seiner Bemühungen um die kirchliche Reform mit der Entwicklung der nunmehr allgemeiner werdenden Kirchenreform nicht Schritt gehalten hatte und daß ihm das Empfinden für neue Nuancen dieser Bewegung fehlte, das sein Sohn besaß. Das gilt auch für Konrads Vorgehen bei der Besetzung von Bistümern und Abteien, wo ihm Simonie zum Vorwurf gemacht wurde. Am schwersten wiegt hier wohl die Rede, die Rodulf Glaber, der feindseligste Kritiker Konrads, Heinrich III. in den Mund legt. Heinrich soll gesagt haben, daß er für das Seelenheil seines Vaters das Schlimmste befürchtete, da dieser in seinem Leben Simonie begangen habe. *(Nam et pater meus, de cuius animae periculo valde pertimesco, eandem damnabilem avariciam in vita nimis exercuit.)* Auch Wipo, Konrads Biograf und im allgemeinen Konrad gegenüber sehr positiv eingestellt, berichtet, daß der Kleriker Ulrich 1025 an den König und die Königin eine große Summe Geldes für den Episkopat von Basel gezahlt hätte, und Konrad dann später versprochen und gelobt habe, künftig für die Verleihung eines Bistums oder einer Abtei kein Geld mehr anzunehmen, und »daß er diesem Gelöbnis beinahe treu geblieben sei.« Es gibt noch einige weitere Aussagen von Zeitgenossen, die Kaiser Konrad der Simonie bezichtigen, was in der Geschichtsschreibung im allgemeinen unbesehen übernommen wurde. Simonie, der An- und Verkauf geistlicher Ämter, Güter oder Handlungen, wurde schon in den ältesten Zeiten der Kirche als Sünde wider den Heiligen Geist verurteilt. Auch Konrad ließ auf der Synode von Tribur 1036 Simonie, so wie sie damals verstanden wurde, verurteilen, indem er Geistlichen den Verkauf heiligen Öls, der Taufe, von Begräbnissen oder den Erwerb von Altären untersagen ließ. Man sieht, wie eng der Begriff Simonie zu Konrads Zeiten noch gefaßt war. Die von Konrad verlangten Leistungen für die Verleihung von Bistümern und Abteien fielen nicht unter diesen Begriff, sondern lagen durchaus, wie auch seine sonstige Politik, auf der Linie Heinrichs II. Konrad beanspruchte diese Leistungen lediglich im Rahmen des *servitium regale*, das Königen seit langem von der Kirche zustand und keineswegs einem Handel mit Bischofskirchen oder Abteien entsprach, so wie er aus Südfrankreich bekannt ist. Dadurch jedoch, daß schon um die Mitte des 11. Jahrhunderts, als Konrads Handlungen noch in frischer Erinnerung waren, ein verfeinertes und verschärftes Gefühl für den Begriff Simonie entstand, wurde wie T. Schieffer gezeigt hat, bei Konrad als Simonie verdammt, was ihm zu Lebzeiten noch keineswegs als Verkauf eines geistlichen Amtes gegolten hatte. Die Taten Heinrichs II., die weiter zurück lagen, blieben von dieser Umdeutung unberührt, so daß allmählich das Bild eines Heiligen Seite an Seite mit dem eines wenig frommen, rein weltlich gesonnenen Herrschers als seinem Nachfolger entstehen konte.

Als Kaiser Konrad II. im Juni 1039 starb, besaß sein Sohn, Heinrich III., bereits seit zehn Jahren die deutsche Königskrone, zu der im Herbst 1038 die burgundische gekommen war. Außerdem war Heinrich seit 1027 Herzog von Bayern und seit 1038 auch Herzog von Schwaben. Obwohl Heinrich III. während seiner Regierungszeit, er starb 1056, besonders im Osten in schwere Kämpfe verwikkelt wurde, zu denen Aufstände und Hungersnöte in Deutschland kamen, wurde er doch einer der großen Kaiser Deutschlands. Er symbolisiert mehr noch als Otto I. oder Otto III. das theokratische Kaisertum, die Einheit von Kirche und Welt unter der Führung des von Gott erwählten, gesalbten Herrschers als vicarius Christi oder vicarius Dei. Tiefe Religiosität zusammen mit einer strengen Pflichtauffassung paarten sich bei Heinrich mit einem stolzen Bewußtsein der Fülle seiner Macht und der Heiligkeit seines hohen Amtes als Stellvertreter Gottes im weltlichen und im kirchlichen Bereich. Bei aller christlicher Demut kam es ihm nie in den Sinn, auf irgendein Recht zu verzichten, das seine Vorgänger erworben hatten. Auf allen Gebieten erstrebte er die Stärkung seiner königlichen Macht, die er, wann immer möglich, ausweitete, indem er die Sakralität seines Amtes betonte, was seiner Regierung ihre besonderen Züge verleiht. Die enge Verbindung von religiösen und politischen Motiven bei Heinrich III., und die hohe Auffassung, die er von seinem Amt hatte, wird bei seinen Friedensverkündigungen ganz besonders deutlich. Auf dem Hintergrund der französischen Friedensbewegung, die in den Kreisen um Heinrich wohl von Abt Odilo von Cluny, Abt Richard von Saint-Vanne sowie Bruno von Toul am eifrigsten unterstützt wurde, nahm Heinrich die königliche Aufgabe der Wahrung des Friedens und der Gerechtigkeit in besonders feierlicher und öffentlicher Form wahr. Auf der Synode von Konstanz (1043) verkündete er ein Friedensedikt und im Zusammenhang damit gewährte er vom Altar des Doms aus allen seinen Feinden Verzeihung. Er forderte außerdem die Anwesenden auf, es ihm gleich zu tun. Ähnlich handelte Heinrich kurze Zeit später in Trier und 1044 auf dem Schlachtfeld von Menfö, wo er über die ungarischen Aufständischen einen Sieg errungen hatte. Der Sieg ermöglichte es ihm, Ungarns rechtmäßigen Thronfolger, Peter Orseoli, wieder einzusetzen, und zwar geschah dies wohl auf einer ähnlichen Friedensfeier zwischen Peter und den Ungarn. Noch einmal, 1047 in Rom, also wohl anläßlich der Kaiserkrönung, verkündigte Heinrich seinen Feinden Verzeihung, mit Ausnahme des mehrfachen Rebellen Gottfrieds von Lothringen, und einen Frieden.

Es wurde schon darauf angespielt, daß Heinrich ein verfeinertes Gefühl für die Kirchenreform besaß als sein Vater. Im Einklang mit den Reformern erweiterte und präzisierte er den Begriff der Simonie, die zusammen mit der Nichteinhaltung der Zölibatspflicht der Priester als das Grundübel der Zeit galt und achtete streng darauf, bei seinen Bischofs- und Abts-Ernennungen selbst den Schatten eines Verdachts auszuschließen. Das bedeutet jedoch nicht, daß nunmehr Bistümer und Abteien weniger für den Reichsdienst in Anspruch genommen wurden als früher, obwohl Heinrich einen betonten Unterschied zwischen Bistümern und Klöstern machte. Mit Ausnahme von Fulda und St. Ghislain wurden keinem Kloster Grafschaften oder Grafschaftsrecht verliehen. Erstaunlich oft war Heinrich bereit, Klöstern die freie Abtwahl zu bestätigen und auch zu gewähren, obwohl die Würde selbstverständlich nach wie vor stets vom Kaiser verliehen wurde. Heinrich verstärkte und erneuerte die Reichsunmittelbarkeit der Klöster, indem er von der Vergabe von Klostergut und Klöstern selbst (besonders an Bischofskirchen) absah und, wenn möglich, derartige Verleihungen, die er oder seine Vorgänger getroffen hatten, wieder rückgängig machte. Heinrich setzte bei einer Anzahl von Klöstern fest, daß sie unter der Herrschaft des Reiches stünden und von niemandem, auch nicht von

Königen und Kaisern, entfremdet werden dürften. Dies hat sich zwar in der Praxis selbst unter Heinrich III. nicht immer als durchführbar erwiesen, aber es ist offensichtlich, daß Heinrich stark von der cluniazensischen Freiheitsidee beeinflußt war. Im Mittelalter war Freiheit aber nur im Rahmen eines Herrschaftsverhältnisses denkbar. Im Falle Clunys war dies ein Herrschaftsverhältnis zwischen dem Kloster und St. Peter, dem im Falle der reichsunmittelbaren Abteien in Deutschland der kaiserliche Schutz entsprach, der aufgrund der sakralen Stellung des Herrschers die höchste Stufe irdischer Freiheit verbunden mit der größten Unterwerfung unter Gott, Augustins *libera servitus*, darstellte. Neben dem kaiserlichen stand der päpstliche Schutz, der zur Zeit der Frühreform an die gleichen Klöster verliehen werden konnte.

Wie seine Vorgänger so stützte sich auch Heinrich III. während seiner Regierung hauptsächlich auf den Episkopat Deutschlands, Burgunds und Italiens. Mehr als die Hälfte der Bischöfe entstammte der Hofkapelle, die unter Heinrich III. ihre volle Bedeutung als Herrschaftsinstrument behalten hat. Mitglieder waren nicht nur Deutsche, sondern auch Italiener, zum Beispiel Anselm von Besate, und Burgunder. Einige von ihnen waren gleichzeitig Kanoniker an deutschen Hochstiften, so daß der König durch die Hofkapelle in ständiger Beziehung zu den Bischofssitzen seines Reiches blieb, selbst wenn diese nicht in den Händen eines Bischofs sein sollten, der vorher Kapellan gewesen war. Auch der Königskanonikat wurde von Heinrich III. weiter ausgebaut, um die besondere Verbundenheit des Königs mit bevorzugten Hochstiften auszudrücken. Es ist bezeichnend für Heinrich, daß er sich in Bamberg und Köln gemeinsam mit Papst Leo IX., dem früheren Bischof Bruno von Toul, als Kanoniker aufnehmen ließ. Fleckenstein weist darauf hin, daß vielen der Kapellänen Heinrichs nach ihrem Tode Viten gewidmet worden sind und daß das Heiligenbild, das sie reflektieren, den neuen Vorstellungen der Reform entspricht. Man könnte also meinen, daß sich Heinrich mit Vorliebe mit Kapellänen umgeben hat, die schon zu Lebzeiten von den gerade aufkommenden Idealen geprägt wurden. Doch gewiß ist bei solchen Urteilen die allergrößte Vorsicht am Platz. Wie Kehr gesehen hat, hat sich Heinrich durchaus nicht nur mit Heiligen umgeben. Einer seiner Kapelläne war zum Beispiel der vielumstrittene Anno, den Heinrich 1056 zum Nachfolger des eben verstorbenen Erzbischofs Hermann, dem Kanzler für Italien, ernannte. Auch der berüchtigte Nitker von Freising gehörte der Hofkapelle an. Trotzdem hat Heinrich im allgemeinen nur solche Kandidaten ernannt, die kirchlichen Anforderungen genügten, einen Priestersohn wies er zum Beispiel sofort zurück. In Metz, Toul und Verdun (Lothringen) und in Lyon (Burgund) hat Heinrich wie es dem Denken dieser Gegenden entsprach, bewußt kirchliche Reformer auf die Bischofsstühle gebracht, aber Reformer, die gleichzeitig mit kirchlichen auch die kaiserlichen Interessen vertraten, wie zum Beispiel Wazo von Lüttich.

Wie bei allen seinen Handlungen, verstand es Heinrich bei den Bischofsernennungen zugleich mit seinen Herrschaftsinteressen auch die Kirchenreform zu fördern. Die Ernennung behielt er fest in der Hand. Es gab unter Heinrich im allgemeinen drei Möglichkeiten, Bischof zu werden: 1. der Herrscher konnte den neuen Bischof selbst nominieren und dann den Konsens von Klerus und Volk der betroffenen Diözese ersuchen, der sich durch Akklamation ausdrückte; 2. er konnte Berater um den Vorschlag eines geeigneten Kandidaten bitten; 3. das betreffende Domkapitel konnte einen Kandidaten vorschlagen. Unter 2. und 3. war die Zustimmung des Kaisers unerläßlich, bevor die eigentliche Wahl stattfinden konnte, die dann von der Investitur durch den König und die Konsekration durch den Metropoliten und mindestens zwei weitere Bischöfe gefolgt wurde. Niemand nahm Anstoß daran, daß Heinrich den zukünftigen Bischof oder Abt mit seinem neuen Amt und dem dazugehörenden Besitz durch das symbolische Überreichen des Hirtenstabs investierte. Auch finden sich keine kritischen Stimmen, die es ihm zum Vorwurf machen, daß Heinrich, wie das für ihn typisch ist, die sakrale Seite seiner Handlungen besonders betont, indem er, anscheinend als erster Herrscher, außer dem Stab auch noch den Ring überreicht, das Symbol für die mystische Vermählung des Bischofs mit seiner Kirche, der Braut. Der investierte Abt oder Bischof leistete Heinrich dann einen Treueid.

Dieser Treueid wurde im allgemeinen als ebenso selbstverständlich betrachtet wie das Gegenstück, die Investitur. Aus Mönchskreisen erhoben sich jedoch Stimmen, die das Schwören eines Eides ablehnten. Das älteste bekannte Beispiel ist das Wilhelms von Volpiano, des Abtes von St. Bénigne in Dijon, Gründers Fruttuarias und Schülers von Majolus und Odilo von Cluny, den Hallinger aufgrund seines Spitznamens »Wilhelmus supra regulam« als »Überkluniazenser« bezeichnet hat. Als Wilhelm im Marienkloster in Locedia die Diakonenweihe erhalten sollte, und man ihn aufforderte, zunächst wie üblich dem Bischof Leo von Vercelli einen Treueid zu leisten, lehnte Wilhelm diesen Eid ab. Seine Vita berichtet – wahrscheinlich von einem späteren Standpunkt aus – daß er den Eid als Simonie betrachtet hätte, da er eine Gegenleistung zur Weihe durch den Bischof darstellte, die gratis gespendet werden müßte. Während der Regierung Heinrichs III. entstand ein ähnlicher Konflikt in Verbindung mit der Ernennung Halinards, des Abtes von St. Bénigne in Dijon, zum Erzbischof von Lyon. Er war von den Klerikern der Stadt unter Zustimmung der Laien gewählt worden. Mehrere Jahre vorher hatte Halinard eine solche Wahl schon einmal abgelehnt, da, wie er sagte, die bischöfliche Würde mit seinem Stand als Mönch unvereinbar sei. Jetzt, 1046, wandte sich Halinard an Papst Gregor VI. um Rat, der ihn aufforderte, den Wünschen von Klerikern und Volk von Lyon nachzukommen. Daraufhin entsandte die Stadt eine Abordnung benachbarter Bischöfe und Lyoner Geistlicher im August zu Heinrich, der sich gerade in Speyer aufhielt. Die Legaten baten darum, daß Heinrich Halinard die Investitur erteilen möge, ohne den Treueid für das Bistum *(honor episcopii)* zu erlangen. Sie begründeten diesen Wunsch damit, daß sowohl das Evangelium als auch die Regel des Heiligen Benedikt Mönchen das Schwören eines Eides verböten. Die deutschen Bischöfe, insbesondere Bischof Sigebert von Speyer, sowie Erzbischof Hugo von Besançon, der burgundische Kanzler und Vertraute Heinrichs, hielten den Eid des neuen Erzbischofs für wesentlich, wohingegen Dietrich von Metz, Bruno von Toul (der spätere Papst Leo IX.) und Richard von Verdun, also die Lothringer, Halinards Bitte auf das Wärmste unterstützten. Der König gab nach und kurz vor seinem Aufbruch nach Italien wurde Halinard in Heinrichs Anwesenheit ohne Eid von Erzbischof Hugo von Besançon konsekriert.

Der Bericht in dem etwa gleichzeitig geschriebenen Chronicon sancti Benigni Divionensis gibt zu verstehen, daß Heinrich nicht gerade mit Begeisterung nachgegeben hat. Er zeigte jedoch bald größeres Verständnis für die besonderen Schwierigkeiten Geistlicher in bezug auf die Eidesleistung. In einem kaiserlichen Erlaß vom 3. April 1047 in Rimini bestimmte Heinrich, daß der Gerichtseid *(iusiurandum calumpnie)* allen Klerikern und Mönchen zu erlassen sei und von einem Stellvertreter geleistet werden könne. Auch scheint Heinrich Halinard die Weigerung nicht nachgetragen zu haben, wenn es stimmt, daß Halinards Wahl zum Papst durch die Römer nur durch Halinards Ablehnung der hohen Würde und nicht durch etwaige Widerstände von Heinrichs Seite aus nicht zustande gekommen ist. Es ist zweifellos richtig, daß Halinards Eidesverweigerung hauptsächlich auf sein Selbstverständnis als Mönch zurückzuführen ist, aber man tut doch gut daran, seinen Widerstand gegenüber königlichen Forderungen auch nicht zu unterschätzen. Hoffmann wies drauf hin, daß Halinard ein Schüler Wilhelms von Volpiano war, dem die politischen Folgen seines unpolitischen Handelns kaum verborgen geblieben sein können. Nach dem Chronicon s. Benigni war es ein Zweck seiner Eidesverweigerung, sich von weltlichen Geschäften, das muß heißen, der Leistung des *servitium regale* eines Erzbischofs von Lyon, fernzuhalten. Bewußt oder unbewußt kam eine solche Einstellung der Ablehnung des »ottonisch-salischen Kirchensystems« nahe, was auch immer Halinards Gründe für diese Ablehnung der Vermischung der Kompetenzen gewesen sein mögen.

Unter keinem anderen Herrscher hat die priesterliche Seite des Kaisertums eine solche Betonung erfahren wie unter Heinrich III., aber das heißt nicht, daß die rein weltliche Seite seines Kaisertums weniger wichtig gewesen wäre. Auf diesem Gebiet zeigt es sich, wie begrenzt selbst die Macht eines Heinrich III. war. »Man muß sich doch hüten, die Macht der Könige in Deutschland zu überschätzen; es lief im Grunde alles immer darauf hinaus, die einen Machthaber gegen die anderen auszuspielen, neue Familien gegen die alten, landfremde gegen die einheimischen, ohne daß die Könige hätten verhindern können, daß die neuen erstaunlich schnell Wurzeln faßten und dann ebenso gefährliche Feinde des Königtums wurden wie die früheren Gegner« (Kehr). Soweit möglich folgte Heinrich III. dem Beispiel seines Vaters, dessen Personal er übernahm, so wie Konrad II. seinerzeit Heinrich II. gefolgt war. Er bemühte sich, die Macht der Herzöge unter Kontrolle zu halten, indem er, wenn eine Herzogsdynastie ausstarb, landfremde Adlige ernannte. Besonders gefährlich war die Lage in Sachsen und Lothringen. Die Billunger und die Sachsen hielt er in Schach, indem er sich besonders auf den Markgrafen Ekkehard von Meißen, den treuen Heerführer Heinrichs in den Böhmen- und Ungarn-Feldzügen, verließ und nach dessen Tod 1046 noch mehr als zuvor auf sächsische Pfalzgrafen. Ein starkes Gegengewicht schaffte er auch durch den Ausbau der Pfalz Goslar, wo er das berühmte Stift seiner Geburtsheiligen St. Simon und Juda gründete. Im Norden wurde der Billunger-Einfluß durch den fähigen und ehrgeizigen, aber Heinrich treu ergebenen Erzbischof Adalbert von Bremen eingedämmt. Zwei Brüder Adalberts, Friedrich und Theti, wurden von Heinrich zu sächsischen Pfalzgrafen erhoben. Die häufigen Feldzüge Heinrichs gegen Böhmen, das er erfolgreich für dauernd unter deutsche Oberhoheit brachte, und gegen Ungarn, dessen Unterwerfung nur vorübergehend gelang, führten zu Heinrichs dauerndstem Verdienst, der Sicherung Österreichs, Kärntens und der Steiermark gegen die Ungarn. Gegenüber Polen griff er wieder auf die Politik Ottos III. zurück.

Lothringen könnte man als die Achillesferse Heinrichs deutscher Politik bezeichnen. Heinrich weigerte sich, dem kriegstüchtigen und äußerst fähigen Herzog Gottfried dem Bärtigen mehr als Oberlothringen zu übertragen, um eine allzu große Machtansammlung in seinen Händen zu vermeiden. Herzog Gozelo der Ältere starb 1044 und überließ Gottfried Oberlothringen, seinem jüngeren Bruder, Gozelo, Niederlothringen. Aber dieser Gozelo starb schon 1046, und Heinrich III. gab auf der Versammlung dieses Jahres in Aachen das Herzogtum Niederlothringen an den Lützelburger Friedrich, einem Bruder des bayrischen Herzogs Heinrich, den der König 1042 ernannt hatte, nachdem er selbst die Würde niedergelgt hatte. Schon zwischen 1044 und 1046 hatte Heinrich das Bistum Utrecht mit mehreren niederlothringischen Grafschaften belehnt, um dort die Macht Gottfrieds und seiner Verbündeten zu brechen. Nach der Entscheidung von 1046 gegen Gottfried kam Heinrich dessen Aufstand wohl nicht unerwartet. Gottfried wurde besiegt und abgesetzt, aber er verstand es, sich durch seine Ehe mit der Witwe des ermordeten Markgrafen Bonifaz von Tuscien, Beatrix, eine neue Machtbasis zu schaffen. Um diese Gefahr zu beseitigen, trat Heinrich III. 1055 seinen zweiten Italienzug an. Kehr hat überzeugend dargelegt, wie geschickt und erfolgreich der Kaiser die Macht des Hauses Canossa und damit Gottfrieds dabei gebrochen hat. Heinrich zwang Gottfried zur Flucht nach Lothringen und führte seine Gattin Beatrix und seine Stieftochter Mathilde mit sich zurück über die Alpen. Gottfried unterwarf sich dem Kaiser wahrscheinlich Ende Juni 1056. Es war nicht vorauszusehen, daß »der besiegte Gottfried seinen kaiserlichen Besieger besiegte, indem er ihn überlebte« (Kehr).

Die Geschichtsschreibung hat von jeher besonderes Interesse für Heinrichs Italienpolitik aufgebracht und besonders für seine Beziehungen mit dem Papsttum, das Heinrich aus seiner Verstrickung mit den stadtrömischem Adel befreite. Das erneuerte, universale Papsttum wurde dadurch zum Kristallisationspunkt für die Kirchenreform, die vorher von disparaten Kräften gefördert und geleitet worden war. Obwohl Heinrich III. aus juristischen Gründen die Absetzung Erzbischofs Ariberts von Mailand nicht anerkannte, zog er aus dessen Aufstand gegen seinen Vater, Kaiser Konrad II. doch die politischen Konsequenzen. Markgraf Bonifaz von Tuscien und Erzbischof Aribert, ehemals die zuverlässigsten Stützen kaiserlicher Macht in Italien, verloren an Einfluß. Heinrich verließ sich in Italien nicht mehr allein auf die großen Fürsten, sondern setzte sich vor allem auch mit den monastisch-eremitischen Reformkreisen um Petrus Damiani, dem Prior von Fonte Avellana, und den Abt Guido von Pomposa in Verbindung. Daneben zeigte Heinrich wie sein Vater auch Verständnis für die neuen wirtschaftlichen und sozialen Entwicklungen, die in den norditalienischen Städten zu Strukturveränderungen geführt hatten. Auf seinem zweiten Italienzug gewährte Heinrich mehreren Städten Privilegien, natürlich zum Schaden des Hauses Canossa.

Aber auch alte Mittel verachtete Heinrich nicht, um die Königsherrschaft in Italien zu stärken. Auf den Bahnen Ottos III. und Heinrichs II. wandelnd, machte er auch wieder in verstärktem Maße von deutschen Klerikern, hauptsächlich aus der Hofkapelle, auf italienischen Bischofsstühlen Gebrauch. Aquileia, Ravenna und Ferrara waren Heinrich wohl am wichtigsten, da sie Mailand die Waage halten sollten. Andere deutsche Bischöfe waren Gregor von Vercelli und Cadalus von Parma, und ein Bayer findet sich als Bischof von Benevent. Kehr versuchte auszumachen, daß die deutschen Bischöfe, nicht anders als ihre italienischen Kollegen, in erster Linie dazu dienten, die Herrschaft des Kaisers zu sichern und lediglich als Verwaltungsorgane zu betrachten seien, wobei die deutschen Kleriker als Fremde in einem unbekannten Land in besonderer Weise vom Kaiser abhängig gewesen seien. Es stimmt natürlich, daß neben den ständigen und wandernden Königsboten, die Heinrich einsetzte, um Italien in geordneter Weise zu regieren, die von ihm nach Konsultation mit den Italienern ernannten Bischöfe eine wichtige Verbindung zum deutschen Hof darstellten, aber dies war nicht der einzige Zweck ihrer Ernennung. Wie immer lassen sich bei Heinrich politische und religiöse Anliegen nicht trennen. Er behielt die Herrschaft über die Reichskirche fest in der Hand, aber benutzte die Herrschaft, um die Kirche nach den Reformidealen seiner Zeit zu gestalten. Auf die Klagen des Abtes Lambert von Sant'Apollinare in Classe in Ravenna, einem von Petrus Damiani reformierten Kloster (das in engsten Beziehungen zu diesem stand), der in Begleitung eines Boten des Abtes Guido von Pomposa nach Bodfeld gekommen war, setzte Heinrich zum Beispiel Erzbischof Widger von Ravenna ab, den er selbst zwei Jahre vorher ernannt hatte. Widger war von Papst Gregor VI. aus unbekannten Gründen nicht konsekriert worden, aber Heinrich setzte ihn nich deswegen ab, sondern weil er, ohne konsekriert zu sein, die Messe im Bischofsornat gefeiert hatte. Heinrichs erster Italienzug von 1046, er hat es mit der Kaiserkrönung offenbar nicht eilig gehabt, brachte die Absetzung und Verbannung Papst Gregors VI. zusammmen mit der seiner beiden Vorgänger, Benedikt IX. und Sylvester III. auf zwei Synoden in Sutri und in Rom, die kurz vor Heinrichs Kaiserkrönung zu Weihnachten 1046 stattfanden. Der Hintergrund dieser Ereignisse ist nach wie vor umstritten und wird es wohl immer bleiben, da wichtige Quellen, wie zum Beispiel die Synodalprotokolle, verschollen sind. Ein Aufstand, die Gründe sind nicht klar, hatte im Herbst 1044 dazu ge-

führt, daß Papst Benedikt IX. (seit 1032) aus dem Hause der Tusculaner aus Rom vertrieben wurde und daß an seiner Stelle im Januar
1045 Papst Silvester III., der von einer Seitenlinie der Crescentier unterstützte Bischof von Sabina, erhoben wurde. Doch schon im Frühjahr wurde Silvester von Anhängern Benedikts wieder vertrieben.
Doch Benedikt IX., über den skandalöse Geschichten unter anderem über Heiratsabsichten im Umlauf waren, fühlte sich in Rom als
Papst nicht mehr sicher. Nach Verhandlungen fand er sich bereit, zugunsten seines Taufpaten, des Priesters Johann Gratian, der Kanoniker an S. Giovanni fuori Porta Latina war, zurückzutreten. Johann
Gratian, der mit den Tusculanern verwandt war und vielleicht auch
mit der jetzt in Rom prominent werdenden Familie, der man später
den Namen Pierleoni gab, bestieg den Stuhl Petri als Papst Gregor
VI., nachdem Benedikt IX. von Seiten Gregors oder seiner Partei eine Abfindungssumme als Entschädigung gezahlt worden war.
Soviel wir wissen, kamen die römischen Verhältnisse vor Heinrichs
Abreise aus Deutschland nicht zur Sprache. Die Kaiserkrönung und
die Kontaktaufnahme mit italienischen Reformern waren damals
die beiden Anliegen, die ihn zur Reise bewegten. Das erste Anzeichen für die Beschäftigung mit römischen Fragen ist vielleicht der
Kanon gegen Simonie der Synode von Pavia, die der Kaiser im
Herbst in Pavia hielt. Die Akten der Synode sind leider verloren. Es
ist aber bekannt, daß sich Heinrich anschließend mit Gregro VI. in
Piacenza traf, wo der Papst mit allen ihm gebührenden Ehren empfangen wurde. Wieder ist über die Verhandlungen zwischen Papst
und Kaiser nichts bekannt. Die nächste sichere Nachricht betrifft
bereits die Synode von Sutri, einer kleinen Stadt kurz vor Rom, am
20. Dezember 1046, auf der nicht nur über Gregor, sondern auch
über die Päpste Benedikt IX. und Silvester III., Gericht gehalten wurde. Gregor und Silvester wurden abgesetzt, obwohl der letztere seine
Ansprüche auf den Thron Petri schon längst aufgegeben hatte. Drei
Tage später in Rom wurde dann auf einer römischen Synode auch
Benedikt IX. abgesetzt, und ein neuer Papst, der Hofkapellan und
Bischof Suidger von Bamberg, gewählt und konsekriert, der den
Papstnamen Clemens II. annahm. Er vollzog am Weihnachtstag
1046 an Heinrich und seiner Gemahlin Agnes die Kaiserkrönung.
Bei dieser Gelegenheit ließ sich Heinrich auch von den Römern den
Patriziat übertragen, der es ihm ermöglichte, an den Papstwahlen
teilzunehmen, ein kaiserliches Recht, das seit der Zeit der Ottonen
nicht mehr beansprucht worden war.
Heinrichs Handlungsweise wurde damals allgemein begrüßt. Niemand scheint bezweifelt zu haben, daß bei Gregors Erhebung Geld
irgendeine Rolle gespielt hatte, und er daher trotz seiner Beziehun-

gen zu den Reformern mindestens indirekt der Simonie schuldig geworden war. Petrus Damiani, der den Pontifikat Gregors zunächst freudig begrüßt hatte, sprach in einem Brief an Papst Clemens II., in dem er diesem Vorwürfe machte, daß er die Erwartungen der Reformer bezüglich der Bischöfe von Fano und Osimo nicht erfüllte, davon, daß der apostolische Stuhl durch Heinrichs Handlung aus dem Dunkel ins Licht gebracht worden sei. Auch Odilo von Cluny stand auf Heinrichs Seite, wie zuletzt Tellenbach gegen Borino gezeigt hat. Die vereinzelten Kritiker, der unbekannte Verfasser der Schrift De ordinando pontifice und Bischof Wazo von Lüttich, der Heinrich schon für die Absetzung des Erzbischofs Widgers von Ravenna Vorhaltungen gemacht hatte, äußerten sich nicht über die Schuld oder Unschuld Gregors, sondern wiesen lediglich darauf hin, daß Heinrich die Absetzung des Papstes nicht zugestanden hätte, da der Papst von niemand gerichtet werden könne außer von einer allgemeinen Synode. Es ist übrigens möglich, daß Gregor unter Druck selbst auf seine Würde verzichtet hat. Die widersprüchlichen Quellen stimmen lediglich darin überein, daß Gregor nach seiner Absetzung ins Exil nach Deutschland ging, wohin ihn Hildebrand, der Archidiakon der römischen Kirche, begleitete.

Es wird zuweilen behauptet, so besonders von Kehr, daß Heinrich die Absicht verfolgt hätte, das Papsttum in das Reichskirchensystem einzubeziehen, um seine Kirchenherrschaft zu sichern. Falls dies tatsächlich Heinrichs Absicht gewesen sein sollte, so hat er diese unverhältnismäßig schnell wieder aufgegeben, nämlich als er nach dem schnellen Tod der ersten beiden deutschen Päpste, Clemens II. († Okt. 1047) und Damasus II. († August 1048), Bruno von Toul, der von römischen Gesandten wohl nicht ohne Heinrichs zutun vorgeschlagen worden war, zum Papst ernannte. Es ist vielmehr wohl so, daß hier wie auch bei anderen Entscheidungen Heinrichs politische und religiöse Ziele eng miteinander verflochten waren. Nachdem Heinrich einmal zum Eingreifen in Rom gezwungen worden war – man darf nicht vergessen, daß er sich von 1039 bis 1046 praktisch gar nicht um römische Verhältnisse gekümmert hatte – verhielt er sich ganz als theokratischer Herrscher, dem die Kirche als ganzes anvertraut worden war. Es ging dem Kaiser deutlich um die Beseitigung von Simonie in Rom, also um Reform, aber vom Standpunkt Heinrichs aus war es nur natürlich, daß er, wie Kempf geschrieben hat, diese Reform, die auf die Gesamtkirche ausstrahlen mußte, nicht nur schützen sondern auch lenken und leiten wollte.

Außer den Jahrbüchern der dtsch. Gesch. und den im Rahmen von Handbüchern erschienenen Beiträgen s. a. zur allgemeinen Einführung: *W. Giesebrecht,* Gesch. d. deutschen Kaiserzeit, (1885[5]); *K. Hampe,* Deutsche Kaisergesch. im Zeitalter der Salier und Staufer, hg. *F. Baethgen* (1949); *R. Holtzmann,* Geschichte der sächsischen Kaiserzeit (1941); *W. Kienast,* Deutschland und Frankreich in der Kaiserzeit (900–1270), Weltkaiser und Einzelkönige, 3 Bde. (1974/5[2]), und dazu die Besprechung von *L. Falckenstein,* QFIAB 57 (1977); *G. Barraclough,* The Origins of Modern Germany (1947), dtsch. Übersetzung von F. Baethgen (1955[2]): Die mittelalterlichen Grundlagen d. modernen Deutschland und dazu die Besprechung von *K. Bosl,* HZ 179 (1955) und von *K.-S. Bader,* HJb 75 (1956); *A. Hauck,* Kirchengeschichte Deutschlands, Bd. 3 (Neudr. 1958); *J. Haller,* Das Papsttum, Idee und Wirklichkeit, Bd. 2 (1962[2]).

Gesellschaftsstruktur

M. Bloch, La société féodale, 2 Bde. (1939–40); *K. Bosl,* Die Grundlagen der modernen Gesellschaft im Mittelalter, 2 Bde. (1972); *ders.,* Herrscher und Beherrschte im deutschen Reich des 10.–12. Jahrhts., in: Frühformen der Gesellschaft im ma. Europa (1964); *G. Duby,* La Société aus XIe et XIIe siècles dans la région mâconnaise, 2 Bde. (1953); *ders.,* Guérriers et paysans (1973); *E. Ennen,* Die europäische Stadt im Mittelalter (1975[2]); *G. Fasoli,* Dalla »civitas« al comune nell'Italia settentrionale (1969); *Ganshof,* Qu'est-ce que la féodalité? (1957) übersetzt: Was ist das Lehnswesen? (1970[3]); *H. Keller,* Die Entstehung der italienischen Stadtkommunen als Problem der Sozialgeschichte, in: Frühma. Studien 10 (1976); *G. G. Köhler:* Die Herkunft der Gewere, Tijdschrift v. rechtsgeschiedenis 43 (1975); *K. Kroeschell, Familia,* Handwörterbuch zur deutschen Rechtsgesch., Bd. 1 (1968); *B. Schwineköper,* Königtum und Städte bis zum Ende des Investiturstreits. Die Politik der Ottonen und Salier gegenüber den werdenden Städten im östlichen Sachsen und in Nordthüringen (1977); *W. Störmer,* Früher Adel: Studien zur pol. Führungsschicht im fränkisch-deutschen Reich vom 8. bis 11. Jhdt. (1973); *C. Violante,* La società milanese nell'età precommunale (1953; Neudr. 1974).

Deutsches Königtum

H. Beumann, Die sakrale Legitimierung des Herrschers im Denken der ottonischen Zeit, ZRG Kan. Abt. 66 (1948); *M. Bloch,* Les rois thaumaturges (1924); *K. Bosl,* Die Reichsministerialität der Salier und Staufer (1950); *C.R. Brühl,* Fodrum, Gistum, Servitium regis, 2 Bde. (1968); *J. Fleckenstein,* Die Hofkapelle der deutschen Könige, Bd. 2: Die Hofkapelle im Rahmen der ottonisch-salischen Reichskirche (1966); *ders.,* Die Entstehung des niederen Adels und das Rittertum, in: Herrschaft und Stand, hg. von *J. Fleckenstein* (1977); *K.H. Ganahl,* Studien zur Geschichte d. kirchlichen Verfassungsrechts im 10. und 11. Jhdt. (1935); *H. Grundmann,* Freiheit als religiöses, politisches und persönliches Postulat im MA., HZ 183 (1957, nachgedr. in: Das Problem der Freiheit im europäischen Denken von der Antike bis zur Gegenwart, 1958); *B. Heusinger,* Servitium regis in der deutschen Kaiserzeit, AUF 8 (1923); *H. Hirsch,* Reichskanzlei und Reichspolitik im Zeitalter der Salischen Kaiser (1927; Neudr. in: Aufsätze zur ma. Urkundenforschung, 1965); *F. Kempf,* Das mittelalterliche Kaisertum: Ein Deutungsversuch, in: Das Königtum, hg. von *T. Mayer* (1954); *F. Kern,* Gottesgnadentum und Widerstandsrecht (1954[2]); *T. Mayer,* Hg. Das Königtum, seine geistigen und rechtlichen Grundlagen (1956, mit wichtigen Beiträgen von *E. Ewig, O. Höfler, W. Schlesinger, R. Buchner, H. Büttner, T. Mayer, H. Beumann, F. Kempf* (s.o.), *M. Hellmann* und *O. Brunner); ders.,* Fürsten und Staat, Studien zur Verfassungsgeschichte des deutschen MA (1950; Neudr. 1969); *H. Mitteis,* Der Staat des hohen MA (1940; Neudr. 1974); *ders.,* Lehnrecht und Staatsgewalt (1933); *H. Pahncke,* Geschichte der Bischöfe Italiens deutscher Nation von 951–1264, Teil 1: 951–1004 (1913); *F. Prinz,* Klerus und Krieg im frühen MA: Untersuchungen zur Rolle der Kirche beim Aufbau der Königsherrschaft (1971); *L. Santifaller,* Zur Geschichte des ottonisch-salischen Reichskirchensystems (SB Wien, 229, 1954, 1. Abhdlg.); *Ph.H. Sawyer* and *I.N. Wood,* Hgg., Early Medieval Kingship (1977); *G. Tellenbach,* Königtum und Stämme in der Werdezeit des dtsch. Reichs (1939); *P.E. Schramm,* Die Krönung in Deutschland bis zum Beginn des salischen Hauses, ZRG Kan. Abt. 55; *G. Schwartz,* Die Besetzung der Bistümer Reichsitaliens unter den Sächsischen und Salischen Kaisern mit den Listen der Bischöfe 951–1122 (1913); *G. Weise,* Königtum und Bischofswahl im fränkischen und deutschen Reich vor dem Investiturstreit (1912); *K.F. Werner,* Das hochmittelalterliche Imperium im politischen Bewußtsein Frankreichs (10.–12. Jhdt.) HZ 200 (1965).

Zu den Ottonen:

H. Beumann, Das imperiale Königtum im 10. Jh. In: Die Welt als Geschichte 10 (1950); *ders.,* Das Imperium und die Regna bei Wipo. In:

Festschr. Fr. Steinbach (1960); *C. Erdmann,* Der Heidenkrieg in der Liturgie und die Kaiserkrönung Ottos I., MIÖG 46 (1932); Festschr. zur Jahrtausendfeier der Kaiserkrönung Ottos d. Gr., MIÖG Erg. Bd. 20 (1962); *H. Hoffmann,* Zur Geschichte Ottos d. Gr., DA 28 (1972); *R. Holtzmann,* Otto d. Gr. (1936); *H. Keller,* Das Kaisertum Ottos d. Gr. im Verständnis seiner Zeit, DA 20 (1964); *M. Lintzel,* Die Kaiserpolitik Ottos d. Gr. (1943) und dazu *F. Rörig* in Festschr. E.E. Stengel (1952); *H. Löwe,* Kaisertum und Abendland in otton. und frühsal. Zeit, HZ 196 (1963); *R. Morghen,* Otto III. servus apostolorum. In: Settimane di studio del Centro italiano di studi sull'alto medio evo 2: I problemi dell'Europa postcarolingia (1955); *W. Ohnsorge,* Das Zweikaiserproblem (1947); *M. Uhrlirz,* Die italienische Kirchenpolitik der Ottonen, MIÖG 48 (1934); *dies.,* Otto III. und das Papsttum, HZ 162 (1940); grundlegend und unentbehrlich: *P.E. Schramm,* Kaiser, Rom und Renovatio: Studien u. Texte z. Gesch. d. Römischen Erneuerungsgedankens (1957²), s. dazu auch *H. Vollrath,* Kaisertum und Patriziat, ZKG 85 (1974); Zum Dynastiewechsel: *T. Schieffer,* Heinrich II. und Konrad II.: Die Umprägung des Geschichtsbildes durch die Kirchenreform des 11. Jhdts., DA 8 (1950).

Heinrich III.

H.H. Anton, Bonifaz von Canossa, Markgraf von Tuszien, und die Italienpolitik der frühen Salier, HZ 214 (1972); *E. Boshof,* Das Reich in der Krise, HZ 228 (1979), S. 265 ff.; *G. B. Borino,* L'elezione e la deposizione di Gregorio VI., Archivio della R. Società Romana di Storia Patria 39 (1916); *M. L. Bulst-Thiele,* Kaiserin Agnes (1933); *C. Erdmann,* Die Entstehung des Kreuzzuggedankens (1935, Neudr. 1974); *ders.,* Der ungesalbte König, DA 2 (1938), S. 412 ff.; *H. Fuhrmann,* Studien zur Gesch. mittelalterl. Patriarchate, 3. Teil (Schluß), ZRG Kan. Abt. 41 (1955), S. 95 ff.; *G. Glaeske,* Die Erzbischöfe von Hamburg-Bremen als Reichsfürsten (1962); *K.-J. Herrmann,* Das Tuskulanerpapsttum (1012–1046) (1973), s. dazu die Besprechung von *W. Kurze,* QFIAB 55/56, 1976; *H. Hoffmann,* Gottesfriede und Treuga Dei (1964); *ders.,* Von Cluny zum Investiturstreit, AKG 45 (1963, abgedruckt mit einem Nachtr. in dem Sammelband: Cluny, hg. von *H. Richter,* 1975); *P. Kehr,* Vier Kapitel aus der Gesch. Kaiser Heinrichs III. (Abh. Berlin, 1931); *G. B. Ladner,* Theologie und Politik vor dem Investiturstreit: Abendmahlstreit, Kirchenreform, Cluni und Heinrich III. (1936, Neudr. 1968); *R. L. Poole,* Benedict IX. and Gregory VI. in: Studies in Chronology and History (1934); *K. Schmid,* Heinrich III. und Gregor VI. im Gebetsgedächtnis von

Piacenza des Jahres 1046, in: Festschr. F. Ohly 2 (1974); *K. Schnith,* Recht und Friede. Zum Königsgedanken im Umkreis Heinrichs, III. HJb 81 (1961); *G. Tellenbach,* Libertas, Kirche und Weltordnung im Zeitalter des Investiturstreits (1936); *C. Violante,* Aspetti della politica italiana di Enrico III. prima della sua discesa in Italia (1039–1046), Riv. stor. ital. 64 (1962; nachgedr. in *ders.,* Studi sulla cristianità medioevale, 1972); *ders.* La Pataria Milanese e la Riforma ecclesiastica, 1: Le premesse (1045–1057) (1955), besonders Kapitel 2: Il significato politico-religioso della prima discesa di Enrico III. in Italia; *H. Vollrath,* Kaisertum und Patriziat in den Anfängen des Investiturstreits, ZKG 85 (1974); *H. Zimmermann,* Papstabsetzungen des Mittelalters (1968).

III. Die Reform in Rom

1. Die Zusammenhänge zwischen Kloster- und Kirchenreform

Mit dem Einschreiten Kaiser Heinrichs III. 1046 in Sutri und Rom begann die Kirchenreform, sich auch in Rom selbst durchzusetzen. Wegen der ungewöhnlich kurzen Regierungszeit der beiden ersten deutschen Päpste, Clemens II. († 9. Oktober 1047) und Damasus II. († 9. August 1048), der gar nur 23 Tage in Rom herrschte, nachdem er den Tuskulanerpapst Benedikt IX. noch einmal hatte bekämpfen müssen, zeugen nur ihre auf die alte Kirche zurückgehenden Namen von reformerischen Zielen. Beide Päpste hatten keine Gelegenheit, sich mit ihrer neuen Würde und ihrer neuen Umgebung zu identifizieren. Ihre vornehmste Sorge galt nach wie vor ihren alten Bistümern, die sie der Gewohnheit der Zeit nach beibehielten, und der deutschen Kirche. Erst dem Lothringer Bischof Bruno von Toul (seit 1026), der 1049 als Papst Leo IX. inthronisiert wurde, war ein längerer Pontifikat beschieden, der es ihm erlaubte, den Anliegen der Frühreform, die damals schon für viele Mönche, Kleriker und Laien Herzenssache war, in Rom zum Durchbruch zu verhelfen. Unter Leo IX. übernahm das Papsttum die Führung der Kirchenreform.

Die Frage nach dem Ursprung der Kirchenreform wird noch heute heftig diskutiert: wurzelt sie in der Klosterreform Clunys, der von Gorze oder den lothringischen Rechtsschulen? Ging sie in erster Linie, wenn nicht ausschließlich, auf das revolutionäre Genie Gregors VII. zurück, nachdem womöglich Kardinal Humbert von Silva Candida das Programm entworfen hatte? Der wesentliche Schritt zur Beantwortung dieser und ähnlicher Fragen ist die Erkenntnis, daß das Gedankengut der gregorianischen Reform allmählich reifte und nicht in einem singulären Ereignis oder in einer einzelnen Persönlichkeit zum Ausdruck kam.

Zunächst bedarf es keiner Frage, daß die weitausgreifende monastische Reformbewegung und die Kirchenreform gemeinsame Wurzeln haben. Mehr noch, es wird heute nicht mehr ernstlich bezweifelt, daß die Klosterreform die Kirchenreform vorbereitete, die, wenn man so will, eine Erweiterung und Vertiefung des monastischen Reformanliegens, das von immer größeren Kreisen der Kirche und des Laientums verfochten wurde, darstellt. Doch sollte man dabei nicht übersehen, daß, wie Dom Hallinger einmal gewarnt hat, »Verbindungslinien keine Gleichheitszeichen sind«. Reform bedeutet Erneuerung und Rückkehr zu einem ursprünglichen, als rein und vollkommen angesehenen früheren Zustand. Im Falle der Klosterreform waren das die Verhältnisse, wie sie durch Benedikt von Aniane wenigstens in der Theorie geschaffen worden waren. Im Falle der Kirchenreform war das Ideal die Rückkehr zur Urkirche und die Erneuerung urkirchlicher Zustände, wobei Urkirche chronologisch nicht streng definiert wurde. Die Reformer beriefen sich auf das Bild der Kirche wie es in der Korrespondenz Gregors des Großen und den alten Kirchenrechtssammlungen gezeichnet wurde. Beide Richtungen der Reform sind ein Ausdruck der Kirchenfrömmigkeit der Zeit, wobei Kirche nicht im hierarchischen Sinn verstanden werden darf. Kirche und Welt waren eine christliche Einheit, in der Laien, Priester und Mönchtum spezifische Aufgaben hatten, die aber, soweit auf Erden möglich, zu einem gemeinsamen Ziel führen sollten: der Verwirklichung des Reiches Gottes.

Das mönchische Ideal der Weltflucht wird seit Sackurs eindrucksvollen Bänden über die Cluniazenser und der bahnbrechenden Studie Tellenbachs, in der das Bild einer mönchischen Hierarchie entworfen wird, die entstehen kann, ohne mit der herrscherlichen Theokratie in Konflikt oder auch nur in Berührung zu geraten, von denjenigen vorgebracht, die den monastischen Einfluß auf den innerklösterlichen Bereich beschränkt sehen wollen und daher eine Beziehung zwischen Kloster- und Kirchenreform leugnen. Beide werden als prinzipiell verschieden angesehen. Es ist aber bekannt, daß sich weder Cluny noch Gorze ohne die Unterstützung der Eigenkirchenherren hätten entfalten können. Wenn klösterliche Frömmigkeitsideale nicht auch unter den Laien verbreitet gewesen wären, hätte Herzog Wilhelm von Aquitanien sicher nicht auf der eigentümlichen Gründungsurkunde für seine Stiftung Cluny bestanden, die diese vom Einfluß jeglicher irdischer Macht befreien sollte und sie St. Peter unterstellte. Es wäre absurd, Wilhelms Haltung als Protest gegen die Lehensgesellschaft des zersplitterten Frankreichs zu interpretieren. Sie entsprang vielmehr dem sehr verständlichen Wunsch, seine Klöster sowohl wirtschaftlich als auch in ihrer geistigen Ausrichtung vor späterem Verfall durch eigenkirchliche Eingriffe durch seine Nachkommen zu sichern, die etwa einen Laienabt ernennen oder Klostergut hätten entfremden können. Bischöfe als Eigenklosterherren unterschieden sich oft wenig von adligen Klosterherren, und daß Cluny im Laufe des 10. und frühen 11. Jahrhunderts vor allen Dingen durch päpstliche Privilegien die Exemtion von der Diözesangewalt des Bischofs von Mâcon erreichte, war eine folgerichtige Fortsetzung der Gedanken, die den Gründer beseelten. Da der Papst, dem Cluny unterstand, im entfernten Rom war, und weder französische Könige noch deutsche Kaiser ihre theoretische Souveränität im Grenzland Burgund ausüben konnten, kam es für Cluny zu einer »Quasisouveränität« (H. Hoffmann) und in Burgund zum Entstehen einer Insel der praktischen Unabhängigkeit. Freilich waren es nicht diese Exemtionsprivilegien und daher auch nicht der päpstliche Schutz, die Cluny zu einem leuchtenden Beispiel kirchlicher *libertas* werden ließen: es war allein die Größe ihrer Äbte und deren kompromißlos strenger mönchischer Geist, dessen Entfaltung durch die gegebene Unabhängigkeit möglich wurde. Daß es mit der Unterstellung unter den heiligen Stuhl nicht getan war, zeigt die Untersuchung von Joachim Wollasch über die Gründung von Bourg-Dieu vielleicht am besten. Die Abtei in Déols wurde 917 mit der Ausstellung einer in allen hier interessierenden Punkten wörtlich gleichen Urkunde gegründet wie Cluny 909, ohne jemals auch nur annähernd die Bedeutung Clunys zu erlangen. Selbst als es in Cluny unter den späteren Äbten zu einer Verbandsbildung kam, sicherte sich Cluny durch die Unterordnung der Prioren unmittelbaren und dauernden Einfluß auf die von ihnen einmal reformierten Abteien, wiederum ein Bemühen der burgundischen Abtei, im innerklösterlichen Bereich die schädlichen Auswüchse des Eigenkirchenrechts auszuschließen.

Aber obwohl die Bewahrung eines strengen monastischen Lebenswandels das wichtigste Anliegen der Äbte Clunys war, heißt das nicht, daß sie sich von der Welt abgewendet hätten. Lange hat man sogar gemeint, daß die Cluniazenser in der ersten Hälfte des 11. Jahrhunderts die Reconquista Spaniens durch französische Ritter organisiert hätte, und auch Clunys Interesse an der Pax und Treuga Dei-Bewegung wird ungerechtfertigter Weise mit den kriegerischen Aspekten dieser Friedensbemühungen in Verbindung gebracht. Für die erste Hälfte des 11. Jahrhunderts steht lediglich fest, daß Cluny wie andere Kirchen und Klöster auch ein Nutznießer der Bestrebungen war, die ständigen Fehden des Adels zu beschränken. Papst Benedikt VIII. richtete im September 1016 in einem Schreiben an die Bischöfe von Burgund, Aquitanien und Provence an namentlich genannte Grafen dieser Gegenden die Aufforderung, das Kloster Cluny zu beschützen, das damals unter Feindseligkeiten der Feudalherren umliegender Territorialien zu leiden hatte. Außerdem ist auch Abt Odilos Teilnahme an einem Konzil, das frühestens zu Anfang der dreißiger Jahre stattfand und vielleicht bereits die jüngere Form des Friedens, die Treuga Dei, verkündigte (H. Hoffmann), belegt, aber über die Beteiligung Odilos ist nichts Näheres bekannt. Wie man sieht, steht die Behauptung, daß Cluny unter Odilo an der Gottesfriedensbewegung hervorragend beteiligt war, auf äußerst schwachen Füßen. Mit Belegen für die Beteiligung von Cluniazensern an den Kämpfen in Spanien steht es noch schlechter. Carl Erdmann wies schon darauf hin, daß wir in bezug auf die Reconquista nichts weiter haben als Abt Odilos briefliche Versicherung, daß er für die Befreiung Spaniens von den Heiden beständig betete.

Die Legende von dem kriegerischen Geist Clunys geht sicher in erster Linie auf die berühmte Satire Bischofs Adalbero von Laon († 1030) zurück, die an den französischen König Robert den Frommen gerichtet ist. Adalbero beschreibt in einem Teil der Erzählung wie »König Odilo von Cluny« seine Mönche im Kampf gegen die Mohammedaner antreten ließ und beklagt, daß die Mönche zu kriegerischen Rittern geworden seien, obwohl sich der Klerus, zu denen Adalbero die Mönche zählt, mit keiner weltlichen Arbeit befassen dürfe. Der Klerus habe nur Gott zu dienen. Wie Erdmann zurecht betont, ist sicher, daß die Cluniazenser keine Kriege geführt haben. Hoffmann stimmt diesem Urteil insofern zu, als er darauf hinweist, daß Adalbero, der 1030 starb, bei der satirischen Erzählung nicht etwa an das schwer zu datierende Konzil von Anse der frühen dreißiger Jahre gedacht haben kann. Die Erzählung als Ganzes macht es sehr wahrscheinlich, daß Adalbero die Einmischung der Mönche in das Tun und Treiben der Welt als Umkehrung der normalen Gesellschaftsordnung empfand und geißelte.

Daß aber die Mönche in Cluny und andernorts das Laientum nicht einfach aus ihrem Gesichtskreis verbannten, um sich ungestört der Kontemplation widmen zu können, kommt in den Quellen der Zeit deutlich zum Ausdruck. Daß die ob ihrer Askese und Heiligkeit berühmtesten Mönche überall zu den vertrauten Ratgebern der Könige, Bischöfe und des Adels gehörten und von ihnen mit der Erneuerung von Klöstern betraut wurden, braucht hier nicht noch einmal betont zu werden. Auch ist der Bekehrungseifer der großen Mönchsgestalten gut bekannt. Das Mönchtum erschien ihnen natürlich als die reinste Verkörperung des christlichen Ideals, aber ihrer Ansicht nach konnten auch die Laien ein gottgefälliges Leben führen, wie zum Beispiel die für einen Laien geschriebene Vita Geraldi des Abtes Odo von Cluny oder später die Korrespondenz Gregors VII. zeigen. »Es liegt im Wesen des abendländischen Mönchtums, daß es zwar grundsätzlich stets am Ideal der Weltflucht festgehalten, dennoch aber niemals an der reinen Askese als Lebenszweck Genüge gefunden hat, sondern immer wieder in die Welt hinausgetreten ist und seine Stimme zur Einwirkung auf die Gesamtkirche erhoben hat... Die Neubelebung der Askese bedeutete im Kerne nichts anderes als eine Erneuerung des religiösen Ideals schlechthin« (Erdmann). Nicht nur den Cluniazensern, sondern auch den mehr eremitisch gesonnenen Lothringern war die Spannung zwischen Weltflucht und Weltoffenheit eigen, die streng genommen nicht zum

Mönchtum paßt, die aber für das hohe Mittelalter so charakteristisch war, daß sie selbst die großen italienischen Eremiten ergriff und dort vor allem unter Romuald und Petrus Damiani zu einem eigenen Typus von Kloster führte, das Zönobitentum mit Anachoretentum verband. Die Wirksamkeit der Klosterreform war eben nicht auf den innerkirchlichen Bereich beschränkt und sollte es auch nicht sein. Das Ziel war die Bekehrung der Welt als Ganzes. Der Einfluß des Mönchtums auf Adel und Königtum war sehr lebendig und fruchtbar.

Eine wichtige Verbindungslinie zwischen monastischer und allgemeiner Erneuerung des christlichen Lebens ist die Kanonikerreform, die, soviel ist selbst nach den bisherigen Forschungen schon klar, ein Hinübergreifen der Klosterreform auf den Weltklerus bedeutet, und dadurch unmittelbarer als bisher auch einfache Laien mit den Zielen und Gründen der Reform bekanntmacht und in Beziehung bringt. Das Leben des Klerus an den Kathedralen sollte im Idealfall dem der reformierten Mönche gleichen und der Aachener Kanonikerregel von 816 angepaßt werden, die Kanoniker zu gemeinsamem Leben verpflichtete. Auf der Lateransynode von 1059 verschärften Hildebrand und Papst Nikolaus II. die Aachener Bestimmungen, die auf Chrodegang von Metz zurückgehen, insofern, als nunmehr Kanonikern auch Privatbesitz untersagt wurde, der 816 noch erlaubt war. Auch spätere Reformpäpste förderten die Regularkanoniker entscheidend, aber die Päpste haben mit der Kanonikerreform nur einen Gedanken aufgegriffen, der schon früher in Reformkreisen Frankreichs und Italiens von Diözesanbischöfen gefördert worden war. Die berühmtesten Neugründungen von Regularkanonikaten, Saint-Ruf in Avignon, S. Frediano in Lucca und S. Lorenzo in Olux (Diözese Turin) reichen bis in die erste Hälfte des 11. Jahrhunderts zurück, von der Erneuerung von Domkapiteln einmal ganz abgesehen. Schon seit den Zeiten Gerards von Brogne hatte sich die scharfe Kritik der Reformanhänger besonders an Priester gerichtet. Die Kanonikerreform stellt nur einen Teilaspekt der Bemühungen um die Hebung der Moral, Frömmigkeit und Bildung der Geistlichkeit dar. Ein beliebtes Mittel der Eigenkirchenherren, ob König, Adel oder Bischöfe, war die Erhebung von reformgesonnenen und -erprobten Mönchen auf Bischofsstühle, die so ihre monastischen Überzeugungen auch außerhalb des Klosters unter der Priesterschaft und den Laien verbreiteten. Odilo von Cluny, Poppo von Stablo und Richard von Saint-Vanne hatten es zwar abgelehnt, Bistümer zu übernehmen, aber diese Ausnahmen bestätigten nur die Regel, daß im 11. Jahrhundert das Mönchtum in die Reihen des Weltklerus vorgedrungen ist.

Noch an einem weiteren Punkt kommt die Klosterreform mit der Welt in Berührung. Durch die Übernahme von Kirchen und Kapellen aus bischöflichem und vor allem Laienbesitz in den eigenen Besitz der Klöster wird wiederum die breite Öffentlichkeit mit dem Gedankengut der Klosterreform, zumindest soweit es für alle Christen von Belang war, vertraut gemacht. Die Tendenz der Laien, Bischöfe und Kleriker Eigenkirchen und Klöster als Schenkungen an reformierte (und auch unreformierte) Mönche zu übergeben, findet sich seit den Anfängen der Klosterreform in der nachkarolingischen Epoche, zunächst aber selten in Deutschland, wo die großen Abteien ja reichseigen waren und unter dem Schutz des Königs standen. Albert Hauck hat etwas zugespitzt festgestellt, daß die Leitung der Kirche um diese Zeit vom Episkopat auf Mönche überging und zum Beispiel in der Diözese Verdun die Hälfte aller Parrochialkirchen von Klöstern betreut wurden, »mönchische Frömmigkeit im Gottesdienst gepredigt, im Beichtstuhl gefordert wurde.« In späteren Jahren kam es oft zu ernsthaften Schwierigkeiten zwischen Bischöfen und Klöstern – Clunys Streitigkeiten mit den Bischöfen von Mâcon, die zu dem Streben nach Exemtion führten, waren nur ein Anfang –, da sich die Bischöfe oft eines guten Teils ihres Einflusses und nicht zuletzt der Einnahmen in ihrer Diözese beraubt sahen. Gregor VII. sah sich veranlaßt, auf dem römischen Konzil von 1078 zu bestimmen, daß Kirchengebühren nur mit der Zustimmung des Diözesanbischofs von Klöstern eingenommen werden durften. Kurze Zeit später sprach Gregors Legat, Hugo von Die, bereits ein allgemeines Verbot über die Annahme von Kirchen durch Klöster aus, es sei denn, der Diözesanbischof hätte die Erlaubnis dazu gegeben. Doch im 9. und 10., ja auch in der ersten Hälfte des 11. Jahrhunderts, unterstützten reformgesinnte Bischöfe im allgemeinen die Erwerbung von Kirchen durch Klöster, wodurch sie zuweilen hofften, ihren eigenen Einfluß stärken zu können. Wie Urkunden zeigen, wurden Kirchen und Klöster aus den gleichen Gründen an Mönche geschenkt wie andere Zuwendungen: die um ihr Seelenheil besorgten Menschen hofften, daß die Gebete der asketisch und rein lebenden Mönche ihnen helfen würden, die Schrecken des Jüngsten Gerichts trotz der Sündenlast zu überstehen, die ihr irdisches Dasein mit sich gebracht hatte. Doch gibt es nach Tellenbach bis zur Mitte des 11. Jahrhunderts keine Anzeichen dafür, daß sich zum Beispiel Cluny um die Übernahme von Kirchen-Klöstern deswegen bemüht hätte, weil die Cluniazenser das Eigenkirchenrecht, und damit laikalen Einfluß auf die Kirche, ablehnten.

Wie man sieht, waren die Berührungspunkte zwischen Kloster und Welt außerordentlich vielfältig. Es scheint fast müßig, darauf hinzuweisen, und doch war es notwendig, die Verbindungslinien zwischen Kloster- und allgemeiner Kirchenreform aufzuzeigen, weil es in bezug auf diesen Punkt immer noch zu Mißverständnissen kommt. Die Kirchenreform begann deutliche Fortschritte zu machen, nachdem Kaiser Heinrich III. der Reform in Rom zum Durchbruch verholfen hatte. Ein besonders einschneidender Punkt war der Pontifikat Leos IX. (1049–54). In Pilgerkleidung hatte sich der zukünftige Papst nach Rom begeben, da er, wie sein Biograph berichtet, nur nach der Wahl durch Kirche und Volk von Rom den Stuhl Petri besteigen wollte, also nach kanonischer Wahl. Nach Paul Schmids bekannter Arbeit verstand Leo IX. unter kanonischer Wahl das gleiche, was man damals allgemein darunter verstand, nämlich die freiwillige Akklamation eines zuvor designierten Kandidaten. Als Leo in Rom einzog, befanden sich unter seinen Begleitern viele der Männer, die in die vordersten Reihen der späteren Kirchenreformer gehörten: Hildebrand (später Papst Gregor VII.), der sich als Begleiter Gregors VI. ungefähr zwei Jahre nördlich der Alpen einschließlich Deutschlands aufgehalten hatte, der Mönch Humbert aus dem Kloster Moyenmoutier in Leos Diözese Toul, und der Lütticher Archidiakon Friedrich, ein Bruder Herzogs Gottfrieds des Bärtigen, dem mehrfachen Rebellen gegen Kaiser Heinrich III. Friedrich wurde später Abt von Montecassino und schließlich Papst Stephan IX. Auch Hugo der Weiße aus dem Kloster Remiremont (Diözese Toul), der später Kardinalpriester wurde, kam damals nach Rom. Eine andere einflußreiche Persönlichkeit in der Gruppe um Papst Leo IX. war Erzbischof Halinard von Lyon, der sich zwar nicht dauernd, aber doch soviel wie möglich in der Nähe Leos aufhielt und zu den engsten Beratern des neuen Papstes gehörte.
Die naheliegende Idee, daß das Gedankengut dieser Männer nicht erst in Rom entstand, sondern aus ihrer lothringischen Heimat stammte, jenem Grenzgebiet zwischen Frankreich und Deutschland, das so wie Burgund schon einiges Aufsehen durch die zum Teil unorthodoxe Haltung seiner Bischöfe und Äbte den französischen und deutschen Königen gegenüber erregt hatte, und wo das kanonistische Studium besonders zuhause war, diese Idee verführte zu der Annahme, daß die Kirchenreform aus den »lothringischen Rechtsschulen« importiert worden sei. Selbstverständlich brachten Bruno von Toul und die Mönche und Kleriker, die ihn nach Rom begleiteten, ihre Ideen aus ihrer jeweiligen Heimat mit, aber sollten

diese Ideen den Italienern völlig fremd gewesen sein? Obwohl man auch heute noch trotz einiger Revisionen zugeben muß, daß die letzten Tuskulanerpäpste nicht als Vorkämpfer der Kirchenreform betrachtet werden können, steht doch zumindest fest, daß auch sie wie ihre Vorgänger selbst in dunkelsten Zeiten stets an dem dem Papsttum eigenen Gedankengut, wie es von den Päpsten mindestens seit der Zeit Leos I. (440–461) geformt worden war, festhielten. Davon zeugen nicht nur die Arengen der päpstlichen Kanzlei, sondern auch synodale Beschlüsse, wie die der Synode von Pavia, die 1022 stattfand.

Um kirchlichen und klösterlichen Besitz zu schützen, wiederholte diese Versammlung auf Drängen des Papstes die alten Gebote gegen die Priesterehe und bestimmte, daß die Söhne unfreier Geistlicher im Stande des Vaters verbleiben sollten. Gewiß trifft es zu, daß man hier weniger um die Hebung der Moral bemüht war als um die Sicherung des Kirchengutes, aber in unserem Zusammenhang genügt der Hinweis auf die alten Kirchengebote auf die Zölibatspflicht. Der Kampf gegen die Priesterehe war zusammen mit der Simonie eine der ersten Forderungen des Reformmönchtums.

Daß die Hauptanliegen der Kirchenreform für Italiener keine Neuerungen waren, als Leo zum ersten Mal Rom betrat, beweist Petrus Damiani, der begeisterte Nachfolger Romualds, zur Genüge. Für den aus Ravenna gebürtigen Prior von Fonte Avellana war die Bekämpfung der Simonie und der Priesterehe das vordringlichste Ziel der Reform, für die er unermüdlich tätig war. Die ersehnte Stütze fand er zunächst in Kaiser Heinrich III., dann aber auch, wie die Synoden Leos IX. zeigen, in diesem Papst, dem Petrus den Liber Gomorrhianus kurz nach dessen Ankunft in Rom gewidmet hatte. Zu der Beseitigung moralisch laxer Zustände unter den Priestern, dem Hauptpunkt, an dem die Kirchenreform in Rom ansetzte, kommt noch ein zweiter, für die allgemeine Kirchenreform sehr bedeutsamer Charakterzug, über den zwischen Damiani und den Lothringern volle Einigkeit herrschen sollte, den Petrus aber schon vertrat, bevor Leo in Rom das Szepter ergriff: der päpstliche Primat. Wie vor allem Msgr. Ryan gezeigt hat, war der Eremit und frühere Schulmeister Damiani nicht nur in der Rhetorik sehr bewandert, sondern auch im kanonischen Recht. Wie viele seiner Zeitgenossen betrachtete er die authentischen Dekrete der Väter buchstäblich als *sacri canones*, geheiligte Aussprüche der Päpste, Synoden und Kirchenväter, die vom Heiligen Geist inspiriert waren. Er bringt damit genau die gleiche Haltung zum Ausdruck wie Abt Siegfried von Gorze, der in seinem oft zitierten Brief an Poppo von Stablo von 1043 über die seiner Meinung nach unkanonische Ehe Heinrichs III. die Geltung

der Kanones dem göttlichen Recht gleichsetzt *(constat et indubitanter verum est canonicam auctoritatem Dei esse legem).*
Für Petrus Damiani stand es auch bereits fest, daß göttliche Gesetze sich gegenseitig nicht widersprechen könnten. Eines seiner Anliegen war daher die Harmonisierung widersprüchlich erscheinender Stellen. In seinem Liber Gomorrhianus von 1049 scheidet er zwei Kanones wegen ihrer zweifelhaften Herkunft und den Ungereimtheiten ihrer disziplinären Vorschriften als nicht authentisch aus. Er beschreibt generell Konzilien (auch nicht-oekumenische) und päpstliche Dekretalen als Gesetzesquellen von universaler Gültigkeit. Der Papst habe dieses Recht als Nachfolger des Apostels Petrus. An anderer Stelle erklärt Damiani in diesem Zusammenhang weiter, daß Kanones dann ungültig seien, wenn sie den päpstlichen Dekreten widersprächen (si decretis Romanorum pontificum non concordat). Wie Ryan hervorhebt, ist dies überhaupt das Grundprinzip Damianis, um die Authentizität eines Kanons, gleich welcher Herkunft, zu klären. Eine positive päpstliche Bestätigung eines Kanons wird somit von Damiani nicht vorausgesetzt, wodurch er sich von den Kardinälen Atto und Humbert von Silva Candida unterscheidet. Damianis Einstellung entspricht derjenigen Burchards von Worms († 1025), wie sie in Burchards *Decretum* zum Ausdruck kommt, einer Kanones-Sammlung, mit der Petrus sehr vertraut war. Dieses Prinzip der Konsonanz führte Damiani zu der logischen Folgerung, daß derjenige ein Ketzer sei, der mit der Römischen Kirche nicht übereinstimme (haereticus est qui cum Romana ecclesia non concordat). Dieser häufiger zitierte Satz der gregorianischen Reformzeit wird gern in etwas veränderter Form Ambrosius von Mailand zugeschrieben (haereticum esse constat, qui Romanae ecclesiae non concordat) und ist in sehr ähnlicher Form als Satz XXVI des *dictatus papae* Gregors VII. zu finden: Quod catholicus non habeatur, qui non concordat Romanae ecclesiae. Man sollte jedoch beachten, daß für Petrus Damiani Ungehorsam nur dann Ketzerei wird, wenn er hartnäckig und aus innerer Überzeugung vertreten wird, das heißt *contumacia* entspricht. Als Korrelat zu der Konkordanz-Forderung kommt Petrus schließlich noch zu der Feststellung, »daß derjenige ein Ketzer ist, der die Römische Kirche ihres Privilegiums berauben will, das ihr allein von Christus gegeben worden ist.« Auch diese Feststellung über die göttliche Gründung der katholischen Kirche und des Primats der Kirche von Rom wird, vermittelt durch das *Decretum Gelasianum,* zur Grundlage eines Satzes des *dictatus papae.* In Petrus' Auffassung sind der Apostel Peter, der Papst und die Römische Kirche eins, und der Gehorsam, den man dem Papst schuldig ist, unbedingt.

Vor allem Y. Congar und O. Hageneder haben gezeigt, daß die gregorianische Reform Gehorsam dem Papst gegenüber zum Dogma erhoben hat. Für Congar ist der »Ambrosius«-Satz das gregorianische Thema überhaupt, eine Ansicht, der auch H. Fuhrmann zustimmt. Es zeigt sich also, daß das Hauptprinzip der gregorianischen Kirchenreform schon von Petrus Damiani mit großem Nachdruck vertreten wurde und zwar bereits vor der Synode von Sutri 1046. Seinen Zeitgenossen war diese Einstellung Damianis bekannt, obwohl Historiker Damiani bis vor kurzem wenig Beachtung geschenkt haben. Hildebrand, der spätere Papst Gregor VII., wußte bestimmt, warum er sich 1059 wieder einmal mit der schon früher geäußerten Bitte an Petrus Damiani wandte, eine Rechtssammlung anzufertigen, die Auszüge aus den päpstlichen Dekreten und der Papstgeschichte zuammenstellen würde, welche »speziell die Autorität des Apostolischen Stuhles betreffen würden.«

Petrus' Verhältnis zur Kanonistik war überaus eng, er brauchte durchaus nicht auf die Belehrung durch die lothringischen Begleiter Leos zu warten. Das scheinbar so überzeugende Bild des Einzugs der Kirchenreform in Rom mit Leo läßt sich heute nicht mehr halten. Der Prior von Fonte Avellana hatte schon vor 1049 im Kirchenrecht, dem *Decretum* Burchards von Worms und der Dionysiana, sowie im Register und der Vita Papst Gregors des Großen Formulierungen für den päpstlichen Primat gefunden, die seinen Empfindungen über den unvergleichlich hohen Rang des Papsttums entsprachen. In seinen Werken benutzte er diese Sätze dann, um seine Überzeugung rechtlich zu untermauern. Nur selten benutzte Petrus, im Gegensatz zu Humbert von Silva Candida, pseudoisidorische Sätze und dann wahrscheinlich nicht aus den Dekreten Pseudo-Isidors direkt, sondern aus verschiedenen Quellen, die diese Texte aufgenommen hatten. Zwar gab es unter den Reformern durchaus verschiedene Strömungen, doch in bezug auf den päpstlichen Primat war man sich völlig einig. Deshalb war es so wichtig, daß das Papsttum, dem aufgrund der *decreta patrum* die führende Rolle in der Kirchenreform gebührte, über jeden Verdacht erhaben sein mußte. In einem Schreiben Damianis an Kardinal Stephan von Mitte 1045 erklärte dieser, es sei gewiß, daß die gesamte Welt lange durch Irrtum in ihren Sünden verharren würde, es sei denn, daß der Heilige Stuhl wieder in den Stand der Gerechtigkeit versetzt würde. Kein Wunder also, daß Petrus Damiani das Eingreifen Kaiser Heinrichs III. in Sutri im Herbst 1046 freudig begrüßte.

Die erste Frucht des kaiserlichen Eingreifens war der Pontifikat Leos IX., da ja seine beiden deutschen Vorgänger Clemens II. und Damasus II. die Kirche nur sehr kurze Zeit regierten. Leo IX. sah sich hauptsächlich vor drei Probleme gestellt: Durchsetzung der Kirchenreform, Schutz des Kirchenstaats vor Angriffen der Normannen, und die Auseinandersetzung mit den Byzantinern. Sein Pontifikat als ganzer hebt sich von denen seiner Vorgänger und auch Nachfolger am sichtbarsten durch seine ausgedehnten Reisen ab, die ihn durch Italien, Frankreich und Deutschland, ja selbst nach Ungarn führten. Er hielt zahlreiche Synoden ab und unterstützte in Frankreich die Pax und Treuga Dei-Bewegung. Das vorher zumindest nördlich der Alpen eher abstrakt verehrte Papsttum wurde so durch Leo IX. nicht nur für Mönche und Kleriker, sondern auch für Laien eine lebendige, allen gegenwärtige Realität.

In bezug auf die Kirchenreform bemühte sich Leo IX. hauptsächlich um die Bekämpfung der Priesterehe, was besonders Kleriker niederer Weihegrade anging, da ein verheirateter Bischof selbst in Italien ein Sonderfall war, und der Simonie. Wie seine eigene Erhebung zum Papst und die große Reimser Synode von 1049 zeigen, setzte er sich außerdem für die kanonische Wahl ein. Im Verständnis Leos und seiner Zeitgenossen entsprach »freie kanonische Wahl« dem Prinzip, daß den kanonischen Vorschriften über Bischofswahlen Genüge getan sei, wenn ein designierter Kandidat durch Akklamation von Klerus und Volk seiner neuen Diözese akzeptiert wurde. Auf einer solchen »Wahl« durch Klerus und Volk von Rom hatte Leo IX. bestanden, als er kurz vor Weihnachten 1049 die Designation zum Papst durch eine römische Delegation, die am Hofe des Kaisers weilte, annahm. Historisch gesehen entsprach dieser Wunsch Leos den Bedingungen, wie sie zum Beispiel die Magdeburger unter Heinrich II. durchzusetzen versuchten. Es ist deswegen falsch anzunehmen, daß Leos Bedingung weiter keine Bedeutung zukäme, andererseits bedeutet sie noch keine Ablehnung des kaiserlichen Vorschlagsrechts, nur mußte dieses den Wünschen der Diözese tatsächlich entsprechen.

Nikolaitismus, wie das Vergehen verheirateter oder im Konkubinat lebender Priester genannt wurde, und Simonie beschäftigten Leo sofort nach seiner Ankunft in Rom. Er hielt seine erste Synode schon im April 1049 im Lateran. Im Anschluß an die feierliche Bekräftigung der Kanones der ersten vier ökumenischen Konzilien und dem Verlangen nach der Einhaltung aller päpstlichen Dekrete, schritt die Synode sofort zu Verhandlungen über Bischöfe, die der Simonie beschuldigt wurden. Wer sich von der Anklage nicht zu reinigen vermochte, wurde kurzerhand abgesetzt. Als die Weihen aller Simonisten von der Synode für ungültig erklärt wurden, erhob sich aber ein Tumult in der lateranensischen Basilika; Priester und Diakone, unterstützt von einigen Bischöfen, behaupteten, daß die Annullierung dieser Weihen zur Einstellung aller Gottesdienste führen würde. Leo mußte es schließlich mit einer Wiederholung des Beschlusses einer von Clemens II. und Kaiser Heinrich III. im Januar 1047 gehaltenen Synode bewenden lassen, der allen, die sich wissentlich von einem Simonisten weihen ließen, eine 40tägige Buße auferlegt hatte, solche Kleriker aber im Amt belassen hatte. Petrus Damiani und Bonizo von Sutri berichten außerdem, daß Leo auf der gleichen Synode erklärt habe, daß alle Priesterfrauen und Konkubinen in Rom und Umgebung ab sofort als unfrei in den Besitz der römischen Kirche übergehen würden. Ähnliche Bestimmungen finden sich auch unter den Kanones der im gleichen Jahr gehaltenen Synode von Mainz. Unter den Beschlüssen der Reimser Synode, die im Oktober 1049 stattfand, befinden sich nur Dekrete gegen Simonie. Nach L. Saltet, J. Gilchrist und F. Kempf hat Leo, wie dies von Petrus Damiani behauptet wird, simonistisch geweihte Bischöfe »reordiniert«, das heißt, simonistische Weihen als nicht geschehen betrachtet und die Weihe deshalb wiederholt. Leos rigoristischer Standpunkt, der später von Humbert von Silva Candida in den ersten beiden Büchern der Libri tres adversus simoniacos vertreten wurde, war vor der Herbstsynode von 1078 vielleicht auch der Papst Gregors VII. Die Definition der Simonie, der Name rührt von dem Simon Magus der Apostelgeschichte her, der den Heiligen Geist von Petrus durch eine Geldsumme erwerben wollte, ging schon seit dem 4. Jahrhundert über den rein geistigen Erwerb der Apostelgeschichte hinaus. Man verstand darunter erstens den Kauf oder Verkauf von geistlichen Ämtern, Gütern und Sakramenten, auch in der Form von der Zahlung von Gebühren oder Spenden (munus a manu), zweitens ihren Erwerb durch Dienstleistungen oder Gefälligkeiten (munus ab obsequio) oder drittens durch Fürsprache (munus a lingua). Die Dreiteilung geht auf Papst Gregor den Großen zurück und wurde zur Zeit der Kirchenreform häufig zitiert. Simoniaca haeresis war als Begriff noch älter, aber auch hier war man im Investiturstreit von der Definition Gregors des Großen abhängig.

Historisch gehört die Diskussion um die Zulässigkeit oder Unzulässigkeit simonistischer Weihen zu der Debatte um die Wirksamkeit der von unwürdigen Priestern gespendeten Sakramente. Die orthodoxe katholische Lehre bejaht mit Augustin die Wirksamkeit solcher Sakramente, eine Haltung, die im 11. Jahrhundert im allgemeinen von Petrus Damiani vertreten wurde und in dessen Liber gratissimus theologisch am besten und am wirksamsten begründet wird. Damiani baute auf dem Werk des Auxilius über die Ordinationen der Zeit des Papstes Formosus (891–896) auf und befaßte sich hauptsächlich mit der Gültigkeit solcher Weihen, die von Simonisten unentgeltlich, also gratis, vorgenommen worden waren. Nach ihm durfte der umsonst von einem Simonisten geweihte Priester weder nochmals die Weihe empfangen, noch war er ein Häretiker, der wieder in die Kirche aufgenommen werden mußte. Er verwirft also Reordinationen. Auch der Simonist selbst, obwohl der simoniaca haeresis schuldig, war ihm kein Ketzer im strengen Sinn des Wortes, der außerhalb des katholischen Glaubens stand. Die Wirkungskraft der von einem Simonisten oder unenthaltsamen Priester gespendeten formrichtig vollzogenen Sakramente hängt für Damiani nicht von dem persönlichen Wert oder Unwert des Priesters ab, sondern wird durch den Heiligen Geist vermittelt, der auch in dem von einem Simonisten gespendeten Sakrament gegenwärtig ist, obwohl es für den Simonisten selber ohne Wirkung bleibt.

Im Gegensatz zu Petrus Damiani vertrat Humbert von Silva Candida in den 1057/58 geschriebenen ersten beiden Büchern der Libri tres adversus simoniacos die Ungültigkeit simonistischer Weihen. Die heftigste Rhetorik Humberts richtet sich hier gegen die Argumente, die von Auxilius über die Weihen des Papstes Formosus vorgebracht worden waren und die vorher von Petrus Damiani in seinem Liber gratissimus benutzt worden waren. Das Wort Reordination war für Humbert ein Greuel. Da der Heilige Geist von einem Simonisten nicht wirklich, sondern nur scheinbar gekauft würde, besitzt der Simonist ihn also nicht und kann ihn auch nicht durch von ihm vollzogene Weihen weitergeben. Eine von einem Simonisten vollzogene Weihe, gleich welcher Art, ist für Humbert völlig bedeutungslos, eine leere und wirkungslose Formsache. Es ist seiner Logik nach daher völlig richtig zu bestreiten, daß Leo Reordinationen vorgenommen hat. Die von Leo vorgenommene Handauflegung ist für Humbert eben die erste wirkungsvolle Ordination. »Für Humbert standen... die höchste Wahrheit, die im Sakrament offenbar wird, und ihre irdische Auswirkung, die durch den menschlichen Priester vemittelt wird, in einem unauflösbaren Zusammenhang... Selbst die durch Ketzer vorgenommene Taufe... war diesem nur ein unvollkommenes Sakrament« (Ladner). Eine logische Konsequenz dieser Denkweise ist die Annahme, daß, da die Priester selber als Menschen über den Fehlern der Welt standen, nicht nur ihre Sakramente, sondern sie selbst auch als Menschen im geistlichen und geistigen Bereich herrschen müßten, da der Vorrang des Geistigen über das Irdische damals auf allen Seiten unbestritten war. Die Unmöglichkeit, eine geistig reine Kirche auf Erden zu verwirklichen, war schon von dem Kirchenvater Augustin erkannt worden. Auch Humberts in den Libri tres verkündeten Ideen konnten sich nicht durchsetzen. Das Feld sollte der Sakramentstheologie Damianis gehören.

Zur Zeit Leos IX. lagen diese theoretischen Auseinandersetzungen zwischen Petrus Damiani und Humbert von Silva Candida noch in der Zukunft, obwohl sein Vorgehen im Sinne Humberts sicher eine der Anregungen im Streit war. Weniger aufsehenerregend als Leos rigoroses Einschreiten gegen die Simonisten und die Priesterehe waren die Veränderungen, die während seines Pontifikats in der Verwaltung der römischen Kirche vor sich gingen. Auf die Dauer waren sie jedoch nicht weniger wichtig, weil sie eine von den römischen Adelsfamilien und ihren Anhängern unabhängige päpstliche Politik ermöglichten. Die bedeutendste Veränderung, die im Pontifikat Leos IX. ihren Anfang nahm, war die Entstehung des Kardinalkollegiums. Seit Jahrhunderten hatten die Kardinalbischöfe der suburbikarischen Bistümer und die Kardinalpriester und Diakone der Titelkirchen gottesdienstliche Funktionen an der Lateranbasilika und den römischen Titelkirchen ausgeübt. Doch diese liturgischen Aufgaben der Kardinäle wurden unter Leo und seinen Nachfolgern schnell in den Hintergrund gedrängt. Stattdessen wurde diese Gruppe mit Verwaltungsaufgaben der Päpste beauftragt und gehörte zu den wichtigsten Mitarbeitern der Päpste bei der Kirchenregierung. Als 1059 unter Papst Nikolaus II. das Papstwahldekret erlassen wurde, war die politisch führende Rolle für die Kardinalbischöfe schon ganz deutlich geworden. Die anderen beiden Ränge des späteren Kardinalkollegiums, die Kardinalpresbyter und Kardinaldiakone entwickelten sich in die gleiche Richtung. Die letzteren wurden jedoch erst gegen Ende des 11. Jahrhunderts in das Kardinalkollegium aufgenommen, wie überhaupt nur die Anfänge des Kollegiums auf Leo IX. zurückgingen.

Sehr wichtig für die spätere Entwicklung wurden die Pontifikate Urbans II. (1088–1099) und Paschals II. (1099–1118), die in ihrem Kampf gegen den Gegenpapst Wibert-Clemens III. und dessen Nachfolger die Kardinäle als Bundesgenossen brauchten und daher Konzessionen machen mußten. Leo IX. selbst ernannte von seinen lothringischen Begleitern anscheinend nur Humbert von Moyenmoutier 1050 zum Kardinalbischof von Silva Candida. Eine Nachricht bei Bonizo über Azelin von Sutri, der aus Compiègne stammt, ist nicht recht klar. Aber Leo nahm zumindest keine anderen Neubesetzungen der Bistümer vor, so daß man annehmen muß, daß die Kardinalbistümer schon ohne Leos Zutun mit Anhängern der Reform, oder zumindest würdigen Inhabern, besetzt waren, die sich Leo anschlossen. Zu weiteren Neubesetzungen kam es erst unter Papst Viktor II. (1055–1057), der den Italiener Bonifaz, einen Mönch, zum Kardinalbischof von Albano erhob, und unter Papst Stephan IX. (1057–1058), der 1057 Petrus Damiani zum Kardinal-

bischof von Ostia machte. Im allgemeinen waren die Kardinalbischöfe schon um diese Zeit zuverlässige Helfer der Päpste. Die Ausnahmen sind Johannes von Velletri, der nach dem Tode Papst Stephans IX. 1058 von den Römern als Benedikt X. zum (Gegen)papst
gewählt wurde, und Rainer von Palestrina, auch Abt des Klosters SS.
Cosmae et Damiani, der Johannes-Benedikt unterstützte. Beide verließen damit die Reihen der Reformer. Um 1060 kann man daher alle Inhaber der suburbikarischen Bistümer zu den Reformern rechnen, ein wirklich erstaunlicher Erfolg der Reformbewegung, da wie
T. Schmidt betont, das die Bistümer umgebende Land in Albano,
Palestrina, Velletri, Sutri und Tuskulum, zum Feudalbesitz des
Adels gehörte, dessen Herrschaft über das Papsttum die Reformer
ein Ende bereitet hatten. In einer Vita Papst Leos IX. wird zum Beispiel behauptet, daß der Papst auf der April-Synode 1050 in Rom beschlossen hätte, gegen Tuskulum Krieg zu führen, um den Widerstand des ehemaligen Papstes Benedikt IX. und seiner Anhänger zu
brechen, die sich dort verschanzt hätten. Auch der Gegenpapst Benedikt X. (1058–1059) hatte dort seine Anhänger, wo er nach seiner
Vertreibung aus Rom Schutz fand.
Über die Inhaber der Kardinaltitel an den römischen Titelkirchen
weiß man um diese Zeit verhältnismäßig wenig, und es läßt sich nur
sehr selten feststellen, ob genannte Inhaber zu der römischen Reformgruppe gehörten oder nicht. Zu den Reformern, die Papst
Leo IX. begleiteten, gehörte Hugo Candidus aus dem Kloster
Remiremont, den Leo zum Kardinalpresbyter von S. Clemente ernennen konnte. Auch von drei Titelkirchen im Trastevere, S. Grisogono, S. Cecilia und S. Maria, weiß man, daß sie in den Händen von
Reformern waren. Papst Viktor II. weihte Friedrich von Lothringen,
vordem Kanzler der römischen Kirche, dann Abt von Montecassino und schließlich Viktors Nachfolger als Papst Stephan IX. (1057–
1058), zum Kardinalpresbyter von S. Grisogono. Desiderius von
Montecassino war Kardinal an S. Cecilia und auch Kardinal Johannes von S. Maria war ein Anhänger des Reformpapsttums. Der letztere hatte diesen Titel unter Papst Alexander II. (1061–1073) inne
und wurde 1073 Kardinalbischof von Tuskulum.
Während wir über die Veränderungen in der Rolle der Kardinäle
verhältnismäßig gut unterrichtet sind, tappt man, was die Änderungen in der eigentlichen päpstlichen Verwaltungsbehörde, dem *sacrum palatium Lateranense*, angeht, fast ganz im Dunkeln. Die Nachrichten über den Palast sind äußerst spärlich. Nur vereinzelt sind Be-
lege über einzelne päpstliche Beamte erhalten, die vor allen Dingen
in den Arbeiten Kehrs, Jordans und Elzes untersucht worden sind.
Das *sacrum palatium Lateranense*, ein Name, der auf die Konstanti-

nische Schenkung zurückgeht, war der Mittelpunkt des Kirchenstaats, der seine theoretische Begründung dem gleichen Dokument
verdankt. Die alten Leiter waren die *iudices de clero* oder *ordinarii,*
die auch Pfalzrichter genannt wurden und zwei besonders hervorge-
hobene Würdenträger, die den mächtigsten römischen Adelsfamili-
en anzugehören schienen, der *vestararius* (Verwalter der päpstlichen
Schatz- und Kleiderkammer) und der *vicedominus,* der Aufseher
über den Lateranpalast war. Die Titel entsprachen, soweit man sehen
kann, ihren Funktionen kaum, die bedeutender waren, als aus ihnen
zunächst hervorgeht. Der *vicedominus,* der in der ersten Hälfte des
11. Jahrhunderts auch Archidiakon der römischen Kirche war, war
Stellvertreter des Papstes bei dessen Abwesenheit von Rom und hatte Jurisdiktion über den Klerus der Regionen, in die Rom unterteilt
war. Während der Sedisvakanz war der *vicedominus* einer der Verwalter der römischen Kirche, eine Rolle die nach der Mitte des
11. Jahrhunderts von den Kardinälen übernommen wurde. Um die
Wende des 10. und 11. Jahrhunderts lassen sich Neuansätze feststellen, die mit der *Renovatio imperii* der Ottonen im Zusammenhang
stehen und andeuten, mehr kann man wirklich nicht sagen, daß im
Lateranpalast einige Änderungen in Analogie zum königlichen Hof
stattfanden. Vor allen Dingen entstand damals das Amt des Kanzlers. Karl Jordan meint, in den Quellen Anzeichen für Bemühungen
der Tuskulanerpäpste in der ersten Hälfte des 11. Jahrhunderts sehen
zu können, die kirchliche Regierung zu stärken, wofür ihnen das
Bündnis mit den deutschen Kaisern Rückendeckung verschaffte.
Daher betont er, daß die Tage Leos IX. in verwaltungsmäßiger Hinsicht keinen Bruch mit der Vergangenheit bedeuteten, blieb doch
der Diakon Petrus, der gleichzeitig Bibliothekar und Kanzler war,
bis zu seinem Tod 1050 unter Leo im Amt. Größere Veränderungen,
so die Ausbildung der päpstlichen Kammer und der Kapelle, fanden
erst unter den Päpsten Urban II. und Paschalis II. statt.
Über die päpstliche Kanzlei sind wir etwas besser unterrichtet als
über den Lateranpalast. Untersuchungen haben gezeigt, daß
Leo in den Privilegien der Päpste, das heißt in Urkunden, in denen
Sonderrechte mit dauernder Geltung an Körperschaften wie Klöster
und an Einzelpersonen bestätigt oder zum ersten Mal verliehen
wurden, Neuerungen eingeführt hat, die auf lange Zeit charakteristisch bleiben sollten. Einige der Veränderungen waren offensichtlich einfach durch äußere Umstände bedingt, vor allen Dingen
durch Leos weite und häufige Reisen, von den 5 ½ Jahren seines Pontifikats verbrachte er nur ungefähr ein halbes Jahr in Rom. Zu den
Veränderungen dieser Art gehört, daß Papyrus als Beschreibstoff
fast gar nicht mehr verwendet wurde und daß die bis zu Ende des

10. Jahrhunderts ausschließlich benutzte alte kuriale Schrift unter Leo der Minuskel gewichen ist. Auf den Papstreisen nach Norden war es unmöglich, Papyrus zu beschaffen, dessen Produktion um diese Zeit allmählich überhaupt aufhörte, und natürlich haben die römischen Skriniar-Notare, die der Kuriale mächtig waren, den Papst nicht oft begleitet, so daß er auf nicht-römische Schreiber, die Minuskel schrieben, angewiesen war. Unter Papst Viktor II. (1055–1057) findet man das gleiche Bild, auch er war häufig in der Umgebung Kaiser Heinrich III. Die Verdrängung der römischen Skriniare entsprang jedoch keinem Plan, was man daran sieht, daß unter Stephan IX. und seinen Nachfolgern bis zu Papst Calixt II. (1119–1124) wieder die Kuriale, die erst nach 1123 für immer verschwand, neben der Minuskel erscheint. Interessanter sind die Veränderungen in den Papstprivilegien, die durch die Initiative der Kurie »und wohl des Papstes selbst« (Santifaller) zustande gekommen sind. Diese zeugen von einem Selbstbewußtsein des fremden Papstes und seiner Berater, die sich nicht scheuten, mit alten Gewohnheiten im Kanzleistil zu brechen. Der Gebrauch der Rota im Eschatokoll, den Schlußzeilen eines Privilegs, die auf den eigentlichen Text folgen, geht auf die Zeit Leos IX. zurück. Die Rota, ein Kreis mit Doppelring, der ein Kreuz umgibt, ersetzte ein einfaches Vorderkreuz. Eine weitere augenfällige Veränderung, geringfügigere Änderungen bleiben hier unerwähnt, ist die Verwandlung des alten Bene Valete der Päpste in ein Monogramm, dessen Vorbild in den Kaiserurkunden zu suchen ist.

3. Das Papsttum und die Normannen

Obwohl die Anliegen der Kirchenreform Leo IX. oft über die Alpen führten, wo er freundschaftlich mit Kaiser Heinrich III. zusammenarbeitete, bereiteten ihm die Verhältnisse Süditaliens kaum geringere Sorgen als die Kirchenreform im Norden. Zwar waren seit Anfang des 11. Jahrhunderts die Sarazenen dort zurückgedrängt worden, aber dafür hatten die Byzantiner wieder festeren Fuß gefaßt, die keineswegs gewillt waren, ihren alten, seit vielen Jahrhunderten gegen die abendländischen Kaiser zäh verteidigten Anspruch auf Apulien, Kalabrien und Sizilien aufzugeben.

Spätestens im 2. Jahrzehnt des 11. Jahrhunderts erschienen auch noch Neuankömmlinge in Süditalien, die Normannen, so daß um diese Zeit an der Südgrenze des Kirchenstaates Langobarden, Byzantiner, Sarazenen und Normannen in immer wieder neuen Konstellationen um die Macht rangen. Auf Bitten des Fürsten Waimar V. von Salerno, der mit den Normannen verbündet war, hatte schon Kaiser Konrad II., Waimars Lehnsherr, einen der Normannenführer mit der Grafschaft Aversa belehnt, eine Belehnung, die Heinrich III. für dessen Nachfolger wiederholte. Auf Heinrich III., der von dem durch die Normannen bedrängte Montecassino, das damals wie S. Vincenzo al Volturno ein Reichskloster war, zur Hilfe gerufen worden war, geht wohl auch 1047 die Belehnung Drogos, einem der zwölf kriegerischen Söhne Tankreds von Hauteville (Normandie), mit Apulien zurück, das heißt praktisch mit dem von ihm damals eroberten Besitz in und um Melfi. Diese Belehnungen, die wie Deér zeigt, wahrscheinlich durch eine Fahne als Investitursymbol durchgeführt wurden, bedeuteten die erste »staatsrechtliche« Anerkennung der Abenteurer aus der Normandie. Auf dem Italienzug von 1047 hatte Kaiser Heinrich auch Pandulf IV. wieder im Fürstentum Capua eingesetzt, auf das Waimar, der sich vor Heinrichs Eintreffen als *dux Apuliae et Calabriae* bezeichnet hatte, verzichten mußte. Als Heinrich nach Deutschland zurückkehrte, mußten die Verhältnisse in Süditalien als relativ geordnet erscheinen, und die Hoffnung des Papstes Leo IX., mit Hilfe des Kaisers dort päpstlichen Ansprüchen Geltung zu verschaffen, ist verständlich. 1050 ernannte Leo Humbert von Moyenmoutier zum Erzbischof von Sizilien, das noch in den Händen der Sarazenen war und das es noch zu erobern galt. Im gleichen Jahr, nach seiner römischen Synode vom April, begab sich der Papst selbst in den Süden, um für sich und den Kaiser erneute Huldigungen der süditalienischen Fürsten und Grafen entgegenzunehmen. Leo handelte im Rahmen eines kaiserlich-päpstlichen Kondominats und vertrat dabei neben der Kirchenreform auch die politischen Interessen des Kaisers. Außerdem dienten die verlangten Treueide natürlich auch den Sicherheitsbedürfnissen des Papsttums.

Leider trübten sich die Beziehungen zwischen Rom und den Normannen sehr schnell, als sich herausstellte, daß sich diese keineswegs mit ihren bisherigen Eroberungen zufrieden gaben. 1051 übernahm der Papst für sich und den Kaiser die Stadt Benevent, dessen Bewohner sich an ihn um Hilfe gegen die sie belagernden Normannen gewandt hatten. Die beiden kaiserlichen Vasallen, Waimar von Salerno und Graf Drogo wurden kurz nacheinander ermordet, und Leo sah als einzigen Ausweg aus der bedrängten Lage einen Bund mit Argyros, dem von Konstantinopel eingesetzten *dux et princeps Italiae*, der ein Sohn des Meles von Bari war, der Anfang des 11. Jahrhunderts gegen die Byzantiner die Waffen ergriffen hatte, dann aber an den deutschen Hof hatte fliehen müssen. Sein Sohn Argyros hatte jedoch die volle Unterstützung des byzantinischen Kaisers, Konstantin IX. Monomachos, so daß sich Leo über Argyros die Hilfe der

Byzantiner gegen die räuberischen Normannen erhoffen konnte. Ja, er träumte sogar von einem Bündnis zwischen den beiden Kaisern und dem Papsttum, mit dessen Hilfe die Normannen aus Italien vertrieben werden sollten. Er suchte Heinrich III. deshalb 1052 in Deutschland auf, um diesen zur Entsendung eines deutschen Heeres zu bewegen. Der Kaiser übertrug dem Papst damals in einem zu Worms geschlossenen, schwer verständlichen Vertrag, Benevent *vicariationis gratia*. Als Gegenleistung verzichtete Leo auf unbestimmte Rechte im Bistum Bamberg, im Kloster Fulda und einigen anderen Klöstern. Auf den Einspruch des Kanzlers Gebehard von Eichstätt stellte Heinrich dem Papst jedoch kein Heer zur Verfügung, so daß Leo, der meinte, nicht länger warten zu können, nur mit einer kleinen Privattruppe, die er selber angeworben hatte, nach Italien zurückkehrte. Im Juni 1053 stand ein geeintes Normannenheer Leo und seinen Truppen bei Civitate gegenüber. Die Verhandlungen, auf denen die Normannen angeboten haben sollen, Leo als Lehensherren zu akzeptieren, falls dieser auf das Bündnis mit Argyros verzichtete, führten zu nichts, und es kam zur Schlacht, auf der die Truppen Leos vernichtend geschlagen wurden. Leo IX. selbst wurde von den Normannen gefangengenommen und nach ehrenvoller Behandlung ungefähr ein halbes Jahr später wieder entlassen. Leo soll den Tod seiner Mannschaft, die bald als Heilige verehrt wurden, niemals verwunden haben. Er starb binnen eines Jahres am 19. April 1054.

Leos Tod ersparte es ihm, noch von dem völligen Scheitern der Legation zu erfahren, die er unter der Führung seines vielleicht engsten Mitarbeiters, Humberts von Silva Candida, nach Konstantinopel gesandt hatte, um die Bündnispläne mit Byzantium nach der Katastrophe von Civitate wieder auf das rechte Gleis zu bringen. Humberts Begleiter waren der Kanzler der römischen Kirche, Friedrich von Lothringen und Petrus von Amalfi. Kaiser Konstantin IX. war zwar friedfertig genug, und von seiner Seite aus waren keine großen Schwierigkeiten zu erwarten, doch der Patriarch Kerullarios hatte es verstanden, durch anti-lateinische Maßnahmen in Konstantinopel und durch romfeindliche Propaganda die Süditalien-Politik des Kaisers und des von Konstantin unterstützten Argyros zu durchkreuzen. Humbert war nicht der Mann, ein Blatt vor den Mund zu nehmen. In Antwortschreiben, die vielleicht er im Namen Papst Leos verfaßte, vertrat er kompromißlos den päpstlichen Primatsanspruch sowie den auf die Konstantinische Schenkung fußenden Anspruch auf Süditalien. Jedenfalls kam es in Konstantinopel zu keiner Verständigung. Stürmische Szenen endeten schließlich damit, daß Humbert am 16. Juli 1054, also lange nach dem Tode Leos IX., eine

Bannbulle gegen den Patriarchen und seine Helfershelfer auf dem Altar der Hagia Sophia niederlegte. Er reiste mit seinen Begleitern völlig unverrichteter Dinge wieder ab. Auf einer Synode im Juli 1054 belegte dann Kerullarios nun seinerseits die römischen Legaten, die er als Legaten des Argyros bezeichnete, mit dem Bann. Das Schisma zwischen der römischen und griechischen Kirche geht auf dieses Ereignisse des Sommers 1054 zurück.

Als Kaiser Heinrich III. nach langen Verhandlungen 1055 schließlich seinen Kanzler Gebehard von Eichstätt zu Leos IX. Nachfolger designierte, der den Papstnamen Viktor II. (1055–1057) annahm, bestand daher keinerlei Aussicht auf ein Bündnis mit Konstantinopel, aber die päpstlichen Pläne in bezug auf Süditalien änderten sich zunächst wohl wenig. Auf dem erfolgreichen Feldzug, den der Kaiser in diesem Jahr in Italien gegen Gottfried von Lothringen, der die Witwe des Markgrafen Bonifaz von Tuszien geheiratet hatte, unternahm, übertrug Heinrich Papst Viktor II. die Verwaltung des Herzogtums Spoleto und der Markgrafschaft Fermo. Die Normannen waren zu keinem Einlenken bereit, sondern setzten ihre kriegerische Expansion fort, so daß Viktor sich genauso wie Leo IX. vor ihm im Herbst 1056 an den Kaiser mit der Bitte um militärische Hilfe wandte. Das behaupten jedenfalls Notizen in den sogenannten Annales Romani. Andere Quellen geben an, daß Viktor Frieden geschlossen habe. Wahrscheinlich haben beide Aussagen ihre Richtigkeit, denn noch während Viktors Aufenthalt in Deutschland starb der Kaiser ganz unerwartet. Auf dem Sterbelager hatte er dem Papst die Sorge um seinen noch nicht sechsjährigen Sohn, Heinrich IV., und um das Reich übertragen. Unter diesen Umständen mußten etwaige Feldzugspläne für Süditalien selbstverständlich aufgegeben werden. Es gelang Viktor II., Kaiserin Agnes die Regentschaft und Heinrich IV. die Nachfolge zu sichern, doch wenige Monate nach seiner Rückkehr nach Italien, wo er noch eine Reformsynode abgehalten hatte, starb er. Er hat die Normannenfrage nicht lösen können. Auch seinem Nachfolger, Friedrich von Lothringen, der als Papst Stephan IX. (1057–1058) den Heiligen Stuhl bestieg und der, durch seine Erfahrungen als Abt von Montecassino belehrt, ganz in die Bahnen der Normannen feindlichen Politik Papst Leos IX. zurückkehrte, gelang es während seines kurzen Pontifikats nicht, eine Einigung mit den Normannen herbeizuführen. Es war hauptsächlich dem Archidiakon Hildebrand unter Papst Nikolaus II. (1059–1061) zu verdanken, daß es an der Kurie zu einer entschlossenen Kehrtwendung in der Normannenpolitik kam. Auf der Linie der Politik Kaiser Heinrichs III. legitimierte Papst Nikolaus II. 1059 normannische Eroberungen in Süditalien, indem er Robert Guiscard und Richard von Capua auf einem Konzil in Melfi im August dieses Jahres mit ihren italienischen Besitzungen belehnte und sie zu Vasallen der römischen Kirche machte. Robert Guiscard wurde schon mit zukünftigem Besitz belehnt, der noch bis in die sechziger und siebziger Jahre in den Händen Byzantiums (1071 durch Verlust von Bari aus Italien verdrängt) und der Sarazenen war (1061 Eroberung von Messina, 1072 von Palermo).

Robert Guiscard, dessen Eid in der Kanonessammlung des Kardinals Deusdedit erhalten ist, versprach als Herzog von Apulien und Kalabrien von Gottes Gnaden und Sancti Petri, und mit beider Hilfe zukünftiger Herzog von Sizilien, daß er von Stund an der Vasall der römischen Kirche und seines Herren, Papst Nikolaus, sein würde. Mit den bei Treueiden üblichen Formeln versprach er, den Papst zu schützen. Wichtiger noch mußte sein Versprechen erscheinen, dem Papst bei dem Wiedererwerb und dem Besitz der Regalien und der Ländereien von Sankt Peter zu unterstützen sowie in der Ausübung des päpstlichen Amtes. Außerdem versicherte er, von Angriffen auf päpstliche Territorien Abstand zu nehmen, es sei denn, der Papst oder seine Nachfolger gäben ihm dazu die Erlaubnis. Er versprach, einen Lehenszins von 12 Denaren jährlich für jedes Paar Ochsen in seinem Land treulich zu zahlen und alle Kirchen seines Herrschaftsbereichs in den Besitz des Papstes zu übergeben und selbst als ihr Vogt auftreten. Niemandem würde er einen Treueid leisten außer mit Vorbehalt zugunsten der römischen Kirche. Für den Fall, daß Papst Nikolaus oder seine Nachfolger vor ihm aus dem Leben scheiden sollten, würde er im Einklang mit den besseren Kardinälen, römischen Klerikern und Laien, ihnen behilflich sein, einen neuen Papst zu wählen und zu konsekrieren.

Die Umwandlung der römischen Kirche in einen Lehensherren weltlicher Fürsten ist verschieden aufgefaßt worden, und zwar besonders im Rahmen der Beziehungen zwischen der Kurie und dem Imperium, die, wie wir sehen werden, während der Minderjährigkeit Heinrichs IV. (bis 1065) vielfachen Veränderungen unterworfen waren. Den einflußreichen Arbeiten von Kehr und Jordan steht die Behandlung des Problems von Fliche gegenüber, für den diese Frage von sehr untergeordneter Bedeutung war. Karl Jordan sah in dem Vorgehen Hildebrand-Gregors VII. eine Herausforderung des deutschen Königs, dessen allgemein anerkannten Rechte sich das Papsttum angemaßt hätte. In gewissem Sinn kann man Jordan natürlich auch Recht geben, aber neuere Forschungen und vor allen Dingen das Werk Deérs, lassen doch erkennen, daß die Lage damals sehr viel komplizierter war, als man im allgemeinen angenommen hat. Die päpstliche Lehenspolitik konnte sich auf sehr verschiedene Traditionen berufen, wenn den Päpsten an einer theoretisch-rechtlichen Begründung gelegen gewesen wäre. Dies war jedoch nicht der Fall. Praktische Erwägungen standen im Vordergrund, die Reformer in Rom waren dringend auf militärische Hilfe angewiesen, so daß man annehmen muß, daß wahrscheinlich alle möglichen Begründungen ihren Teil zur Betonung des Rechts der Päpste, als Lehensherren aufzutreten, beigetragen haben. Sowohl die alten Kaiserprivilegien für die Päpste als auch das Constitutum Constantinum und nicht zuletzt das Kondominat von Kaiser und Papst zur Zeit Leos IX. und Heinrichs III. konnten als Beweise für päpstliche Rechte über die als *terra* des heiligen Petrus bezeichneten Gebiete dienen, die außerhalb des Kirchenstaates lagen. Das Constitutum Constantini war den Reformpäpsten bekannt und ist von ihnen auch verschiedentlich benutzt worden. Nach dem Bruch mit Konstantinopel gab es daher eigentlich keinen Grund, weshalb die Päpste diese vermeintliche Schenkung nicht benutzt haben sollten, um ihre territorialen Ansprüche zu begründen. Diese Hypothese ist zwar nicht zu beweisen, aber sie hat doch mehr Wahrscheinlichkeit für sich als die Annahme, daß Hildebrand-Gregor VII. sich bei seinem Vorgehen rein theoretisch auf hierokratische Prinzipien, die letztlich auf die Binde- und Lösegewalt des heiligen Petrus und den Vorrang des Geistlichen vor dem Weltlichen zurückgehen, berufen hätte. Präzedenzfälle für Belehnungen durch die römische Kirche, auf die sich Hildebrand später als Papst Gregor VII. andeutungsweise in seinen Briefen beruft, fanden sich auch in der Geschichte der Päpste, obwohl sie dazu uminterpretiert werden mußten, zum Beispiel, indem die Zahlung irgendwelcher Beträge nach Rom als Anerkennung der Lehensabhängigkeit, als Lehenszins, verstanden wurde.

Was auch immer die Reformpäpste veranlaßt haben mag, den Forderungen der Normannen nachzukommen und ihnen große Teile Süditaliens zu Lehen zu übertragen, es war damals nicht ihre Absicht, die Rechte des abendländischen Kaisers zu übergehen. Die ersten Belehnungen unter Nikolaus II. und Alexander II. fanden während der Minderjährigkeit Heinrichs IV. statt, und selbst Gregor VII. scheint 1073 im Treueid Richards von Capua einen gleichzeitigen zweiten Treueid an den deutschen König, allerdings unter dem Treuvorbehalt zugunsten des Papstes, nicht ausgeschlossen zu haben. Abschließend ist zu sagen, daß sich die Kräfteverhältnisse in Süditalien während Heinrichs Minderjährigkeit zwar sehr zu ungunsten des deutschen Königs verschoben hatten, aber daß es einem mit dem Papsttum zusammengehenden Kaiser durchaus möglich gewesen wäre, seine alten Rechte im Einvernehmen mit den Päpsten wieder zur Geltung zu bringen.

Schon zur Zeit Nikolaus II. (1059–1061) selbst kam es zu Störungen im Verhältnis zwischen dem Papsttum und den Normannen, die ihr Versprechen, die Eroberungen nicht auf die unter päpstlicher Oberhoheit stehenden Gebiete auszudehen, in keiner Weise beachteten. Diese Schwierigkeiten dauerten unter Papst Alexander II. (1061–1073) sowie auch unter Gregor VII. (1073–1085) an, der Robert Guiscard von 1073 bis 1079 exkommuniziert hatte und ihn nicht vor 1080 wieder mit seinem Lehen investierte. Andererseits kamen die Normannen den ihnen auferlegten positiven Verpflichtungen: Zahlung des Lehenszinses und militärischer Hilfeleistung, nach Möglichkeit nach. Schon 1059 haben Richard von Capua und Robert Guiscard Papst Nikolaus II. Ritter zur Verfügung gestellt, damit er den Kampf gegen den Grafen von Galeria, der den römischen Gegenpapst Benedikt X. unterstützte, aufnehmen konnte. Auch die Inthronisierung Alexanders II. wurde durch normannische Truppen ermöglicht, und es ist bekannt, daß Papst Gregor VII. während der Belagerung Roms durch Heinrich IV. von Robert Guiscard aus der Engelsburg befreit und von ihm nach Salerno begleitet wurde.

4. Das Papsttum und Deutschland während der Minderjährigkeit Heinrichs IV.

Die Gewichtsverschiebung, die sich in Süditalien im Verhältnis Kaiser-Papst-Normannen bemerkbar gemacht hatte, wurde unter den Nachfolgern Papst Viktors II., des letzten von Heinrich III. nominierten Papstes, auch im Verhältnis zwischen dem Papsttum und dem deutschen Hof deutlich. Die unsicheren Machtverhältnisse während der Regentschaft der Kaiserin Agnes zwangen die Reformpäpste geradezu, sich nach zuverlässigeren Stützen umzusehen, als es die zwar sehr fromme, doch oft schwankende Regentin und ihre wechselnden Berater waren. Man wandte sich an Gottfried von Lothringen, dem Gatten der Markgräfin Beatrix von Tuszien, der sich kurz vor dem Tod Heinrichs III. mit dem Kaiser ausgesöhnt hatte und den man bis zu einem gewissen Grad als einen Vetreter kaiserlicher Interessen in Italien betrachten kann. Als Viktor II. am 23. Juni 1057 in Arezzo starb, wählten die Reformer in Rom schon drei Tage nach dem dortigen Eintreffen der Todesnachricht, Gottfrieds Bruder Friedrich, den ehemaligen Diakon aus Lüttich, nunmehrigen Abt von Montecassino und Kardinalpriester von S. Grisogono zum Papst und inthronisierte ihn als Stephan IX. (1057–1058). Stephan IX. war mit Papst Leo IX. nach Italien gekommen. Seine Normannenpolitik und die Ernennung Petrus Damianis zum Kardinalbischof von Ostia zeigen, wie sehr er die Interessen dieses Papstes teilte. Die Wahl Stephans war seit 1046 die erste gewesen, die zunächst ohne Beteiligung des deutschen Königs stattgefunden hatte. Eine nachträgliche Bestätigung wurde jedoch wohl schon Ende August 1057 durch den nach Deutschland entsandten Bischof Anselm von Lucca eingeholt. Wie spätere Ereignisse zeigen sollten, hatten Friedrichs Wähler nicht die Absicht, durch die Übergehung des deutschen Hofs königliche Rechte zu schmälern, sondern waren in erster Linie darum bemüht zu verhindern, daß das Papsttum wieder in die Hände des römischen Adels fiel.

Im Herbst 1057 sandte Papst Stephan IX. Anselm von Lucca erneut nach Deutschland, zusammen mit dem Subdiakon Hildebrand. Über die Verhandlungen, die die Legaten am deutschen Hof führten, ist nichts bekannt. Es ist möglich, daß es sich um das Normannen-Problem handelte. Um Weihnachten erkrankte Stephan schwer und im März 1058 hatte sich sein Befinden soweit verschlechtert, daß er Vorkehrungen für den Fall seines Todes auf einer Reise nach Florenz traf. Vor seiner Abreise aus Rom am 24. März, ließ er sich von einer Versammlung römischer Kleriker und Laien eidlich versichern, daß sie im Falle seines Todes nicht zur Wahl eines neuen Papstes schreiten würden, bevor der Subdiakon Hildebrand aus Deutschland zurückgekehrt sei. Der Grund für dieses Verlangen wird nicht angegeben. Papst Stephan IX. starb kurze Zeit später, am 29. März, in Florenz. Die Römer hielten sich nicht an ihr Versprechen, sondern wählten eiligst (schon am 5. April) einen der ihren, den Kardinalbischof Johannes von Velletri, der den Reformkreisen angehörte, als neuen Papst. Johannes nahm den sehr bezeichnenden Papstnamen Benedikt X. an. Doch die Römer hatten sich getäuscht, wenn sie meinten, die Kurie durch ihr schnelles Handeln überrumpeln zu können. Petrus Damiani, der als Kardinalbischof von Ostia die Weihe des neuen Papstes hätte vollziehen müssen, weigerte sich, Benedikt X. anzuerkennen und floh von Rom nach Florenz, also in das Gebiet des Herzogs von Lothringen, wo sich, abgesehen von Johannes von Velletri-Benedikt X. und einem Anhänger, auch die übrigen Kardinäle befanden, zu denen sich inzwischen auch Hildebrand gesellt hatte.

Was die schnelle Erhebung Stephans IX. seinerzeit verhindert hatte, war also eingetroffen: der römische Adel hatte sich wieder des Papsttums bemächtigt. Dieser Schritt konnte nur mit Waffengewalt rückgängig gemacht werden, und man hat vermutet, daß Hildebrand, der ja gerade aus Deutschland zurückkam und daher wußte, daß von dort keine militärische Hilfe zu erwarten sei, sich aus diesem Grund an Herzog Gottfried wandte und dafür sorgte, daß die Wahl auf einen diesem Fürsten vertrauten und von ihm unterstützten

Kandidaten fiel. Die Kardinäle einigten sich unter der Beteiligung Gottfrieds von Lothringen auf die Wahl von Bischof Gerhard von Florenz, der aus dem französischen Burgund kam. Daraufhin setzten sich die Reformer mit dem deutschen Hof in Verbindung, den die Römer bei der Wahl Benedikts völlig ignoriert hatten. Die Legaten der Kardinäle erschienen Pfingsten 1058 auf dem Reichstag zu Augsburg (7. bis 15. Juni), wo der junge König auf Wunsch der »Römer« Gerhard von Florenz zum Papst designierte. Benedikt X. wurde verworfen und Gottfried von Lothringen damit beauftragt, Gerhard nach Rom zu führen. Wahrscheinlich erfolgte erst dann Gerhards offizielle Wahl in Siena, vielleicht am Nikolaustag, dem 6. Dezember 1058. Der zukünftige Papst wurde dann von den Truppen Gottfrieds in Begleitung nicht nur des Herzogs und der Kardinäle, sondern auch des deutschen Kanzlers für Italien, Erzbischof Wiberts von Ravenna in die Ewige Stadt geleitet. Benedikt X., den man kurz vorher auf einer Synode zu Sutri gebannt hatte, war geflohen und Nikolaus II., wie sich Gerhard von nun an nannte, wurde am 24. Januar 1059 in der Peterskirche inthronisiert. Wie Stephan IX. vor ihm, wird auch Nikolaus II. (1059–1061) zusammen mit seinem Nachfolger, Papst Alexander II. (1061–1073), zu den »lothringisch-tuszischen« Päpsten gezählt, die, hauptsächlich gestützt auf die Macht des Hauses Lothringen und der Gräfin von Canossa, aber auch mit Hilfe der Normannen, die Kirchenreform in Rom, der Mutter aller Kirchen selbst, aber auch in der übrigen Kirche, vorantreiben.

Überblickt man die schriftlichen Äußerungen dieser Zeit, so mag es tatsächlich scheinen, als ob neuartige Überzeugungen unter den Reformern jetzt häufiger und schärfer vertreten worden wären als früher. Wie Petrus Damiani schon 1045 vorausgesehen hatte, hatte die Reform wirkliche Fortschritte machen können, nachdem das Papsttum selbst erst einmal erneuert worden war. Weder das Selbstbewußtsein noch das Sendebewußtsein der Reformer wird darunter gelitten haben. Wie man an der päpstlichen Süditalien-Politik bemerken kann, hatten sich im Verhältnis zwischen Papst- und Kaisertum die Akzente verschoben, so daß die Betonung jetzt auf dem Papsttum lag. Das berühmte Papstwahldekret vom April 1059, also aus dem Anfang des Ponifikats Nikolaus II., bekundete eine ähnliche Verschiebung in bezug auf die Papstwahlen. Trotzdem wäre es völlig verkehrt, in der Entwicklung, die sich mit dem Papstwahldekret in Rom anzubahnen scheint, die Etappe eines durchdachten Reformprogramms sehen zu wollen.

Was mit der Frage nach dem Ursprung der Kirchenreform meist gemeint wird, ist eigentlich die Frage nach dem Ursprung der gegen den Einfluß der Laien in der Kirche gerichteten Strömungen, die ja erst den Zusammenstoß zwischen *regnum* und *sacerdotium,* der als Investiturstreit bekannt ist, herbeigeführt haben. Bei der Bekämpfung von Simonie und Priesterehe konnten päpstliche und kaiserliche Gewalt harmonisch zusammenarbeiten, aber wenn es um den Einfluß von Laien in der Kirche ging, wurde dies unmöglich. Im Zuge des Eigenkirchensystems, das unter den deutschen Königen zur Ausbildung der ottonisch-salischen Reichskirche geführt hatte, bedeutete Laieneinfluß hauptsächlich Einfluß auf die Besetzung von Bistümern und Abteien sowie Verfügungsrechte über kirchlichen Besitz. Zunächst tauchte das Problem jedoch in einer allgemeineren Form auf. Wazo († 1048), den Heinrich III. zum Bischof von Lüttich ernannt hatte, war – soweit bekannt – der erste, der gegenüber Kaiser Heinrich III. darauf hinwies, daß ein grundsätzlicher Unterschied zwischen der königlichen und der priesterlichen Salbung bestünde, die eine bringe den Tod, wohingegen die andere von Gott dazu bestimmt sei, das Leben zu bringen. Daher stünde die zweite, die priesterliche, um so viel höher über der königlichen wie das Leben über den Tod. Diese von Wazos Biographen Anselm berichtete Unterhaltung zwischen Kaiser und Bischof anläßlich einer Vorladung Wazos zu einer Reichsversammlung, zeigt nicht deutlich, was für Konsequenzen Wazo aus seiner Ansicht zog, aber jedenfalls waren seine Bemerkungen ein deutlicher Hinweis auf den höheren Rang der Priester verglichen mit dem der Könige, dessen sakrale Ansprüche er zurückzuweisen scheint.

Wazo ist sonst bekannt dafür, daß er die kanonischen Vorschriften der Päpste und Konzilien, also der Kanonessammlungen, wie Petrus Damiani und Abt Siegfried von Gorze zur Richtschnur seines Handelns machte. So kritisierte er, als Heinrich III. ihn nach dem Tod Papst Clemens II. wegen eines neuen Kandidaten um Rat fragte, das Vorgehen des Herrschers auf der Synode von Sutri mit dem Hinweis, daß der Papst nach den Kanones von niemandem gerichtet werden könne. Schon früher, auf dem Reichstag den Heinrich 1046 vor seinem ersten Italienzug abhielt, hatte Wazo von Lüttich auf das Bestimmteste erklärt, daß es dem König nicht zustünde, die Synode über Erzbischof Widger von Ravenna richten zu lassen, weil allein der Papst ein solches Urteil fällen dürfte. Wazo soll seine Bemerkungen mit der Feststellung untermauert haben, daß dem König nur ein Urteil über weltliche Verfehlungen der Bischöfe zustünde, da diese dem König Treue, aber nur dem Papst Gehorsam schuldeten. Wazo scheint mit der gelasianischen Zweigewaltenlehre wohl vertraut gewesen zu sein. Der berühmte Brief des Papstes Gelasius I. (492–496) an den Kaiser Anastasius aus dem Jahre 494 hatte in den theoretischen Erwägungen über das Verhältnis zwischen Reich und Kirche spätkarolingischer Zeit einen hervorragenden Platz eingenommen und war auch im 10. Jahrhundert nicht völlig in Vergessenheit geraten, genauso wenig wie die altkirchlichen Vorschriften über die Bischofswahlen. Wazo von Lüttich war einer der ersten, der das Gelasianum im 11. Jahrhundert auf Heinrich III. anwandte und gestützt auf diesen und ähnliche Kanones dessen Eingreifen in kirchliche Angelegenheiten tadelte und als Unrecht erklärte.

Auch die Trennung zwischen dem geistlichen Bischofsamt und dem weltlichen Besitz des Bischofs, den Temporalien, an die Wazo erinnerte, war keineswegs neu. Sie wurde damals jedoch hauptsächlich von Simonisten benutzt, die ihre Zahlungen gleich welcher Art damit zu entschuldigen suchten, daß sie nur auf die weltlichen Güter, die ihnen überlassen worden seien, bezug hätten. Ebenso war Wazo kein Neuerer, als er die Absetzung Papst Gregors VI. durch Heinrichs Synode verurteilte. Kaum ein Kanon war so bekannt wie der, daß der Papst von niemandem gerichtet werden dürfe. Er tauchte zu Anfang des 6. Jahrhunderts zur Zeit des Papstes Symmachus zum ersten Mal auf und wurde einer Synode vom Anfang des 4. Jahrhunderts noch vor der Zeit Konstantins zugeschrieben. Der Kanon wurde sowohl zur Zeit Karls des Großen als auch zur Zeit Ottos des Großen angeführt, als diese Herrscher in Rom eingriffen. Es ist also wenig erstaunlich, daß Wazo von Lüttich nicht der einzige war, der sich seiner erinnerte, als Heinrich Papst Gregor VI. und dessen beide Vorgänger absetzen ließ. Ein anonymer Lothringer oder Franzose, der Auctor Gallicus, schrieb einen unvollständig erhaltenen Traktat De ordinando pontifice (wohl Ende 1047/Anfang 1048), der Heinrichs Vorgehen in Sutri mit äußerst scharfen Worten angreift. Der Kaiser ist für ihn ein imperator nequissimus, der nicht gezögert hätte, den abzusetzen, den er kein Recht gehabt hätte zu wählen, und er hätte den gewählt, den er nicht absetzen dürfte. Der Papst sei keinem weltlichen Richter Rechenschaft schuldig, sondern nur Gott, selbst wenn er unkanonisch erhoben worden sei. Es wäre ein Sakrileg gewesen, einen Priester Gottes anzugreifen, der, selbst wenn unwürdig, so doch zur Priesterschaft gehöre. Der Kaiser sei der Untertan der Bischöfe. Unter den bemerkenswertesten Stellen des Traktats sind vielleicht diejenigen, die die Ansichten des Autors über die Papstwahl zum Ausdruck bringen. Er hält die Zustimmung aller Bischöfe für notwendig, bei der Wahl Papst Clemens II. seien die Bischöfe Frankreichs jedoch nicht beteiligt worden.

Wazo und der Auctor Gallicus waren seinerzeit Einzelstimmen, die das alte Kirchenrecht mit einer solchen Betonung wieder in Erinnerung riefen, daß es zur Kritik an Heinrichs III. Eingreifen in kirch-

liche Angelegenheiten, mit anderen Worten, seiner sakralen Amts-
auffassung, wurde. Ungefähr zehn Jahre später, wahrscheinlich im
Laufe des Jahres 1058, schrieb in Rom Kardinal Humbert von Silva
Candida sein drittes Buch der Libri tres adversus simoniacos. Auf
andere Weise als Wazo und der Auctor Gallicus gelangte der Mönch
Humbert aus Moyenmoutier zu der Ansicht, daß der damalige Zustand in der Kirche nicht den Vorschriften des kanonischen Rechts
entsprach. In den ersten beiden Büchern der Libri hatte Humbert
kompromißlos die Ansicht vertreten, daß Simonie Häresie sei und
Häretiker, die ja aufgrund der Definition von Häresie als Abwei-
chung von Glaubensgrundsätzen außerhalb der Kirche stünden, daher nicht in der Lage wären, wirkungskräftige Ordinationen zu vollziehen oder die Sakramente zu spenden. Ein Simonist kann nicht
weitergeben, was er nicht besitzt. Es spielt dabei keine Rolle, ob die
Ordinationen durch einen Simonisten unentgeltlich vorgenommen werden oder nicht.
Im dritten Buch betrachtete Humbert die Simonie aus einem ganz
anderen Blickwinkel. Über die Verdammung der Simonie als ein die
Kirche befleckendes Grundübel hinaus, sucht er nach den Ursachen
der Simonie. Anders als Abt Abbo von Fleury (988–997), der die Simonie als Übel innerhalb der Kirche brandmarkte und die Schuld
dafür hauptsächlich den Bischöfen in die Schuhe schob, beschrieb
Humbert Simonie vor allem im Zusammenhang mit dem Laieneinfluß in der Kirche. Von oben bis unten, schreibt er, vom höchsten bis
zum niedrigsten Weihegrad würde mit kirchlichem Gut gehandelt;
aber in erster Linie wären es die Kaiser, Könige, Fürsten, Richter sowie jeder, der irgendwelche weltliche Macht besäße, die diesen Handel betrieben, obwohl ihnen der Schutz der Kirche anvertraut worden wäre. Sie alle trügen das ihnen anvertraute Schwert daher umsonst. Ihre eigentlichen Aufgaben würden sie völlig vernachlässi-
gen, um sich mit Leib und Seele auf den Erwerb kirchlicher Güter(!)
zu konzentrieren. Selbst das genüge ihnen noch nicht, sie würden
dazu auch noch auf Synoden den Vorsitz führen und mittels ihrer ir-
dischen Macht darauf bestehen, daß auf den Konzilien alles nach ihren Wünschen geregelt werden würde. Diese Laien seien die ersten,
die auf bischöfliche Wahlen Einfluß nehmen würden, obwohl ihnen in den Kanones, Humbert führt hier Coelestinus und Leo I. an,
nur das Recht zustünde, den Wünschen von Klerus und Volk zuzustimmen. Die kanonische Wahlordnung sei auf den Kopf gestellt,
indem die letzten zu den ersten geworden wären. Die auf diese Weise erwählten Bischöfe, die nämlich zuerst von den weltlichen
Machthabern ernannt, dann von Klerus und Volk die Zustimmung
erhielten und schließlich und endlich vom Metropoliten geweiht

werden würden, könnten, schreibt Humbert, nicht unter die Bischöfe gezählt werden, da ihre Wahl den kanonischen Vorschriften nicht entspräche. Mit Stab und Ring würde nämlich die gesamte priesterliche Autorität, kurz, das bischöfliche Amt übertragen und damit die Weihe, ein kirchliches Sakrament. Seit der Erneuerung des Kaisertums unter den Ottonen würden weltliche Fürsten unter der falschen Bezeichnung Investitur Kirchliches *(ecclesiastica)* verkaufen. Sogar Frauen aus dem Laienstand würden diejenigen mit Ring und Stab investieren (ein deutlicher Hinweis auf Kaiserin Agnes), die es verstünden, sich durch *favor,* weltliches *obsequium* oder Geld ihr Wohlwollen zu erringen.

An allem sei die Nachlässigkeit der Priester und Kleriker schuld, die nicht widersprächen oder die Fürsten sogar noch unterstützten. Er selber, so führt Humbert weiter aus, erinnere sich, dabei gewesen zu sein, als weltliche Fürsten Bischöfe und Äbte mit Ring und Stab investiert hätten, ohne daß die Metropoliten, die dabei gewesen wären, es gewagt hätten, etwas dagegen vorzubringen. Den vornehmeren Laien stünde in der Kirche nur zu, zu gehorchen und diese zu schützen. Doch die Kirche gehöre ihnen nicht und könne nicht von ihnen verwaltet werden. Die Priester seien die Seele, durch die der Geist Gottes die ganze Kirche heilige. Laien sei es verboten, auch nur die Grenzen kirchlicher Bezirke zu berühren und durch ihr Verhalten seien sie des Sakrilegs schuldig geworden, zu Dieben und zu Mördern der Pauperes Christi, an deren Eigentum sie sich vergreifen würden. Man dürfe diese Laien nicht wie andere undisziplinierte Christen im Schoß der Kirche behandeln, sondern als wahre Häretiker. Sie hätten Gesetze übertreten, die mit dem Finger Gottes geund unterschrieben worden waren und damit den Heiligen Geist verhöhnt, so daß sie außerhalb der Kirche stünden. An ihren Vergehen hätten auch die Metropoliten anteil, die von diesen Laien eingesetzten Bischöfen die Weihe erteilten.

Was Humbert hier angreift ist nicht mehr in erster Linie die Simonie, sondern die Beteiligung der Laien an der Besetzung kirchlicher Ämter. Diese Einmischung in innerkirchliche Angelegenheiten mache Laien, Kaiser und Könige sind von Humbert ausdrücklich unter ihnen aufgezählt, zu Häretikern, die nicht mehr der Glaubensgemeinschaft angehörten. Die Investitur mit Ring und Stab diene ihnen als Vorwand, damit sie ungestört der Simonie frönen könnten. Simonie bedeutet im Dritten Buch der Libri für Humbert offensichtlich Einmischung in kirchliche Angelegenheiten durch Laien in jeder Form, wobei kirchliche Wahlen jedoch besonders betont werden. Der Simoniebegriff, der sich im Mittelalter nach Gregor I. nicht weiter entwickelte, blieb im einzelnen hinsichtlich der Handlungen, die als simonistische Vergehen anzusehen waren, sehr unbestimmt. »Nach kirchlichem Recht war der Tatbestand der Simonie bei jeder Art Zahlungen und Gaben für die Übertragung eines kirchlichen Amtes gegeben« (Meier-Welcker). Humbert ist noch einen Schritt weiter gegangen, indem er ihn auf die Laieneinmischung übertrug, selbst wenn keine tatsächliche Simonie dabei auftrat. Die symbolische Handlung für die Laieneinmischung war für ihn die Investitur mit Ring und Stab. Er verdammte die Investitur erstens, weil sie als Vorwand für Simonie (Laieneinmischung) gelte, und zweitens, weil Ring und Stab sakramentale Symbole wären. Im Zusammenhang der ganzen Schrift gesehen, erweist sich dieser Hinweis auf die Investitur nur als ein Nebengedanke, den Humbert vorbringt, um sein Hauptargument gegen Simonie, sprich Laieneinmischung in Bischofs- und Abtswahlen, weiter zu stützen. Niemand, der die Tres libri unbefangen liest, käme auf den Gedanken, in diesen kurz angedeuteten äußerlichen Umständen, die die Simonie begleiten, das spätere Hauptargument der Männer der Reform zu sehen. Humberts Schrift ist kein Reformprogramm, daß muß mit Albert Hauck gegen A. Michel und H. Hoesch festgehalten werden. Trotzdem ist sie aber für den Historiker von großer Bedeutung, weil hier unter Berufung auf das alte Kirchenrecht eine von der Praxis der Zeit abweichende Ordnung des Verhältnisses zwischen Kirche und Staat gefordert wurde. Die Ansicht, die man bei Wazo von Lüttich und schon wesentlich deutlicher bei dem Auctor Gallicus vermuten kann, wird in Humberts Schrift klar vertreten: der Einfluß der Laien auf die Kirche entspricht nicht dem göttlichen Gesetz; auch Kaiser und Könige sind Laien und damit Kirche untergeordnet, der sie Gehorsam schulden.

Kardinal Humbert war zweifellos einer der wichtigsten und geschätztesten Mitarbeiter Papst Leos IX. und spielte wohl auch nach dem Tod des lothringischen Papstes 1054 an der sich bildenden Kurie eine einflußreiche Rolle. Aber leider ist diese Rolle durch die Arbeiten früherer Forscher, insbesondere durch Anton Michel, der zahlreiche anonyme Schriften, die den Investiturstreit betreffen, Humbert zuschrieb, so überbetont worden, daß es scheinen könne, als sei Humbert allein sowohl für die Kirchenreform als auch für den Investiturstreit verantwortlich gewesen. Doch die wenigsten der von Michel angenommenen Zuschreibungen an Humbert werden heute akzeptiert, und das Bild, das man aus den Quellen vom Investiturstreit gewinnt, wird ständig korrigiert, nachdem jetzt nicht mehr alles in Bausch und Bogen unter die radikalen Vorzeichen Humberts gesetzt werden muß.

Die Kanonessammlung in 74 Titeln, die als Diversorum patrum sententiae bekannt ist und von Paul Fournier als das erste Rechtsbuch der gregorianischen Reform vorgestellt wurde, kann zum Beispiel kaum zu Humberts Lebzeiten entstanden sein, da Humbert 1061 starb, und die erste Benutzung der Diversorum patrum sententiae wie John Gilchrist, der Herausgeber der Sammlung, bestätigt, nicht vor 1076 erwiesen werden kann. Auch die beiden Erklärungen, meist aber unrichtig, als Fragmente De sancta romana ecclesia bekannt, die sehr wahrscheinlich im Zusammenhang mit Humberts Legation nach Konstantinopel (1054) entstanden sind, scheinen, wie Msgr. Ryan zeigt, viel eher sowohl im Ton als auch im Inhalt dem Denken Papst Leos IX. zu entsprechen als dem Humberts. Auch das Papstwahldekret von 1059, das nach Michels und Hoeschs Ansicht Kardinal Humbert zum Verfasser hatte, ist zu allermindest nicht ausschließlich unter seinem Einfluß auf der April-Synode von 1059 entstanden, sondern zeigt deutliche Beziehungen zur Sprache und dem Denken Petrus Damianis.

Das alles soll nicht heißen, daß der Kardinal von Silva Candida nicht ein radikal denkender, reformeifriger Mann der Kirchenreform war. Seine Tres libri adversus simoniacos zeigen dies zur Genüge, und es gab, zumindest soweit wir aufgrund der Quellen wissen können, gegen Ende der fünfziger Jahre des 11. Jahrhunderts in Rom wohl niemanden, der so radikal gegen die bestehende Weltordnung die Feder ergriffen hätte, obwohl auch Humbert seinerzeit das Eingreifen Heinrichs III. in Sutri dankbar vermerkt hatte. Humberts spätere Opposition gegen das königliche Ernennungs- oder Vorschlagsrecht von Bischöfen und Äbten, eine Tradition, die aufgrund der sakral begründeten Würde der Könige und in Analogie mit dem Eigenkirchenrecht (das sich hauptsächlich auf Niederkirchen bezog) entstanden war, war jedoch so ungewöhnlich, daß seine Schrift zunächst keinerlei Widerhall gefunden zu haben scheint. Wahrscheinlich wurde sie nicht veröffentlicht. Es ist sicher, daß die Praxis unter den Päpsten Stephan IX., Nikolaus II. und Alexander II. und noch zu Anfang des Pontifikats Papst Gregors VII. (1073–85) keinesfalls den Ansichten Humberts entsprach.

Daß Humberts Gedankengang, der von der Diskussion der Simonie und der Ungültigkeit simonistischer Weihen in den ersten beiden Büchern fast unmerklich »im dritten Buch... zum allgemeineren Problem der laikalen Verfügungsgewalt über Kirchen (auch ohne eigentlich simonistische Begleitumstände)« (R. Schieffer) übergeht, was wie Rudolf Schieffer kürzlich gezeigt hat, der späteren legislativen Entwicklung gegen die Laieninvestitur entspricht, gestattet »noch keinen zwingenden Aufschluß über die Kausalität historischer Wirkung.« Humberts Werk ist heute fast vollständig nur in einer Florentiner Handschrift erhalten, das erste Buch und Auszüge aus dem zweiten und dritten außerdem in einer zweiten, ungefähr gleichaltrigen Handschrift im Archiv des Kathedralkapitels von Vich, ein Handschriftenbefund, der von dem geringen Echo in der späteren Streitschriftenliteratur bestätigt wird. Humberts Angriff auf laikalen Einfluß in der Kirche und besonders auf die Ernennung von Bischöfen durch den König blieb Theorie.

Das Papstwahldekret, das Nikolaus II. auf der April-Synode 1059 abfassen und verkünden ließ, beruhte auf anderen Voraussetzungen und muß im Zusammenhang mit den Ereignissen bei der Wahl dieses Papstes in Florenz und Siena interpretiert werden, wie die *narratio* des Dekrets ausdrücklich feststellt. Daher stellt die Synodalakte von 1059 keineswegs einen ersten Schritt zur Realisierung der Ideen Humberts dar, denn sie richtete sich nicht gegen den kaiserlichen Einfluß auf die Papstwahlen und war ganz gewiß kein Auftakt zum Investiturstreit, wie man verschiedentlich gemeint hat. Das Papstwahldekret spiegelt deutlicher als andere Quellen die Erfahrungen und Erkenntnisse der ersten Jahre der Kirchenreform wider. Wie Zeitgenossen berichten, sollte das Dekret bei zukünftigen Papstwahlen eine Wiederholung der beim Tode Stephans IX. eingetretenen Ereignisse verhindern, indem es Simonie bei der Wahl ausschaltete. Dies sollte dadurch gesichert werden, daß man den Römern, die, wie das Dekret sagt, den Papst entweder aufgrund verwandtschaftlicher Beziehungen oder aufgrund von Geldzahlungen wählen würden, einen untergeordneten Platz bei der Wahl zuwies. Das Dekret richtete sich also in erster Linie wieder einmal gegen die Simonie, die die Kirchenreform hindern würde. Daneben sollte es vielleicht auch die Wahl Nikolaus' nachträglich sanktionieren, aber die Betonung des Beschlusses liegt auf zukünftigen Papstwahlen. Obwohl Benedikt X. noch in einer Adelsburg in der Umgebung Roms verschanzt war, hatte Papst Nikolaus II. im Frühjahr 1059 bereits allgemeine Anerkennung gefunden. Die ungewöhnlichen Begleitumstände seiner Wahl waren unerheblich verglichen mit der Einführung eines festen hierarchischen Prinzips für die Papstwahlen, das den Wählerkreis auf die Kardinäle beschränkte, um so »Simonie« bei künftigen Wahlen zu verhindern. Dazu gehörte vor allen Dingen, daß der Papst selbst seines hohen Amtes wirklich würdig war. Auf keinen Fall konnte ein Simonist Papst werden. Wie Damiani im Zusammenhang mit der Doppelwahl an Erzbischof Heinrich von Ravenna schrieb, war Benedikt X. genau das, und zwar, weil er trotz der Proteste, des Widerstands und des Bannfluchs der anwesenden Kardinalbischöfe nachts mit Waffengewalt inthronisiert worden wäre. Man sieht wieder einmal, wie dehnbar der Begriff »Si-

monie« war und wie sehr diese im Mittelpunkt der Reformbemü-
hungen stand. Der Brief an den Erzbischof ist ebenfalls ein Beweis
für die Sonderstellung, die die Kardinalbischöfe in den Augen Damianis einnahmen. Damiani hatte diese Sonderstellung auch schon
zwei Jahre früher, als er selbst Kardinal wurde, in einem berühmten
Brief herausgestellt, Gedankengänge, die auch dem Papstwahldekret von 1059 unterliegen.

In Analogie zu den Bischofswahlen, bei denen gemäß der kanonischen Bestimmungen die Metropoliten führend beteiligt waren, bestimmte das Dekret, daß die Kardinalbischöfe als Quasi-Metropoli-
ten als oberste Instanz unter Hinzuziehung der anderen Kardinal-
kleriker über die Papstwahl beraten sollten. Der übrige Klerus und
die Laien sollten der so zustande gekommenen Wahl danach ihre
Zustimmung erteilen. Die führende Rolle bei der Papstwahl gehörte
also den Kardinalbischöfen. Wenn möglich, sollten sie den künftigen Papst aus dem Schoß der römischen Kirchen wählen, aber wenn
nötig, könne auch der Angehörige einer anderen Kirche gewählt
werden. Wenn eine über jeden Tadel erhabene, von Simonie freie
Wahl in Rom nicht stattfinden könnte, dann sollten die Kardinalbischöfe zusammen mit frommen Klerikern und Laien, selbst wenn
diese nur wenige seien, die Wahl an einem beliebigen Ort vollziehen. Falls Kriegsereignisse oder Unruhen die übliche Inthronisation
des Elekten in Rom verhinderten, dann könne der so Erwählte auch
ohne Inthronisation die Kirche wie ein Papst regieren.

In einem Abschnitt geht das Dekret auch auf die Rechte Heinrichs IV. ein, »des augenblicklichen Königs und mit Gottes Hilfe zukünftigen Kaisers«, unter deren Vorbehalt die Wahl des Papstes er-
folgen sollte. Nach Krause sind diese im Kaisertum begründeten
Rechte keineswegs nur Ehrenrechte, sondern vielmehr tatsächliche,
wenn auch ungeschriebene, Gewohnheitsrechte, die in der theokratischen Herrschaftsvorstellung wurzeln. Diese Rechte werden im
Papstwahldekret »wie das Wahlrecht der Römer... dem hierarchischen Grundprinzip unterstellt« (Kempf). Das kaiserliche Recht
wird schon allein durch die Tatsache der synodalen Regelung der
Papstwahl einem höheren, dem kirchlichen, Recht unterstellt. Es
waren ja der Papst und das Konzil, die die Wahlordnung festlegten
und dabei bestimmten, daß die bestehenden kaiserlichen Rechte bewahrt werden sollten, die aber nicht näher bestimmt werden. In der
Disceptatio synodalis, die Petrus Damiani im Oktober 1062 verfaßte, um das Schisma des Cadalus aus der Welt zu schaffen, beschreibt der Kardinal dieses Gewohnheitsrecht als das vom Vater, also Heinrich III. ererbte, also als ein nicht nur erbliches, sondern unter Umständen auch sehr weitreichendes Recht. »Wie aber der deut-

sche König nicht automatisch Kaiser ist, obwohl nur er Kaiser werden kann, sondern der Krönung durch den Papst bedarf, so soll auch sein Mitwirkungsrecht bei der Papsterhebung, das ihm als Kaiser zusteht, ihm vom Papst jeweils persönlich bestätigt werden, wie es bei Heinrich IV. 1059 geschehen war« (Hans-Georg Krause). Die Anwartschaft allein vererbte sich also und konnte wie ein Privileg durch Mißbrauch verwirkt werden. In der Disceptatio synodalis gibt Damiani mehrere Gründe an, um zu erklären, weshalb man bei der Wahl Alexanders II. dieses Mitwirkungsrecht nicht beachtet hätte, ohne daß seine Wahl deshalb als ungültig betrachtet werden könne: das jugendliche Alter des Königs, die Ereignisse in Rom (die zur Eile drängten), und die Feindschaft des Königshofes mit dem Heiligen Stuhl. Das Papstwahldekret von 1059 zeigt, wie sich durch die geistige Erstarkung des reformierten Papsttums die Verhältnisse zwischen *regnum* und *sacerdotium* verschoben haben, denn das kaiserliche Mitwirkungsrecht bei der Papstwahl wird dem kirchlichen Recht unterstellt, obwohl es sonst nicht angetastet wird.

Zur Zeit der Frühjahrssynode war Rom zwar in den Händen der Reformer, aber der Papst benötigte doch noch weitere militärische Hilfe, da Gottfried in seinen Herrschaftsbereich zurückgekehrt war, ohne die Tuskulaner völlig unterworfen zu haben, und so wandte er sich mit Hilfe der Vermittlung von Desiderius von Montecassino und Hildebrand an die Normannen. Im August nahm er auf einer Synode zu Melfi die Lehenshuldigung der Normannenfürsten Robert Guiscard und sicher auch Richards von Aversa entgegen, eine Gelegenheit, bei der, wie oben besprochen, eine ähnliche Verschiebung der Verhältnisse zwischen Reich und Kirche zu erkennen war wie bei dem Papstwahldekret. Eine der von den Normannen bei dieser Gelegenheit übernommene Verpflichtung war die der Unterstützung der »besseren Kardinäle« bei einer umstrittenen Papstwahl und dementsprechend unternahmen sie auch eine Expedition gegen römische Adelsopposition und lieferten Benedikt X. an Nikolaus aus, der ihn auf der Frühjahrssynode 1060 absetzen ließ. Nikolaus II. und die Reformer konnten nunmehr ihre ganze Aufmerksamkeit der Kirchenreform zuwenden. Auf mehreren Synoden wurden strenge Dekrete gegen Simonie und Nikolaitismus erlassen. Ein Kanon der Synode von 1060 hatte die Gläubigen dazu aufgefordert, die Messen verheirateter Priester oder von Priestern, von denen bekannt sei, daß sie Konkubinen hätten, zu meiden. Gleichzeitig wurde solchen Priestern unter Bezugnahme auf die Beschlüsse Papst Leos IX. verboten, die Messe zu lesen. Die gleiche römische Synode, deren Beschlüsse aus einem päpstlichen Rundschreiben bekannt sind, ordnete auch für alle Priester an, daß sie an ihren Weihe-Kirchen als Regularkanoniker leben sollten. Aller Privatbesitz wurde ihnen verboten, doch gleichzeitig wurden Laien von der Synode aufgefordert, den Zehnten und andere Oblationen den Bischöfen zurückzugeben. In einem weiteren Kanon wurden Laien verboten, einen Kleriker oder Priester weder ohne noch mit Bezahlung von Gebühren in eine Kirche einzusetzen. Dieser letzte Beschluß hat manchmal zu der Annahme geführt, daß Nikolaus damit Laieninvestitur zumindest von Niederkirchen verboten habe. Wie die Praxis unter den Päpsten bis einschließlich der ersten Pontifikatsjahre Gregors VII. zeigt, entspricht eine solche Interpretation jedoch keineswegs dem Inhalt dieses wohl verkürzt erhaltenen Kanons. Es kann sich lediglich um die Bestallung von Priestern in Niederkirchen nach dem Eigenkirchenrecht handeln, ein Gewohnheitsrecht, das schon früher kirchlichen Unwillen erregt hatte und jetzt zum ersten Mal auf einer päpstlichen Synode verboten wurde.

Viel beunruhigender wirkten seinerzeit die Bestimmungen gegen die Nikolaiten, zu deren Durchsetzung jetzt ja die Hälfte der Bevölkerung in Anspruch genommen wurde. Bekannt sind erregte Volksaufläufe, die von Feindseligkeit gegen verheiratete oder simonistische Priester getragen wurden, vor allen Dingen aus Mailand, wo mit der Pataria, die Benennung steht vielleicht mit dem Mailänder Trödelmarkt in Beziehung, unter Führung Arialds von Carimate und Landulf Cottas, eine Volksbewegung hauptsächlich der niederen Schichten entstand, die sozialpolitische und kirchenreformerische Ziele im Ansturm auf die alte Ordnung verband. Im Mai 1057 entfachte die Pataria einen ersten Aufstand, durch den sie Priester mit Gewalt dazu brachten, ihren Konkubinen zu entsagen. Papst Stephan IX. sandte im Herbst 1057 seine Legaten Hildebrand, der der Pataria wohlwollend gegenüberstand, und Bischof Anselm von Lucca, die auf dem Weg an den Kaiserhof waren, dabei auch nach Mailand, wahrscheinlich um sich berichten zu lassen.

Nachdem die Pataria ausgesprochen revolutionäre Züge angenommen hatte und sich die Fronten weiter versteift hatten, wurden wohl Ende 1059 Petrus Damiani und Bischof Anselm von Lucca von Papst Nikolaus II. nach Mailand geschickt, um den Frieden in der Stadt wieder herzustellen, und den Streit zwischen Pataria und dem Erzbischof Wido von Mailand zu schlichten. Anselm von Lucca, der einer bekannten Mailänder Adelsfamilie entstammte und Wido gut kannte, hatte keine näheren Beziehungen zur Pataria, obwohl dies in Landulfs Historia Mediolanensis behauptet wird. Lediglich Anselms kirchenreformerischen Interessen berührten sich mit den Zielen der Pataria. Vielleicht hat Landulf es Anselm verübelt, daß er als Sohn der Kirche Mailands Kardinal Petrus Damianis Bemühungen unterstützte, die Mailänder Kirche, die bis dahin stolz ihre Unabhängigkeit und ambrosianische Tradition bewahrt hatte, zur Anerkennung des päpstlichen Primats zu bewegen. Damianis Bericht über die Mailänder Verhandlungen, den er an den Archidiakon Hildebrand schrieb, zeigt, daß der Kardinal diese Anerkennung auch erreichte und sich so als Schiedsrichter Gehör verschaffen konnte. Damianis Untersuchung – Anselm spielte bei diesen Verhandlungen eine ganz untergeordnete Rolle – ergab, daß fast alle Mailänder Kleriker als Simonisten zu betrachten waren, da sie bei Amtsantritt die üblichen Gebühren entrichtet hatten. Mit den Klagen der Pataria hatte es also seine Richtigkeit. Auf Ausgleich und besonders auf die Anerkennung Roms durch den hohen Klerus bedacht, legte Damiani den betroffenen Geistlichen jedoch nur eine geringe Buße auf und nahm dann gleich diejenigen unter ihnen, die das Gebot der Ehelosigkeit befolgt hatten und über ausreichende Bildung verfügten, ohne Reordination wieder in die Kirche auf. Erzbischof Wido, der an der nächsten römischen Frühjahrssynode (1060 oder 1061) teilnahm, mußte lediglich geloben, soweit wie möglich gegen Simonie und Priesterehe einzuschreiten.

Papst Nikolaus II. starb am 20. Juli 1061. Kurz vorher war es zu einem Bruch zwischen dem deutschen Hof und Rom gekommen, dessen Gründe nach wie vor im Dunkeln liegen. Erwähnt werden lediglich Streitigkeiten zwischen dem Papst und Erzbischof Anno von Köln, über deren Ursache aber auch nur Vermutungen angestellt werden können. Aus was für Gründen auch immer, der deutsche Hof hatte auf einer Versammlung, deren Zusammensetzung ebenfalls umstritten ist, die Dekrete *(statuta)* Papst Nikolaus' II. verdammt und die Beziehungen mit Rom abgebrochen. Kardinal Stefan von S. Grisogono, der sowohl Petrus Damiani als auch Hildebrand nahestand, wurde in Deutschland damals nicht empfangen. Unter diesen Umständen kam es unter dem Einfluß Hildebrands zur Wahl des Bischofs Anselm von Lucca als neuen Papst. Neben Florenz war Lucca, ein Reichsbistum, ein Hauptzentrum der Macht Herzog Gottfrieds, und ohne daß dies ausgesprochen ist, kann man annehmen, daß die Wahl mit aus diesem Grund auf Anselm fiel, der außerdem schon seit seiner Erhebung zum bischöflichen Amt im September 1056 durch Kaiser Heinrich III. mit den Reformern in Rom in enger Beziehung stand. Von den Päpsten wurde er häufig, zunächst meist zusammen mit einem erfahrenen Repräsentanten wie Hildebrand oder Petrus Damiani, mit Legationen beauftragt, insbesondere auch nach Deutschland. Vor seiner Erhebung auf den Bischofsstuhl von Lucca scheint er zwar keine Verbindung mit Gottfried von Lothringen gehabt zu haben, aber die Zusammenarbeit zwischen beiden war freundschaftlich verlaufen.

Am deutschen Hof, den er zuerst als Begleiter seines Erzbischofs Wido von Mailand im September 1056 kurz nach seiner Priesterweihe in Mailand aufgesucht hatte, war er sicherlich gut bekannt. Mitglieder seiner Familie, die vom 9. bis 13. Jahrhundert in Mailand und Umgebung nachgewiesen werden kann, sind als Königsboten aufgetreten, so daß man in Deutschland wohl wußte, daß Anselm dem kaisertreuen oberitalienischen Adel entstammte. Petrus Damiani beschrieb in seiner Disceptatio synodalis, in der es 1062 um die Anerkennung Anselms-Alexanders II. durch den König ging, Anselm als »fast einen Vertrauten des Königs«. Diese Bemerkung wird zuweilen mißverstanden, indem man sie so auslegt, als sei Anselm vor seiner Bischofserhebung ein königlicher Kapellan gewesen. Dies ist, wie T. Schmidt gezeigt hat, unzutreffend, aber trotzdem war Anselm von Lucca in Deutschland doch so gut bekannt, daß seine Wahl ein Entgegenkommen gegenüber Deutschland zu einer Zeit großer Spannung bedeutete. Die Reformer mochten wohl hoffen, daß, wie im Falle Papst Stephans IX., die Wahl Anselms in Deutschland nachträglich Zustimmung finden würde. Wahrscheinlich war Hildebrand, der zunächst mit den Römern verhandelt hatte, wobei es aber zu keiner Übereinstimmung zwischen Römern und Kardinälen kam, nach Lucca gereist, um Anselm zur Annahme der Kandidatur zu bewegen. Die eigentliche Wahl fand dann wohl in Rom durch die Kardinäle statt, der übrige Klerus und das Volk haben ihr dann anscheinend durch Akklamation zugestimmt. Im großen und ganzen verlief die Wahl also zumindest formell so, wie es im Papstwahldekret vorgesehen worden war – mit dem Unterschied, daß das »Volk« nur durch eine kleine, den Kardinälen freundlich gesonnene, Partei vertreten wurde. Außerdem war der König an der Erhebung nicht beteiligt. Die Wahl hatte am 30. September 1061 stattgefunden, aber die Inthronisation, die für den gleichen Tag vorgesehen war, verzögerte sich bis mitten in die Nacht. Obwohl die Kardinäle vorsorglich schon gleich Richard von Capua mit einer Rittertruppe nach Rom gerufen hatten, gelang es gegnerischen Römern doch, dem neuen Papst und seiner Entourage den Weg zur Kirche S. Pietro in Vincoli bis nach Einbruch der Dunkelheit mit Waffen zu versperren.

Die Römer, durch frühere Erfahrungen gewitzt, waren nicht willens, sich vor vollendete Tatsachen stellen zu lassen und diese dann zu akzeptieren. Obwohl über Hildebrands Verhandlungen mit ihnen nichts Näheres bekannt ist, scheinen sie sich, als gegen ihren Willen die Wahl Alexanders geplant wurde, durch eine Legation mit dem deutschen Hof in Verbindung gesetzt und um die Designation eines Papstes gebeten zu haben. Sie ließen Heinrich IV. dabei die Abzeichen der Patriziuswürde, grünen Mantel und Stirnreif, überbringen, die sie Kaiser Heinrich III. 1046 verliehen hatten. Im Einvernehmen mit lombardischen Bischöfen und dem Kanzler für Italien, Wibert von Ravenna, schlugen die Führer der Legation, Graf Girard von Galeria und der Abt des römischen Klosters San Gregorio in Clivo Scauri, den Bischof Cadalus von Parma als neuen Papst vor. Auf einer Reichsversammlung, die für Ende Oktober 1061 nach Basel einberufen worden war, wurde Cadalus dann auch designiert. Knappe vier Wochen nach der Wahl und Inthronisation Alexanders II. in Rom wurde also von Römern und deutschem Hof, aber ohne Beteiligung der Kardinäle, ein zweiter Papst vorgeschlagen. Im Frühjahr 1062 näherte sich Cadalus an der Spitze eines Heeres Rom, wo Bischof Benzo von Alba und seine römischen Verbündeten den Empfang des Gegenpapstes vorbereiteten. Alexander, der seine Anhänger nun ebenfalls bewaffnete, konnte sich jedoch in Rom halten, so daß Gottfried von Lothringen Zeit gewann und vermittelnd eingreifen konnte. Der Herzog konnte erreichen, daß sich beide Päpste in ihre alten Bistümer, Lucca und Parma, zurückzogen und versprachen, dort die Entscheidung einer Reichsversammlung abzuwarten. Damiani verfaßte die wichtige Disceptatio synodalis für diese Reichssynode, die Ende Oktober 1062 in Augsburg zusammentrat. Was sich der Kardinal erhofft hatte, geschah wirklich, obwohl man sich in Augsburg selbst nur auf einen Kompromiß einigte. Bischof Burchard von Halberstadt wurde nach Rom geschickt, um die Vorgänge bei der Wahl Alexanders zu untersuchen, aber der bereits inthronisierte Papst, also Alexander II. sollte einstweilen auf den Heiligen Stuhl zurückkehren.

Die endgültige Entscheidung für Papst Alexander II. fiel 1064 auf einer Synode in Mantua, die Petrus Damiani von sich aus angeregt hatte, was Hildebrand zumindest so gut wie unverzeihlich fand. Cadalus von Parma, der sich auch bei einem zweiten Versuch den Einzug in Rom nicht hatte erkämpfen können, fand mit Ausnahme von Erzbischof Wibert von Ravenna weder am deutschen Hof noch in Rom viel Unterstützung, und obwohl er sich bis zu seinem Tode 1072 als rechtmäßigen Papst betrachtete, war er bedeutungslos. Die Kaiserin Agnes war die erste unter seinen Wählern von Basel gewesen, die zu Alexander II. überging. Wie man sieht, war das Schisma des Cadalus noch keine Stellungnahme von Seiten des deutschen Königs gegen das reformierte Papsttum. Es waren in erster Linie stadtrömische und lombardische Interessen, die das Gegenpapsttum geschaffen hatten. Diese Koalition, die sich nur in ihrer

Gegnerschaft zu Alexander II. eins war, zerfiel rasch unter dem Druck der Ereignisse. Die Autorität Alexanders II. war unangefochten.

5. Literaturhinweise zu III

Allgemein

O. Capitani, Immunità vescovili ed ecclesiologia in età »Pregregoriana« e »Gregoriana«, L'avvio alla »Restaurazione« (Neudr. 1973); *C. Erdmann*, Die Entstehung des Kreuzzugsgedankens (Neudr. 1974); *A. Fliche*, La Réforme Grégorienne, I: La formation des idées grégoriennes (1924); *H. Fuhrmann*, Konstantinische Schenkung und abendländisches Kaisertum, DA 22 (1966), S.143 ff; *A. Hauck*, Kirchengeschichte 3, S.665–752; *E. Hoerschelmann*, Bischof Wazo von Lüttich und seine Bedeutung für den Beginn des Investiturstreites (1955); *H. Hoffmann*, Gottesfriede und Treuga Dei (1964); *F. Kempf*, Handbuch f. Kirchengesch. III/1, besonders S.401–420; *G. Ladner*, The Idea of Reform: Its Impact on Christian Thought and Action in the Age of the Fathers (1959); *ders.*, Art. »Erneuerung«, Reallexikon f. Antike und Christentum 5 (1964), S.259; *ders.*, Theologie und Politik vor dem Investiturstreit (Neudr. 1968); *G. Laehr*, Die konstantinische Schenkung in d. abendländ. Literatur des Mittelalters (1926); *C. Mirbt*, Die Publizistik im Zeitalter Gregors VII. (1894); *G. Tellenbach*, Libertas; Kirche und Weltordnung im Zeitalter des Investiturstreites (1936); *ders.*, Das Reformmönchtum und die Laien im 11. und 12. Jahrhdt., in: Cluny…, hrsg. von *H. Richter* (1975), S.371–400, die deutsche Fassung eines Vortrags zuerst veröffentlicht in: I laici nella »Societas Christiani« dei secoli XI e XII, Miscellanea del Centro di studi medioevali 5 (1968), S.118–142 unter dem Titel: Il monachesimo riformato ed i laici nei sec. XI e XII; *A. Scharnagl*, Der Begriff der Investitur in den Quellen und der Literatur des Investiturstreits (1908); *P. Schmid*, Der Begriff der kanonischen Wahl in den Anfängen des Investiturstreits (1926); *Wattenbach/Holtzmann/Schmale*, Deutschlands Geschichtsquellen im Mittelalter 3 (1971).

Cluny und die Reform

Grundlegend als Einführung in die neuere Forschung: Cluny, Beiträge zu Gestalt und Wirkung der cluniazensischen Reform, hrsg. von *H. Richter* (Wege der Forschung 241; 1975) mit ausführlicher Bibliographie; außerdem s. besonders die Beiträge von *H. Diener*,

H.-E. Mager und *J. Wollasch* in dem Band: Neue Forschungen über Cluny und die Cluniacenser, hrsg. von *G. Tellenbach* (1959); *H.E.J. Cowdrey*, The Cluniacs and the Gregorian Reform (1970); *H. Diener*, Das Verhältnis Clunys zu den Bischöfen, vor allem in der Zeit seines Abtes Hugo (1049–1109), in: Neue Forschungen, S. 221–352; *H. Hoffmann*, Von Cluny zum Investiturstreit, Archiv f. Kulturgesch. 45 (1963), S. 165–203, wieder abgedr. m. e. Nachtr. in Cluny, S. 319–370; *H.-E. Mager*, Studien über das Verhältnis der Cluniacenser zum Eigenkirchenwesen, in: Neue Forschungen, S. 169–217; *J. Wollasch*, Königtum, Adel und Klöster in Berry während des 10. Jahrhunderts, in: Neue Forschungen, S. 19–165.

Petrus Damiani

Eine bibliographische Übersicht bietet *K. Reindel*, Neue Literatur zu Petrus Damiani, DA 32 (1976), S. 405–444; s. a. den 1975 erschienenen 10. Bd. der Studi Gregoriani, in dem Beiträge, gehalten auf dem Convegno Internaz. di Studi Damianei (1972), von *G. Lucchesi, P. Palazzini, A. Savioli, C. Pierucci, O. Capitani, B. Hamilton, K. Reindel, R. Grégoire* und *E. Werner*, veröffentlicht werden; *O. Capitani*, San Pier Damiani e l'istituto eremitico, in: L'Eremitismo in occidente nei secoli XI e XII, Miscellanea del Centro di studi medioevali 4 (1965), S. 122–163; *ders.* Problematica della Disceptatio synodalis, in: Studi Gregoriani 10 (1975), S. 143–174; *F. Dressler*, Petrus Damiani, Leben und Werk (Studia Anselmiana 34; 1954); *F. Kempf*, Pier Damiani und das Papstwahldekret von 1059, AHP 2 (1964), S. 73–89; *J. Leclercq*, S. Pierre Damien, érmite et homme d'Eglise (1960); *H. Löwe*, Petrus Damiani, ein italienischer Reformer am Vorabend des Investiturstreits, in: GWU 6 (1955), S. 65–79; *K. Reindel*, Petrus Damiani und seine Korrespondenten, in: Studi Gregoriani 10 (1975), S. 205–219 (besonders nützlich, da hier die umfangreiche »Korrespondenz« charakterisiert wird; die Adressaten sind verhältnismäßig unwichtig, manche Briefe wurden gar nicht abgeschickt, andere an mehrere Adressaten zugleich); *J.J. Ryan*, Saint Peter Damiani and his Canonical Sources: A Preliminary Study in the Antecedents of the Gregorian Reform (1956) (eine ausgezeichnete Studie, die nicht nur auf die Kanonistik zur Zeit der Frühreform, sondern auch auf den Charakter der Reform viel Licht wirft, bisher in der allgem. Literatur zu wenig beachtet); *H. Vollrath*, Kaisertum und Patriziat in den Anfängen des Investiturstreits, in: ZKG 85 (1974), S. 11 ff. besonders z. Disceptatio synodalis; *K.M. Woody*, Sagena piscatoris: Peter Damiani and the Papal Election Decree of 1059, Viator 1 (1970), S. 33–54.

Humbert von Silva Candida

H. Halfmann, Cardinal Humbert, sein Leben und seine Werke mit besonderer Berücksichtigung seines Traktates: Libri tres adversus Simoniacos (1882); *H. Hoesch,* Die kanonischen Quellen im Werk Humberts von Moyenmoutier, ein Beitrag zur Geschichte der gregorianischen Reform (1970) (mit Stellungnahme zu Michels Arbeiten); zu Hoesch s. *J. Gilchrist,* Cardinal Humbert of Silva-Candida, the Canon Law and Ecclesiastical Reform in the Eleventh Century, ZRG Kan. Abt. 58 (1972), S. 338–349; *A. Michel,* Die folgenschweren Ideen des Kardinals Humbert und ihr Einfluß auf Gregor VII, Studi Gregoriani 1 (1947), S. 65–92; *ders.* Die Sentenzen des Kardinals Humbert, das erste Rechtsbuch der päpstlichen Reform (1943), s. dazu unten, *Kanonistik, J. Gilchrist,* Hrsg., Diuersorum patrum sententie; *E. G. Robinson,* Humberti Cardinalis Libri Tres Adversus Simoniacos: A Critical Edition with an Introductory Essay and Notes, Diss. Princeton University, 1972; *J. J. Ryan,* Cardinal Humbert of Silva Candida and Auxilius: the »Anonymous Adversary« of Liber I adversus Simoniacos, Mediaeval Studies 9 (1947), S. 151–161; *ders.,* Cardinal Humbert De s. Romana ecclesia: Relics of Roman-Byzantine Relations 1053/54, Mediaeval Studies 20 (1958), S. 206–238.

Kanonikerreform

Eine gute Einführung bietet, abges. v. d. allgem. Lit., der Sammelband (in 2 Teilen) La vita commune del clero nei secoli XI e XII, Miscellanea del Centro di studi medioevali 3 (1962); *Ch. Dereine,* Artikel »Chanoines«, DHGE 12 (1953), bes. Sp. 375–405; *ders.,* L'élaboration du statut canonique des chanoines réguliers spécialement sous Urbain II, RHE 46 (1951), S. 534ff.; *T. Schmidt,* Die Kanonikerreform in Rom und Papst Alexander II. (1061–1073), Studi Gregoriani 9 (1972), S. 201–221 mit weiterführender Literatur.

Kanonistik

S. grundsätzlich *P. Fournier* und *G. Le Bras,* Histoire des collections canoniques en occident dépuis les Fausses Décrétales jusqu'au Décret de Gratien, 2 Bde. (Neudr. 1972), und jetzt *H. Fuhrmann,* Einfluß und Verbreitung der pseudoisidorischen Fälschungen, 3 Bde. (1972, 73, 74) (s. hier außer für Pseudo-Isidor bes. Bd. 2 m. Beschreibungen und ausführlichen Literaturangaben für die Sammlung von Burchard von Worms und die Diuersorum patrum sententie); *J. Autenrieth,* Bernold von Konstanz und die erweiterte 74-Titelsamm-

114

lung, DA 14 (1958), S. 375–394; *H. Fuhrmann*, Pseudoisidor im Kloster Cluny, Proceedings, Second International Congress of Medieval Canon Law (1965), S.17–22; *ders*. Pseudoisidor in Rom vom Ende der Karolingerzeit bis zum Reformpapsttum, eine Skizze, ZKG 78 (1967), S.15–66; *ders.*, Über den Reformgeist der 74-Titel-Sammlung (Diuersorum patrum sententiae), in: Festschrift Hermann Heimpel zum 70. Geburtstag, Bd. 2 (1972), S.1101–1120; *J. Gilchrist*, Hrsg., Diuersorum patrum sententie siue Collectio in LXXIV titulos digesta (1973).

Das Kardinalskollegium

R. Hüls, Kardinäle, Klerus und Kirchen Roms, 1049–1130 (1977), mit weiterführender Literatur, davon bes. wichtig, *H.-W. Klewitz*, Die Entstehung des Kardinalkollegiums, ZRG Kan. Abt. 25 (1936) m. Neudr. in: *Klewitz*, Reformpapsttum und Kardinalkolleg (1957), S.11–134 und *S. Kuttner*, Cardinalis, The History of a Canonical Concept, Traditio 3 (1945), S.178 ff.

Das Normannen-Problem

L. Buisson, Formen normannischer Staatsbildung, 9. bis 11. Jahrhundert, in: Studien zum mittelalterlichen Lehnswesen, hrsg. von Th. Mayer (1960), S.95–184; *C. Cahen*, Le régime féodal de l'Italie normande (1940); *F. Chalandon*, Histoire de la domination normande en Italie et en Sicilie, 2 Bde. (1907); besonders wichtig: *J. Deér*, Papsttum und Normannen: Untersuchungen zu ihren lehnsrechtlichen und kirchenpolitischen Beziehungen (1972) m. ausführlichen Literaturangaben; *C. H. Haskins*, Norman Institutions (Neudr. 1967); *V. v. Falkenhausen*, Untersuchungen über die byzantinische Herrschaft in Süditalien vom 9. bis ins 11. Jhdt. (1967); *P. Herde*, Das Papsttum und die griechische Kirche in Süditalien vom 11. bis zum 13. Jhdt., DA 26 (1970), S.1–46; *L. v. Heinemann*, Geschichte der Normannen in Unteritalien und Sicilien, Bd. 1 (1894); *H. Hoffmann*, Die Anfänge der Normannen in Süditalien, QFIAB 49 (1969), S.59–144; *P. F. Kehr*, Die Belehnungen der süditalienischen Normannenfürsten durch die Päpste, Abh. Ak. Berlin (1934); *K. Jordan*, Das Eindringen des Lehnswesens in die römische Kurie, AUF 12 (1932), S.13–110; *O. Vehse*, Benevent als Territorium des Kirchenstaats bis zum Beginn der avignonesischen Epoche, QFIAB 22 (1930–31), S.87–160.

Mailand und die Pataria-Bewegung

G. Miccoli, Per la storia della Pataria milanese, Bullettino del Ist. Stor. Ital. per il Medio Evo, 70 (1958), S.43–123, wieder abgedr. in *ders.,* Chiesa gregoriana (1966), S.101–167; *C. Violante,* I laici nel movimento patarino, in: I laici nella »societas christiana« dei secoli XI e XII, Miscellanea del Centro di studi medioevali 5 (1968), S.597–687, wieder abgedr. in *ders.,* Studi sulla cristianità medioevale (1972), S.145–246; *ders.,* La Pataria milanese e la riforma ecclesiastica, I: Le premesse (1045–1057) (1955); *E. Werner,* Pauperes Christi, Studien zu sozialreligiösen Bewegungen im Zeitalter des Reformpapsttums (1956).

Das Papsttum

U.-R. Blumenthal, Ein neuer Text für das Reimser Konzil Leos IX. (1049)?, DA 32 (1976), S.23–48; *P. Brucker,* L'Alsace et l'Eglise au temps du pape Saint Léon IX, 2 Bde. (1889); *Y. Congar,* Der Platz des Papsttums in der Kirchenfrömmigkeit der Reformer des 11. Jahrhunderts, in: Sentire Ecclesiam, Festschrift Hugo Rahner (1961), S.196–217; *W. Goez,* Papa qui et episcopus, Zum Selbstverständnis des Reformpapsttums im 11. Jhdt., AHP 8 (1970), S.27–59; *D. Hägermann,* Zur Vorgeschichte des Pontifikats von Nikolaus II., ZKG 81 (1970), S.352–361 mit Bemerkungen zur Arbeit von *J. Wollasch,* s. unten; *K.-J. Herrmann,* Das Tuskulanerpapsttum (1973); *H.-G. Krause,* Über den Verfasser der Vita Leonis IX papae, DA 32 (1976), S.49–85 mit weiterführender Literatur; *T. Schmidt,* Alexander II. (1061–1073) und die römische Reformgruppe seiner Zeit (1977); *L. Sittler, P. Stintzi,* Saint Léon, le pape alsacien (1950); *H. Tritz,* Die hagiographischen Quellen zur Geschichte Papst Leos IX., Studi Gregoriani 4 (1952), S.191–353; *J. Wollasch,* Die Wahl des Papstes Nikolaus II., in: Adel und Kirche, G. Tellenbach zum 65. Geburtstag (1968), S.205–220 mit *H. Hoffmann,* Von Cluny zum Investiturstreit, Neudr. in: Cluny…, S.370, Nachtrag zu Anm. 146.

Das Papstwahldekret 1059

D. Hägermann, Untersuchungen zum Papstwahldekret von 1059, ZRG Kan. Abt. 56 (1970), S.157–193; *F. Kempf,* Pier Damiani und das Papstwahldekret von 1059, AHP 2 (1964), S.73–89; *H.-G. Krause,* Das Papstwahldekret von 1059 und seine Rolle im Investiturstreit, Studi Gregoriani 7 (1960); *A. Michel,* Papstwahl und Königsrecht oder Das Papstwahl-Konkordat von 1059 (1936); *P. Scheffer-*

Boichorst, Die Neuordnung der Papstwahl durch Nikolaus II. (1879) (von grundsätzlicher Wichtigkeit); *W. Stürner,* Der Königsparagraph im Papstwahldekret von 1059, Studi Gregoriani 9 (1972), S.37-52; *K. M. Woody,* Sagena piscatoris: Peter Damiani and the papal Election Decree of 1059, Viator 1 (1970), S.33-54; *J. Wollasch,* Die Wahl des Papstes Nikolaus II., s. oben.

Die päpstliche Kanzlei

Grundsätzlich: *H. Bresslau,* Handbuch der Urkundenlehre für Deutschland und Italien, 2 Bde. Leipzig 1912² und 1931 (Bd. 2 aus dem Nachlaß hrsg. v. Hans-Walter Klewitz); *H. Fichtenau,* Arenga, Spätantike und Mittelalter im Spiegel von Urkundenformeln, MIÖG Erg. Bd. 18 (1957); *B. Katterbach-W. M. Peitz,* Die Unterschriften der Päpste und Kardinäle in den »Bullae Maiores« vom 11. bis 14. Jahdt., Misc. F. Ehrle 4 (Studi e Testi 40; 1924); *P. Kehr,* Scrinium und Palatium, MIÖG Erg. Bd. 6 (1901); *L. Santifaller,* Saggio di un elenco dei funzionarii, impiegati e scrittori della cancelleria pontificia dall'inizio all'anno 1099, Bullettino dell'Istituto Storico Italiano per il Medio Evo e Archivio Muratoriano 56–57 (1940).

Die päpstliche Verwaltung

R. Elze, Das »sacrum palatium Lateranense« im 10. und 11. Jhdt., Studi Gregoriani 4 (1952), S.27-54; *K. Jordan,* Die päpstliche Verwaltung im Zeitalter Gregors VII., Studi Gregoriani 1 (1947), S.111-135 (eine sehr gute, knappe Übersicht); *L. Santifaller,* Über die Neugestaltung der äußeren Form der Papstprivilegien unter Leo IX., in: Festschrift Hermann Wiesflecker (1973), S.29-38; *J. Sydow,* Cluny und die Anfänge der Apostolischen Kammer, StGBen. Orden 63 (1951), S.45-66; *ders.,* Untersuchungen zur kurialen Verwaltungsgeschichte im Zeitalter des Reformpapsttums, DA 11 (1954/55), S.18-73.

Zu Simonie

J. Gilchrist, »Simoniaca haeresis« and the Problem of Orders from Leo IX to Gratian, in: Proceedings, Second Interntl. Congress of Medieval Canon Law (1965), S.209-235 (mit sehr ausführlichen Literaturangaben); *H. Meier-Welcker,* Die Simonie im frühen Mittelalter, ZKG 64 (1952/53), S.61-93; *L. Saltet,* Les réordinations: étude sur le sacrement de l'ordre (1907²).

IV. Heinrich IV. und Gregor VII.

1. Die Minderjährigkeit Heinrichs IV. 1056–1065

Die vormundschaftliche Regierung durch Kaiserin Agnes führte nicht nur in den Beziehungen zwischen dem deutschen Hof und dem Reformpapsttum zu einer verworrenen Situation, die eine Einbuße königlicher Autorität mit sich brachte, sondern auch in Deutschland, wo sich die Kaiserin durch ihre unausgeglichene Politik nicht wenige Feinde machte. In der Besetzung der zum Reich gehörenden Bistümer folgte sie weitmöglichst der Politik Heinrichs III. Man kann es kaum Agnes zum Vorwurf machen, daß mehrere der von ihr erhobenen Bischöfe, darunter auch nicht zuletzt Erzbischof Siegfried von Mainz, der frühere Abt von Fulda, später zur Opposition gegen Heinrich IV. gehörten. Bedenklicher war von Anfang an ihre Politik gegenüber den Herzögen und dem hohen Adel. Das Herzogtum Bayern gab sie aus der Hand, und zwar an den mächtigen sächsischen Grafen Otto von Nordheim. Auf ähnliche Weise stärkte sie auch Rudolf von Rheinfelden im Südwesten des Reiches, der 1077 zum (Gegen-)König gewählt werden sollte. Sie übergab ihm das Herzogtum Schwaben sowie die Verwaltung Burgunds. Rudolf heiratete auch ihre Tochter und Schwester Heinrichs IV., Mathilde, die er vielleicht entführt hatte, und obwohl diese kurze Zeit später starb, gab sich der nunmehr einflußreichste Fürst Südwestdeutschlands weiterhin als Schwiegersohn Heinrichs III., zweifellos mit der Absicht, seine Nähe zum Thron zu betonen. Das Herzogtum Kärnten übertrug Agnes an Berthold von Zähringen, wohl zum Ersatz von Bayern, das ihm Heinrich III. zugesagt haben soll. Auch Berthold gehörte später zu den Gegnern Heinrichs IV. Trotz aller Bemühungen gelang es Agnes weder bei den Herzögen noch bei der Reichskirche allgemein einen zuverlässigen Rückhalt zu finden. Im Frühjahr 1062 entführte Erzbischof Anno von Köln (1056–1075), den noch Heinrich III. erhoben hatte, auf einem Rheinschiff bei Kaiserswerth den jungen Heinrich IV., dem es trotz eines Sprungs in den Rhein nicht gelungen war, zu entkommen. Anno handelte im Einverständnis mit mehreren Fürsten, von denen aber nur Graf Ekbert von Braunschweig und Herzog Otto von Bayern, der Nordheimer, durch erzählende Quellen als aktive Mitbeteiligte sicher ausgewiesen werden. Die von Anno geleitete Verschwörung, die allgemein als Staatsstreich von Kaiserswerth bekannt ist, wird in den Quellen recht vage auf Unzufriedenheit mit der Vormundschaftsregierung zurückgeführt. Lampert von Hersfeld, die wichtigste Quelle für diese Ereignisse, erwähnt, daß die Fürsten sich von der Regierung ausgeschlossen sahen, da sich die Kaiserin ausschließlich auf den Rat Bischof Heinrichs von Augsburg verließ, und daß sie dies als einen unwürdigen, sie beleidigenden Zustand empfunden hätten. Erzbischof Anno selbst wird meist beschuldigt, die Entführung aus Herrschsucht angezettelt zu haben, aber daneben werden auch bei ihm Unzufriedenheit mit der Erziehung des Königs und mit der Regierungsweise der Kaiserin, also Sorge um das Reich, als Motive erwähnt.

Nach den Vorgängen von Kaiserswerth stand Anno an der Spitze der vormundschaftlichen Regierung. Nach dem Jahr 1065, als Heinrich durch die Schwertleite mündig erklärt worden war, war es vor allen Dingen Erzbischof Adalbert von Bremen (1043–1072), der als Berater vom König herangezogen wurde. Die bischöflichen Ratgeber nützten ihre Stellung, um Diözesen, darunter vor allen Dingen ihre eigenen, mit Klostergut und Klöstern auszustatten, so daß diese ihre Unabhängigkeit verloren, die zuvor unangetastet geblieben war, obwohl der König natürlich über sie verfügte. Im Jahre 1065 erhielt Anno zum Beispiel Malmedy, Cornelimünster und Vilich; Adalbert erhielt Lorsch und Corvey. Da die Bischofskirchen vom Königtum wirtschaftlich stark genutzt wurden, kann man eigentlich nicht davon sprechen, daß das Reichsgut verschleudert worden wäre, aber die Beschränkung der Selbständigkeit dieser Klöster erzeugte selbstverständlich eine starke Mißstimmung in den betroffenen Mönchskreisen. Besonders Anno machte man außerdem gerechtfertigterweise zum Vorwurf, daß er bei Bischofseinsetzungen eine rücksichtslose Familienpolitik betrieb. Sein Neffe Burchard, der schon 1059 von der Kaiserin zum Bischof von Halberstadt (1059–1088) erhoben wurde, verdankte seine hohe Stellung vor allen Dingen seinen eigenen Qualifikationen, aber als Anno 1063 für Magdeburg seinen Bruder Werner (1063–1078) durchsetzte, konnte davon keine Rede sein. Wie in Magdeburg, so wollte er auch 1066 in Trier den lokalen Kandidaten mit einem Verwandten ersetzen, in diesem Fall seinem Neffen Kuno oder Konrad. Aber in Trier war man entschlossener als in Magdeburg. Die Bürger rotteten sich zusammen und ermordeten Konrad noch bevor er in der Stadt eintraf. Sie wählten dann Udo von Nellenburg (1066–1078) als neuen Erzbischof. Für Erzbischof Anno von Köln, der am sichtbarsten durch die Siegburger Klosterreform – er führte dort die Gebräuche Fruttuarias ein – seine Verbundenheit mit der Kirchenreform zum Ausdruck gebracht hatte, bedeutete der ungesühnt bleibende Mord seines Neffen einen schweren Prestigeverlust, der sich am Hof sofort bemerkbar machte.

Anfang 1066 auf einem Reichstag in Tribur hatten die Fürsten König

Heinrich IV. gezwungen, Erzbischof Adalbert von Bremen aus seiner Umgebung zu entfernen, da Adalberts ständig wachsender Einfluß auf Heinrich besonders den Sachsen, aber natürlich auch dem ehrgeizigen Kölner Erzbischof, äußerst unerwünscht war. Adalbert stand Anno an Ehrgeiz nicht nach. Zu Anfang seiner Regierungszeit hatte er den später gezwungenermaßen aufgegebenen Plan verfolgt, seine Diözese Bremen in den Sitz eines Patriarchats des gesamten Nordens auszubauen. Schon Heinrich III. hatte Adalbert Grafschaftsrechte in Sachsen übertragen, um weitere Machtansammlung in den Händen der mächtigen sächsischen Adelsfamilien zu vermeiden. Als Adalbert unter Heinrich IV. Einfluß gewann, setzte der Erzbischof diese Politik fort. Sein Sturz in Tribur, den der König nicht verhindern konnte, führte zu einem großen Aufstand im slawischen Missionsgebiet, währenddessen sogar Hamburg von den Obodriten geplündert wurde. Magnus Billung, ein Sohn Herzog Ordulfs von Sachsen, bedrohte Bremen und zwang Adalbert zeitweise zur Flucht, doch ging es über die Kräfte der Billunger, die aufständischen Wenden in Schach zu halten, so daß es im Norden und Nordosten Deutschlands damals zu chaotischen Zuständen kam. Auch die Bischofserhebungen, die unter Adalberts Einfluß vorgenommen worden waren, stießen wie die Erzbischof Annos auf den Widerstand der betroffenen Kapitel. Oberflächlich gesehen, waren die Gründe in jedem Fall verschieden, aber ob man einen Bischof wie Adalbero von Worms, einen Bruder Rudolfs von Rheinfelden und St. Gallener Mönch, deswegen ablehnte, weil er so dick war, daß er nicht in der Lage war, die Aufgaben eines Bischofs auch nur annähernd zu erfüllen, oder weil er, wie der für Trier vorgesehene Konrad gegen den Willen seiner Diözese ernannt worden war, letzten Endes lief alles darauf hinaus, daß es dem König oder vielmehr seinen Beratern, nicht gelungen war, mit den betroffenen Diözesen ein Übereinkommen zu treffen, das beiderseitigen Wünschen Rechnung getragen hätte.

Auch nachdem Heinrich IV. selbst die Regierung in die Hand nahm, änderte sich das Bild kaum, obwohl er bemüht war, dem Vorbild seines Vaters zu folgen. Im Gegenteil, es kam nach 1069 immer öfter zu Streitigkeiten zwischen Domkapiteln und Bischöfen sowie Mönchsgemeinschaften und Äbten, Vorstehern, die jeweils durch den König eingesetzt worden waren und sich meist durch Königstreue und durch ihre Tüchtigkeit, soweit sich dies beurteilen läßt, auszeichneten. Zum Teil hatten die Bischöfe schon mehrere Jahre ihre Diözesen erfolgreich geleitet wie Hermann von Bamberg und Pibo von Toul, ohne daß der Unwillen der Mehrheit ihrer Kapitel oder auch nur einzelner deutlich geworden wäre.

Erst seit 1069 schuf einerseits die Ausbreitung der Kirchenreform und andrerseits die nunmehr einheitliche Politik Heinrichs IV., die königliche Macht durch die Inanspruchnahme seiner ererbten Gewohnheitsrechte über die Reichskirche zu stärken, zu Simonieprozessen, die noch heute den schwer zu beweisenden Eindruck erwecken, als hätte Heinrich IV. die Sympathie für die Bestrebungen der Kirchenreform gemangelt, eine Sympathie, die dem theokratischen Herrschaftsverständnis seines Vaters einst ein gesichertes Fundament gegeben hatte. Rudolf Schieffer sah in dem Versuch Heinrichs IV., durch seine Bischofsernennungen Hochkirchen in zuverlässige und kräftigere Stützen des Reiches zu machen, eine Parallele zu den Bemühungen des Königs, im Harz eine Königsgutzone zu schaffen. In beiden Fällen rief die Betonung der königlichen Herrschaftsrechte, die während der fast zehnjährigen Minderjährigkeit Heinrichs, soweit man weiß, wenig in Erscheinung getreten waren, den »erbitterten Widerstand all derer hervor, die sich ... in ihrem Rechtsempfinden getroffen sahen« (R. Schieffer).

Zum Teil kamen diese Spannungen auf lokaler Ebene hauptsächlich oder doch ursprünglich im Zusammenhang mit bischöflichen Bemühungen um den Ausbau der eigenen Herrschaft zum Ausdruck, die alteingesessenen Interessen zuwider laufen konnten. Zwar dachte niemand daran, an der königlichen Investitur der Bischöfe Anstoß zu nehmen, aber seit dem Anfang der siebziger Jahre wurde es in zunehmendem Maß üblich, gegen missliebige königliche Entscheidungen in Bistumsbesetzungen an den Papst zu apellieren, nachdem der König den Klagen der Kapitel kein Gehör geschenkt hatte. Papst Alexander II. hatte zwar im Fall Karls von Konstanz die Entscheidung einer deutschen Synode, an der zwei päpstliche Legaten teilnahmen und die unter dem Vorsitz des zuständigen Metropoliten Siegfried von Mainz tagte, überlassen, aber schon vor der Synode von 1071 waren verschiedene Bischöfe nach Rom zitiert worden, um sich vom Verdacht der Simonie zu reinigen. Es war klar, daß die Primatsansprüche Roms vor den deutschen Diözesen und Abteien nicht Halt machen würden. Noch viel weniger war dies natürlich in Italien zu erwarten. Auf der letzten Synode, die Papst Alexander II. kurz vor seinem Tode (22. April 1073) zu Ostern in Rom hielt, waren wegen der Vorgänge in Mailand, wo sich seit dem Vorjahre ein von der Pataria und dem Papst unterstützter Erzbischof, Atto, und ein schon vorher ernannter königlicher Kandidat, Gottfried, gegenüberstanden, fünf Räte Heinrichs IV. exkommuniziert worden, weil der König an Gottfried festhielt.

2. Die Aufstände in Sachsen

Schon zu Lebzeiten Heinrichs III. hatte die kaiserliche Politik im östlichen Sachsen das Mißtrauen des dort ansässigen Adels erregt, selbst wenn es wahrscheinlich nicht stimmt, daß man, wie der Heinrich IV. feindlich gesonnene Lampert von Hersfeld berichtet, beim Tod des Kaisers daran gedacht hat, anstatt seines unmündigen Sohnes einen anderen König zu wählen. Mit dem Aussterben des liudolfingischen Königshauses waren Krongut und öffentliche Rechte in Sachsen in die Hände vor allem des weltlichen Adels gelangt. Die Position der salischen Nachfolger der Ottonen ließ daher von Anfang an zu wünschen übrig. Heinrich III. hatte sich vor allem dadurch zu helfen versucht, daß er wie überall so auch in Sachsen die geistlichen Fürsten stark an sich band und ihnen bevorzugt Reichsgut übertrug. Er hat vor allem Erzbischof Adalbert von Hamburg/ Bremen zu Lasten der Billunger mit Grafschaftsrechten ausgestattet, sowie die Bischöfe von Halberstadt und Hildesheim, deren Besitz und Rechte er durch einige große Schenkungen erweiterte. Das besondere Interesse der Salier am Harz, der großenteils einschließlich seiner zahlreichen Pfalzen und den Silbergruben am Rammelsberg zum Besitz der Salier gehörte, kommt in Heinrichs III. Gründung des Pfalzstiftes St. Simon und Juda in Goslar deutlich zum Ausdruck, das er reich ausstattete und das schnell große Bedeutung gewann. Es war sicher nicht zu übersehen, daß Heinrich nicht willens war, auf königliche Rechte gegenüber dem sächsischen Adel zu verzichten.

Während der Minderjährigkeit Heinrichs IV. war königlicher Einfluß in Sachsen im allgemeinen zurückgegangen. Historiker vermuten, obwohl sich dies nur in Einzelfällen beweisen läßt, daß auch Krongüter weiter dem Einfluß des Königshauses entzogen wurden. Fest steht jedenfalls, daß sich Heinrich IV. seit dem Ende der sechziger Jahre vielleicht noch mehr als sein Vater darum bemühte, durch die um diese Zeit vor allem aus dem gerade von den Normannen eroberten England bekannten Inquisitionsverfahren, die an Stelle des gerichtlichen Zweikampfs traten, den ursprünglichen Umfang königlicher Güter und Rechte gerichtlich feststellen zu lassen und unrechtmäßig enteignete Güter und Rechte entweder wieder als Erbe Heinrichs III. zu beanspruchen oder sie den neuen Inhabern zu bestätigen, falls diese bereit waren, dem König entsprechende Abgaben zu zahlen oder Dienste zu leisten. Ein ebenso wesentlicher Punkt in Heinrichs Bemühungen, im Harz ein territoriales Zentrum für die Salier zu schaffen, war der planmäßige Burgenbau und -wiederaufbau. Die stark befestigten Burgen belegte er mit Besatzungen, die vielleicht zum großen Teil aus schwäbischen, also landfremden, Ministerialen bestanden, die als ständige Vertreter des Königs in Sachsen anwesend waren und dort seine Interessen vertraten. Die Einwohner der umliegenden Gebiete wurden anscheinend sowohl zu Baudiensten als auch zur Verpflegung der Burgbesatzungen in Anspruch genommen, sie wurden also wieder in königliche Burgbezirke eingegliedert.

Diese alten königlichen Rechte waren bei der betroffenen Bevölkerungsschicht, die Gerhard Baaken in Übereinstimmung mit den Quellen als *milites, liberi homines* oder einfach als das sächsische Volk identifiziert, in Vergessenheit geraten, und die Sachsen sahen deshalb in den Ansprüchen Heinrichs IV. einen willkürlichen Versuch, sie in knechtische Abhängigkeit zu bringen. Der sächsische Adel unter Führung Ottos von Nordheim wußte diese Stimmung zu nutzen, und so kam es Ende Juli 1073 zu Hoetensleben (südlich von Helmstedt) zu einer gemeinsamen Verschwörung aller Sachsen. Die Führer auf dieser Versammlung waren Erzbischof Werner von Magdeburg, Bischof Burchard von Halberstadt, Otto von Nordheim, Markgraf Dedi, der Billunger Graf Hermann (ein Onkel des noch von Heinrich inhaftierten Magnus), und Pfalzgraf Friedrich. Fest auf königlicher Seite standen von geistlichen Fürsten nur Erzbischof Liemar von Bremen (1072–1101), Bischof Benno von Osnabrück (1068–1088) und Bischof Eberhard von Naumburg (1045–1078), sowie unter den Laien der königliche Vogt von Goslar, Bodo und Burggraf Burchard von Meissen. Am 10. August 1073 mußte Heinrich IV. nachts heimlich aus der Harzburg vor den anziehenden Sachsen entweichen, nachdem er auf einem für Goslar geplanten Reichstag, der die strittigen Punkte klären sollte, Ende Juni/Juli nicht erschienen war. Der König floh in die Stadt Worms, deren Bürger ihm getreu zur Seite standen, nachdem sie sich gegen ihren bischöflichen Stadtherrn erhoben hatten.

Vor 1073 hatte sich der König einzelnen unzufriedenen sächsischen Adligen gegenüber stets durchsetzen können. So unterlag 1069 Markgraf Dedi, der versucht hatte, gegen den Willen Heinrichs Reichslehen des Markgrafen Otto von Meissen († 1067), dessen Witwe er geheiratet hatte, zu übernehmen. Selbst Otto von Nordheim, der 1070 aus undurchsichtigen Gründen eines beabsichtigten Mordanschlags auf Heinrich IV. angeklagt, des Herzogtums Bayern sowie seiner sonstigen Besitzungen verlustig erklärt und geächtet worden war, verlor den Feldzug, den er mit Magnus Billung, dem Sohn und Erben Herzog Ordulfs von Sachsen, als Verbündeten unternahm, um Bayern wieder zurückzugewinnen. Das Herzogtum war 1070 Welf IV. übertragen worden. Einer gemeinsamen Aktion aller Sachsen, die von ihren weltlichen und geistlichen Fürsten geleitet wurde, war Heinrich jedoch nicht gewachsen, zumal es auch zwischen ihm und den süddeutschen Fürsten Rudolf von Schwaben, Welf von Bayern und Berthold von Kärnten zu einer Entfremdung gekommen war.

Nach der Flucht des Königs aus der Harzburg im August 1073 gewannen die Aufständischen in Sachsen schnell die Oberhand, und Heinrich blieb nichts weiter übrig, als der weitaus schwächere Teil mit den Verschwörern zu verhandeln. Im vorläufigen Friedensschluß von Gerstungen am 2. Februar 1074 mußte der König fast alle Forderungen der Verschwörer erfüllen. Insbesondere sollten alle königlichen Burgen im Harz geschleift werden. Als Heinrich dieser Bedingung im Fall der Harzburg nur zögernd nachzukommen schien, wurde die Burg im März 1074 von Sachsen nachts überfallen und völlig verwüstet, einschließlich des dort errichteten Klosters und seines Friedhofs, auf dem die Aufrührer die Gebeine eines dort begrabenen Sohnes sowie eines Bruders Heinrichs IV. aus den Gräbern rissen. Diese Schandtat führte einen Stimmungsumschwung zugunsten Heinrichs herbei, der diesen Vorteil nützte und sich nicht auf ein Fürstengericht einließ, das die Bischöfe von Magdeburg und Halberstadt wünschten, um dort ihre Unschuld an dem Überfall auf die Harzburg nach dem Friedensschluß von Gerstungen zu beweisen. Geschickt wußte Heinrich viele der Verschwörer durch Amnestie, Versprechungen und Geschenke auf seine Seite zu bringen, darunter auch die deutschen Bischöfe mit Ausnahme derer von Magdeburg, Halberstadt, Merseburg und Paderborn. Als es dann im Juni 1075 bei Homburg zum Waffengang kam, gewann das Heer Heinrichs unter Führung Rudolfs von Rheinfelden einen Sieg, der die Unterwerfung der Sachsen, die schließlich am 25. Oktober zu Spier (bei Sondershausen) stattfand, einleitete. Durch die Niederlage der großen Verschwörung von 1073 erreichte das Königtum Ende 1075 eine Macht und ein Ansehen, das es seit dem Tode Heinrichs III. 1056 nicht mehr besessen hatte. Heinrich IV. konnte seinen knapp zweijährigen Sohn Konrad zum Nachfolger designieren. Zu Weihnachten 1075 söhnte er sich zu Goslar mit Otto von Nordheim aus, den er zu seinem Statthalter in Sachsen machte, obwohl ihm Bayern nicht zurückgegeben wurde, und die anderen sächsischen Führer noch bis zum Frühsommer 1076 in Haft blieben.

3. Der Kampf zwischen Heinrich IV. und Papst Gregor VII.

Spannungen gegen Ende der Regierungszeit Papst Alexanders II. zwischen Rom und dem deutschen Hof, über die man leider nichts

Genaueres weiß, führten auf der römischen Frühjahrssynode von 1073 zur Exkommunikation mehrerer Räte Heinrichs IV. und zu einem abermaligen Abbrechen der diplomatischen Beziehungen zwischen Papst und König. Hildebrand, der Archidiakon der römischen Kirche, wurde schon während der Beerdigungsfeierlichkeiten für Alexander II. von einer tumultarischen Volksmenge zum Papst ausgerufen, eine Wahl, die wenige Tage später durch die Kardinäle und den Klerus Roms in Übereinstimmung mit dem Wahldekret von 1059, jedoch ohne königliche Beteiligung, förmlich und feierlich wiederholt wurde. Der neue Papst, der den Namen Gregor VII. angenommen hatte, sah sich wohl wegen der Exkommunikation der königlichen Räte nicht veranlaßt, sich in irgendeiner Weise mit König Heinrich IV. in Verbindung zu setzen. Einer der im 11. Jahrhundert bekanntesten und häufig zitierten Kanones der pseudoisidorischen Dekretalen hatte die automatische Exkommunikation derer zum Inhalt, die mit von der Kirche Gebannten irgendwelche Beziehungen aufrecht erhielten. Nicht einmal ein frommer Gruß durfte mit ihnen ausgetauscht werden. Rudolf Schieffer erinnerte kürzlich daran, daß Gregor damals, im Herbst 1073, auch dem neugewählten Bischof Anselm von Lucca verboten hat, den König um die Investitur mit der als Reichsbistum geltenden Kirche zu ersuchen. Bischof Anselm (1073–1086), der berühmte Verfasser der wichtigsten Kanonessammlung der gregorianischen Reform, dessen besondere Nähe zu Gregor VII. immer wieder hervorgehoben wird, erhielt diese Investitur mit Ring und Stab vom König dann 1074, nachdem zwischen Hof und Kurie wieder Einigkeit herrschte. Gregor VII. soll die Weihe des neuen Bischofs von Lucca bis nach diesem Zeitpunkt verschoben haben.

Die erste Äußerung Gregors als Papst zum deutschen König findet sich in einem Antwortbrief des Papstes an Herzog Rudolf von Schwaben, der sich anscheinend als Vermittler an den neuen Papst gewandt hatte. In diesem Brief, der in das Register des Papstes, das, wie nach den Forschungen Hartmut Hoffmanns nun wohl endgültig feststeht, im Original noch heute in der Vatikanischen Bibliothek erhalten ist, eingetragen wurde, erklärte Gregor dem Rheinfeldener, daß er Heinrich nicht übel wolle, sondern sich ihm im Gegenteil verpflichtet fühle, und zwar aus dreierlei Gründen: erstens, weil er dabei war, als Heinrich zum König gewählt wurde (über das genaue Datum ist man sich nicht im klaren); zweitens, weil er, Gregor, vom Kaiser Heinrich an dessen Hof mehr als andere Italiener geehrt worden sei; und drittens, weil der Kaiser sterbend seinen Sohn Papst Viktor II. anvertraut habe. Gregor sah sich jetzt offensichtlich als Viktors Rechtsnachfolger. In seinem Brief schlägt er Rudolf von Rheinfelden schließlich vor, sich zunächst zu Vorberatungen über die wiederherzustellende Einheit zwischen Reich *(regnum)* und Kirche *(sacerdotium)* mit ihm, Gregor, selbst, der Kaiserin Agnes, der Markgräfin Mathilde, Bischof Rainer von Como sowie anderen gottesfürchtigen Männern zu treffen.

Sowohl dieses Schreiben als auch der Brief gleichen Datums (1. September 1073) an Bischof Rainer, in dem der Papst über Heinrich IV. als dem ersten unter den Laien und zukünftigen Kaiser spricht, lassen erkennen, daß Gregor die zum Zeitpunkt seiner Wahl bestehende Störung im Verhältnis zwischen der römischen Kirche und dem deutschen Königshof nicht Heinrich persönlich zur Last legte. Ohne größere Schwierigkeiten wurden dann im Frühjahr 1074 die Räte Heinrichs vom Bann gelöst und Heinrich selbst mit der Kirche wieder ganz versöhnt; das ererbte Gewohnheitsrecht, Bischöfe mit Ring und Stab mit ihren Diözesen zu investieren, wurde vom Papst wieder akzeptiert. Selbst nach der Februar-Synode des Jahres 1075, auf der Papst Gregor VII. ein Investiturverbot, möglicherweise im Zusammenhang mit Mailand, erwähnt zu haben scheint, forderte Gregor den König auf, in Bamberg einen Nachfolger für Bischof Hermann (1065–1075) einsetzen zu lassen, nachdem der Papst schon an den von Heinrich im April oder Mai 1075 vorgenommenen Investituren von Huzmann von Speyer (1073–1090) und von Heinrich von Lüttich (1075–1091), Juni oder Juli 1075, keinen Anstoß genommen hatte.

Ganz offensichtlich erweist der Anfang seines Pontifikats Gregor VII. (1073–1085) in mehr als einem Sinn als den Nachfolger der Päpste der Kirchenreform, die er im gleichen Geist wie diese, nur energischer und ungeduldiger, in die Hand nahm. Was sich über die Lebensdaten Gregors mit einiger Sicherheit sagen läßt, wurde unlängst in einer wohl ausgewogenen Studie von Werner Goez zusammengefaßt. Gregor-Hildebrand stammte wahrscheinlich aus der kleinen südtoskanischen Stadt Soana, aus einer Familie, die zwar nicht dem höheren Adel angehörte, aber doch nicht ohne Einfluß war. Ein Onkel Hildebrands leitete den Konvent von S. Maria auf dem Aventin, der einst im 10. Jahrhundert auf Betreiben des Fürsten Alberich durch Abt Odo von Cluny reformiert worden war. Es ist möglich, daß Hildebrand, der von seinen Eltern als Oblat an eine geistige Institution in Rom übergeben worden war, in diesem Kloster aufgewachsen ist. Er war zweifellos Mönch, und es ist auch unbestritten, daß er für einige Zeit in eben diesem Kloster von Laurentius von Amalfi unterrichtet wurde. Laurentius starb dort im Frühjahr 1049. Der gelehrte Erzbischof mit dem Ruf eines Heiligen, der sowohl Lateinisch als auch Griechisch konnte, gehörte zu den römischen Reformern im Kreis um Johannes Gratian von S. Giovanni a Porta Latina, dem späteren Papst Gregor VI., der 1046 von Heinrich III. abgesetzt worden war. Aber inwiefern Laurentius Hildebrand beeinflußt hat, weiß man nicht. Das erste sichere Datum in Hildebrands Leben ist Januar 1047, als er Gregor VI., dem er nahe stand, als Kapellan nach Deutschland ins Exil begleitete. Wie Gregor später selber sagte, verließ er Rom unwillig, doch ebenso unwillig – auch dies ist Gregors eigenes Zeugnis – kehrte er 1049 im Gefolge Papst Leos IX. nach Rom zurück. Unwillig war er auch, als er mehr als zwanzig Jahre später zum Papst ausgerufen wurde, einer Aussage, der man Glauben schenken muß, so oft ruft er in seinen Briefen den Apostel Petrus, mit dem er sich eins wußte, zum Zeugen an, daß er die schwere Last des höchsten Amtes der Christenheit keineswegs angestrebt habe.

Während der vielen Jahre, die zwischen seiner Rückkehr nach Rom und der eigenen Wahl zum Papst im Jahre 1073 vergingen, stand er den Päpsten treulich zur Seite, von denen er zunächst zum Rektor von S. Paolo fuori le Mura und dann 1059/1060 zum Archidiakon der römischen Kirche erhoben wurde. Oft wurde er von ihnen mit Legationen beauftragt. In Rom kümmerte er sich besonders um die Finanzen der Kurie, obwohl institutionnele Veränderungen erst von Papst Urban II. (1088–1099) eingeführt wurden. Auch ohne die berühmten, bissigen Epigramme des Priors Petrus Damiani, der aufgrund von Hildebrands Drängen von Papst Stephan IX. noch vor Weihnachten 1057 zum Kardinalbischof von Ostia erhoben worden war, wüßten wir, daß Hildebrands stetig steigender Einfluß in Rom beträchtlich war, obwohl man nur wenige Einzelheiten kennt, und man nicht so weit gehen darf, die Päpste als Hildebrands Marionetten zu betrachten. Schon damals zeigte Hildebrand ein herrisches Wesen, vertrat energisch seine eigene Meinung, selbst wenn er gegen den Strom schwimmen mußte. Ein Beispiel ist Hildebrands Verhalten auf der Fastensynode von 1067 unter Papst Alexander II. Es kam dort zur Verhandlung über die Streitigkeiten zwischen dem Florentiner Bischof Petrus Mezzabarba, der der Simonie angeklagt wurde, und den Mönchen von Vallombrosa, deren Opposition zu Mezzabarba zu Straßenschlachten in Florenz geführt hatte. Auf der Synode, auf der sie durch eine Delegation vertreten waren, war die Stimmung gegen sie, und man klagte sie sogar der Häresie an. Die Bischöfe unterstützten den Bischof, da die Hierarchie sich der Gefahr, die ihr und der Kirche aus dem ungezügelten, fanatischen Treiben der Vallombrosaner Mönche erwachsen konnte, bewußt war. Damiani, der sich vor der Synode vergeblich bemüht hatte, zwischen den Mönchen und Petrus Mezzabarba zu vermitteln, soll während der Verhandlungen ausgerufen haben: »Herr Vater, diese da sind die wahren Heuschrecken, die die grüne Weide der heiligen Kirche abfressen; daß sich doch ein Sturm erhöbe und sie alle ins Rote Meer wehte!« (W. Goez).

Inmitten des Tumults war der Archidiakon Hildebrand der einzige, der die Vallombrosaner mit dem Hinweis verteidigte, daß sie »doch nicht ihre eigene Macht gesucht, sondern in tätiger Liebe die Reinheit der Kirche erstrebt« hätten. Die Mönche durften daraufhin in Ruhe abziehen, obwohl der Bischof im Amt blieb.

Religiöse Leidenschaft war Hildebrand schon damals eher verständlich als das selbstbeherrschte, abgeklärte Streben nach Reform eines Hugos von Cluny, dem er, nachdem er Papst geworden war, unter anderem einmal vorwarf, daß sein Herz nicht glühender von Liebe gegenüber der römischen Kirche brennen würde. Diese Liebe sah Gregor, der ja auch bis zuletzt in Mailand die Pataria-Bewegung und dann in Deutschland die aufrührerisch predigend durch das Land ziehenden Hirsauer unterstützte, in erster Linie, wenn nicht ausschließlich, in rastloser, fieberhafter Tätigkeit im christlichen Dienst am Nächsten, und das bedeutete für Gregor aktiver Dienst unter dem Banner des Apostelfürsten. Für Hildebrand-Gregor gab es kein Grau, es war stets Entweder-Oder, schwarz oder weiß. Seine schroffe Haltung schaffte ihm wenig Freunde. Petrus Damiani, mit dem Hildebrand sich eins wußte in der Betonung des Primats der römischen Kirche und dessen aktive Mithilfe bei der Durchführung der Kirchenreform der Archidiakon für die Kurie gesucht hatte, nannte ihn »seinen heiligen Satan.« Zu recht wird dieser Spruch oft zitiert, denn genauso widerspruchsvoll wie das Epigramm hat Gregor auf seine Umgebung – und auf die Geschichte – gewirkt. Anderswo beschrieb Damiani ihn als ein an sich wertloses Eisen, das aber wie ein Magnet alles hinter sich herziehen würde. Auch verglich er ihn mit einem zum Sprung ansetzenden Tiger, oder einem Wolf oder dem beißenden Nordwind. Eines zumindest darf man aus allem schließen: Hildebrand war alles andere als ein mittelmäßiger Mensch.

Er wurde als Gregor VII. (1073–1085) einer der großen Päpste in der Geschichte der römischen Kirche. Seine viel umstrittenen Handlungen entsprangen religiösem Denken und Fühlen. Dazu kam sein absoluter Gehorsam gegenüber dem Willen Gottes, so wie er ihn persönlich erfahren hatte. Mit Recht weist Werner Goez darauf hin, daß in Gregors Briefen, von denen mehr als 400 erhalten sind, das Wortpaar »Gehorsam« und »Ungehorsam« mit weitem Abstand am häufigsten begegnet. »Er empfand sich beständig als ein in Dienst Genommener – und er verlangte solche Bereitschaft zur Indienstnahme genauso von allen anderen. Dem verpflichtenden Anruf hatte sich der eigene Wunsch und Wille zu unterwerfen« (Goez). Andere Gedanken, sogar der häufig besprochene von den römischen kirchlichen Freiheiten *(libertas romana),* sind dagegen erstaunlich selten zu finden. Unter Gregor und besonders auch unter seinem dritten Nachfolger, Papst Paschalis II. (1099–1118) wird Gehorsam so stark betont, daß das römische Konzil von 1102 Ungehorsam zur Häresie erklären kann, eine Bedeutung, die dem Wort seit dem Pontifikat Gregors anhaftete, der den geforderten absoluten Gehorsam Gott gegenüber auf sich selbst als Papst, das heißt, als Stellvertreter des Apostels Petrus, bezog. Gregors Identifizierung mit dem Apostelfürsten ging so weit, daß er überzeugt war, daß seine päpstlichen Handlungen die des Petrus waren und daß die Empfänger aus seinen Briefen die Stimme des Petrus hörten. Noch ungewöhnlicher erscheint es heute, daß Gregor in einem berühmten Brief an König Heinrich IV. vom 8. Dezember 1075 schreiben konnte, daß, was immer der König schriebe oder ihm, dem Papst, überbringen ließe, Petrus selber empfangen würde und daß Petrus »mit feinem Blick erkennen würde, aus was für einem Herzen die Botschaften hervorgingen, während der Papst ihre Buchstaben überflöge oder den Stimmen der Sprechenden zuhörte.«

Die Petrus-Mystik, die Gregor erfüllte, ließ es ihm aufgrund des Gebets Christi für Petrus und die Kirche als Selbstverständlichkeit erscheinen, daß seine päpstlichen Handlungen von jedem Irrtum frei waren. Im *dictatus papae,* Sätzen über besondere Rechte des Papstes und der römischen Kirche, die Gregor selbst zusammenstellte und in sein Briefregister eintragen ließ, brachte Gregor unter anderem zum Ausdruck, daß der Papst durch die Verdienste des Petrus« zu einem besseren, heiligeren Sein hinaufgehoben würde« (F. Kempf). Nach A. Nitschke sah sich Gregor in einer Welt, in der jedes Wesen, einschließlich der Priester und Mönche, im Kampf zwischen dem Gottes- und dem Teufelsreich, »ständig in Gefahr schwebte, vom Teufel ergriffen zu werden«, und in der der Papst der einzige war, der durch seine Verbindung zu Petrus »immer ein 'wahrer Christ' blieb.« Dadurch war er befähigt zu erkenne, wer oder was Gottes oder des Teufels war. Aus diesem Blickwinkel betrachtet, wird es leicht verständlich, weshalb Gregor in festem Vertrauen auf seine göttliche Sendung den Anspruch erhob, nicht nur Bischöfe absetzen zu können, sondern auch weltliche Herrscher, was er, und dies war eine unerhörte Neuerung, dann im Fall Heinrichs IV. auch tat, nachdem dieser ihn durch die Gehorsamsaufkündigung von Worms im Januar 1076 herausgefordert hatte. So wurde aus der gelasianischen Zweigewaltenlehre mit der Vorrangstellung der geistlichen Macht auf geistlichem Gebiet unversehens eine Unterordnung der weltlichen unter die geistliche Gewalt und aus der Kirchenreform ein grundsätzlicher Kampf um das Verhältnis zwischen geistlicher und weltlicher Gewalt. Die theokratische Königsideologie wurde 1076/ 1077 zu einem Anachronismus, und der Papst konnte das Verhältnis zwischen den beiden Gewalten mit dem zwischen Sonne und Mond, dem Gold und dem Blei vergleichen. Ein ungehorsamer Fürst war als ein Glied des Teufelsreichs viel weniger als der Geringste unter den gehorsamen Christen und von den Mitgliedern der kirchlichen Hierarchie durch einen tiefen Abgrund getrennt.

Noch heute ist Papst Gregor VII. sehr umstritten. Für die einen ist er das revolutionäre Genie, das die rechte Ordnung der Welt durch Umsturz herbeiführen wollte, für die anderen ein Heiliger, der, von den meisten seiner Zeitgenossen mißverstanden, in Salerno im Exil als Märtyrer sterben mußte, weil er die Kirche durch seinen Kampf für Gerechtigkeit aus einer schmachvollen Knechtschaft befreien wollte. Gregor selbst erhob wie alle Reformer stets den Anspruch, daß sein Tun und Lassen auf den Sentenzen der Väter beruhte. Zwar behielt er sich gleichzeitig als Papst ausdrücklich das Recht vor, neue Gesetze zu erlassen oder alte den Zeitumständen entsprechend abzuändern, aber auch dieses Recht war schon von altersher im Kirchenrecht verankert. Gregor hat die Kirchenreform auch in der Tat programmatisch nicht verändert. Der Kampf galt weiter der Simonie und dem beweibten Klerus, obwohl dieser sich durch den Depositionsanspruch und später, nach 1076, durch das Investiturverbot so sehr erweiterte, daß seine Züge sich fast bis zur Unkenntlichkeit veränderten. Der innerkirchliche Primat ist ein weiterer Programmpunkt, von dem man oft meint, daß ihn Gregor, wenn auch nicht eingeführt, so doch mit neuem Inhalt erfüllt und zum ersten mal durchgesetzt habe. Einem solchen Urteil hätten die französischen und besonders die deutschen Bischöfe, die über Gregors unmittelbares Eingreifen in ihren eigenen Diözesen so erzürnt waren, daß sie im Januar 1076 nicht nur selber ihm ihren Gehorsam aufkündigten, sondern auch den König dazu veranlaßten, sicher aus vollem Herzen zugestimmt. Aber L. Meulenberg konnte zeigen, daß obwohl Gregor VII. aus der Geschichte des römischen Primats nicht wegzudenken ist, dies mehr seinem Charisma zuzuschreiben ist als einem grundsätzlichen Abweichen von älteren Normen. Soweit dies nicht gegen die päpstlichen Jurisdiktionsrechte verstieß, bemühte er sich, die Rechte aller anderen Kirchen zu wahren. Seine eigenen Rechte in der Kirche übertrug er zum Teil auf Legaten, darunter auch auf Dauerlegaten aus den betreffenden Ländern selbst, so daß er den päpstlichen Ansprüchen Geltung verschaffen konnte, ohne wie Papst Leo IX. ständig auf Reisen zu sein. Im Notfall zögerte Gregor zwar keineswegs, entgegen dem Herkommen zu verfahren, z.B. wenn er die Bürgerschaft der Stadt Konstanz dazu aufrief, ihren Bischof Otto, den Gregor exkommuniziert hatte, zu vertreiben und ihm seine Besitzungen zu nehmen, aber erst seine Nachfolger im zwölften Jahrhundert, darunter besonders Papst Innozenz III. (1198–1216) bauten die monarchische Primatialverfassung, die Gregor intuitiv erfaßt hatte, konsequent aus.

Die Frage, an der sich der bittere Streit zwischen Heinrich IV. und Gregor VII. über das Verhältnis zwischen der weltlichen und der geistlichen Gewalt entzündete, war die Investitur mehrerer oberitalienischer Bischöfe durch den König. Soweit sich feststellen läßt, war es wie schon zu Zeiten Papst Alexanders II. Heinrichs Unnachgiebigkeit bei der Besetzung des Erzbistums Mailand, die Gregor auf der Fastensynode des Frühjahrs 1075 veranlaßte, fünf von Heinrichs Räten zu bannen. Das letzte Schreiben des Papstes an Heinrich vor der Gehorsamsaufkündigung von Worms, ein Brief vom 8. Dezember 1075, erhebt heftige Vorwürfe gegen den König, weil dieser weiter mit den damals Gebannten verkehren würde. Außerdem beklagt sich Gregor, daß Heinrich, im Gegensatz zu seinen Briefen und zu seiner Haltung in Verhandlungen mit seiner Mutter, der Kaiserin Agnes, in denen er seine Ergebenheit bekundet und Gehorsam versprochen habe, sich jetzt in Mailand gegenteilig verhalten habe (Heinrich hatte dort nach einem vollständigen Sieg der Mailänder Majorität über die Pataria den Kleriker Tedal investiert), und ferner jetzt auch noch gegen die Dekrete des hl. Stuhls die Kirchen von Fermo und Spoleto vergeben habe, und zwar an Kandidaten, die dem Papst unbekannt waren, obwohl nach der Heiligen Schrift – Gregor bezieht sich wohl auf I Tim. 5:22 – solche nicht geweiht werden dürften. Nach allgemeiner Ermahnung an den König, päpstlichen Aussprüchen zu gehorchen, schließt Gregor sein Schreiben mit einem leider unklaren Bericht über die Frühjahrssynode, auf der nichts Neues beschlossen worden sei. Er erwähnt dabei auch ein dort erlassenes Dekret, das er zwar nicht näher beschreibt oder gar wiederholt, das aber, so kann man aus dem begleitenden Bibelwort schließen, mit Bistumsbesetzungen zu tun gehabt haben muß. Gregor fügte noch die Aufforderung bei, Boten zu Verhandlungen nach Rom zu entsenden. Den Boten, die den Brief des Papstes überbrachten, wurden schließlich noch mündliche Botschaften mitgegeben, die aber unbekannt sind. Es wird vermutet, daß sie dem König im Auftrag Gregors den Bann androhten.

Trotzdem ist es schwer einzusehen, daß die Gehorsamsaufkündigung von Worms auf diesen Brief zurückgehen soll. Der hortatorische, brüske Stil Gregors, der viel zu beschäftigt war, um sich lange

mit Höflichkeiten aufzuhalten, war für den König nichts Unge-
wohntes. Sicherlich muß Heinrich IV., der sich damals zu Weihnachten 1075 auf einem ersten Höhepunkt der Macht befand, über
Gregors Vorhaltungen alles andere als begeistert gewesen sein, aber
es scheint doch so, als ob die Wormser Schreiben gegen den Papst in
erster Linie ein Ausdruck der Mißstimmung unter dem deutschen
Episkopat gewesen sein müssen, der sich nach dem bekannten Ausspruch Erzbischof Liemars von Bremen vom Papst wie Dienstboten
behandelt fühlte und sich seiner gewohnten Selbständigkeit beraubt sah.

Historiker vermuten allgemein, daß die eigentliche Ursache für das
damalige Zerwürfnis zwischen Papst und König ein Investiturverbot gewesen sei. Der Chronist Landulf von Mailand berichtet von
einem solchen Verbot auf der Fastensynode von 1075, doch kann es
nach R. Schieffer damals höchstens in bezug auf Mailand erlassen
worden sein. Die Korrespondenz zwischen Gregor und Heinrich
vom Sommer 1075 nimmt nämlich keinerlei Bezug auf ein Investiturproblem. Außerdem konnten Bischöfe, die später angeklagt wurden, die Investitur von Heinrich empfangen zu haben, schwören,
von einem Investiturverbot aus dem Frühjahr 1075 nichts gewußt
zu haben, obwohl der König die Bischöfe Adalbero von Würzburg
und Hermann von Metz als Vertreter zu dem Konzil entsandt hatte.
Schieffer schlägt als mögliche Hypothese vor, daß dem König in
Analogie zu 1073 und der zunächst verbotenen Investitur von Bi-
chof Anselm von Lucca zeitweilig die Investitur verboten worden
sei, da er mit den gebannten Räten noch Umgang pflegte. Man hat
allgemein vermerkt, daß im Zusammenhang mit Worms und Canossa sowie der Wahl des Gegenkönigs Rudolf von Rheinfelden zu
Forchheim von Investitur nicht die Rede war, eine Tatsache, die sich
durch Schieffers Hypothese am besten erklären ließe und außerdem
mit Gregors Brief vom 8. Dezember 1075 in Einklang stehen würde.
Aber wie dem auch sei, der große Zusammenprall des Jahres 1076
wurde auf keinen Fall durch ein deutliches Investiturverbot verur-
sacht, das von Gregor zum ersten Mal auf dem Herbstkonzil des Jahres 1078 erlassen und 1080 erneuert wurde und das daher als Ergebnis
des Streites zwischen Papst und König betrachtet werden muß und
nicht als dessen Ursache.

In der Meinung eines Zeitgenossen hatte alles Unheil, das nach 1076
über Deutschland hineinbrach, seinen Ursprung in dem unglückse-
ligen Wormser Reichstag vom 24. Januar 1076. An diesem Tag richteten zwei Erzbischöfe und eine Mehrheit des deutschen Episkopats eine Gehorsamsaufkündigung an den Papst, dem sie eine irre-
guläre Wahl und einen unpäpstlichen Lebenswandel vorwarfen.

Gleichzeitig übersandte auch der König sowohl an den Papst, der Hildebrand genannt wird, als auch an die Römer ein Absetzungsdekret, in dem er Gregor auffordert, auf die päpstliche Würde zu verzichten. Kurze Zeit später, wohl zu Pfingsten, verbreitete Heinrich dann eine etwas erweiterte Fassung des Absetzungsdekrets in Deutschland, die, an den »falschen Mönch Hildebrand« gerichtet, mit einem dramatischen »steige herab, steige herab!« schließt – der Auftakt zu einem neuartigen Propagandafeldzug von beiden Seiten, der lange nicht verstummen sollte.

Gregor erhielt die Briefe aus Worms bereits während der Fastensynode von 1076, vielleicht schon am 14. Februar, obwohl seit dem Wormser Tag sogar noch eine Synode in Piacenza stattgefunden hatte, auf der sich die oberitalienischen Bischöfe dem deutschen Episkopat anschlossen und auch ihrerseits dem Papst den Gehorsam aufkündigten. Der Papst reagierte sofort, indem er noch auf dem gleichen Konzil sowohl die Bischöfe als auch den König exkommunizierte, den letzteren in einem Gebet an den Apostel Petrus. Nach der Feststellung, daß ihm durch die Vermittlung von Petrus von Gott die Macht gegeben worden sei, im Himmel und auf Erden zu binden und zu lösen, untersagte er Heinrich die Ausübung der Regierungsgewalt in Deutschland und Italien, löste alle seine Untertanen von dem geleisteten oder zu leistenden Treueiden und verbot, ihm als König zu dienen. Als drittes und letztes belegte er den König mit dem Anathem. Als die Exkommunikation bekannt wurde, »erzitterte die Erde,« wie Bonizo von Sutri, ein treuer Gregorianer, berichtete. Obwohl dies noch nie aus der Entfernung geschehen war und Heinrichs Handlung schon vom politischen Standpunkt her unklug war, so hatten doch schon früher Synoden unter kaiserlicher Leitung Päpste abgesetzt, und Heinrich und seine Berater mochten meinen, im Einklang mit der Tradition zu stehen, als sie Gregor drohten. Noch nie jedoch hatte ein Papst die Absetzung eines Königs ausgesprochen. Gregor selbst berief sich später zwar in einem Brief an Hermann v. Metz auf die Exkommunikation des Kaisers Theodosius durch den hl. Ambrosius als Vorbild und behauptete, daß der letzte Merowinger, Pippin, von Papst Zacharias abgesetzt worden sei, aber schon Zeitgenossen wußten, daß diese Argumente nicht den historischen Fakten entsprachen, wie sie die bekannten Quellen überliefern. Die eigentlichen Gründe, die in Gregors Absetzungsgebet genannt werden: Heinrichs unerhörter Hochmut, mit dem er sich gegen die Kirche erhob, sein Ungehorsam und sein Umgang mit Gebannten, erschienen zumindest vom Standpunkt Gregors aus, als Ungeheuerlichkeiten, die seine Reaktion mehr als rechtfertigten, ob es dafür nun Präzedenzfälle gab oder nicht.

Auch in Deutschland fragte zunächst niemand nach einer päpstlichen Berechtigung. Sowie Gregors Handlung bekannt wurde, kam es erneut zu einer feindlichen Koalition gegen den König, und zwar zwischen den gerade kurz zuvor aus der Haft entlassenen sächsischen Fürsten, denen sich auch Otto von Nordheim wieder anschloß und süddeutschen Fürsten einerseits sowie dem größten Teil des deutschen Episkopats andererseits. Obwohl es in erster Linie die Bischöfe gewesen waren, die Heinrich zu seinem unbesonnenen Schritt überredet hatten, an dem sie ja auch selbst führend beteiligt waren, verließen diese den König nach seiner Bannung oder verhielten sich zumindest abwartend und suchten mit dem Papst schnell Frieden. Die königliche Partei war wohl schon im Sommer 1076 die schwächste unter den dreien. Heinrich IV. blieb nichts weiter übrig als von Oppenheim aus auf der Rheinseite gegenüber von Tribur mit den Fürsten und Bischöfen zu verhandeln, die sich dort zusammen mit zwei päpstlichen Legaten vereinigt hatten. Nach zähen Verhandlungen zwischen den Parteien, die radikalsten Gegner Heinrichs wollten gleich eine Neuwahl einleiten, mußte Heinrich dem Papst schriftlich versprechen, Genugtuung zu geben, zu gehorchen und Buße zu leisten, doch Heinrich bat auch den Papst, auf die gegen diesen erhobenen Anklagen einzugehen. Die Fürsten und Bischöfe im Triburer Lager beschlossen darüberhinaus, daß sie, falls Heinrich sich nicht binnen eines Jahres von der Verkündigung des Anathems vom Banne lösen könne, sie zu einer Neuwahl schreiten würden. Gleichzeitig luden sie den Papst schon zu einer Versammlung in Augsburg ein, auf der er über den Streit zwischen Heinrich und den Fürsten richten sollte. Als Datum für diese Versammlung einigte man sich schließlich auf Februar 1077.

Die Augsburger Versammlung unter dem Vorsitz des Papstes fand jedoch nie statt. Seine Lage diesmal richtig einschätzend, überquerte der König mit seiner Gemahlin, seinem zweijährigen Sohn Konrad und einigen wenigen Begleitern mitten im Winter heimlich – die süddeutschen Fürsten, die die Alpenpässe sperren konnten: Rudolf von Rheinfelden, Welf von Bayern und Berthold von Kärnten waren die Führer der Opposition – die Alpen in das Gebiet seiner Schwiegermutter Adelheid von Turin. Die Nachricht von seinem Kommen verbreitete sich schnell, und italienische Anhänger versammelten sich um ihn, da sie annahmen, er wäre mit militärischen Absichten gekommen. Heinrich aber kam als Büßer, um sich Gregor zu unterwerfen, der sich damals, im Januar 1077, auf seiner Reise nach Deutschland befand, doch diese unterbrach, als er hörte, daß der König in Italien sei, um sich vorsichtshalber auf die Burg Canossa der Markgräfin Mathilde zurückzuziehen. Als Heinrich wahrscheinlich nach Vorverhandlungen im Büßergewand im Burghof erschien, zögerte der Papst zunächst, den Reuigen wieder mit der Kirche zu versöhnen, aber nach drei Tagen gab er auf das Drängen seiner Umgebung nach. Besonders Abt Hugo von Cluny, Heinrichs Taufpate, und die Gräfinnen Adelheid von Turin und Mathilde von Canossa selbst traten für Heinrich ein. Nachdem sich Gregor von Heinrich einen schriftlichen Eid hatte geben lassen, daß er sich dem Urteilsspruch des Papstes fügen würde und dessen Reise über die Alpen nicht hindern würde, hob Gregor den König, der vor ihm in Kreuzesform auf dem Boden lag, auf und nahm ihn und seine Begleiter durch die Feier des Abendmahls wieder in die Kirche auf. Ob er ihn damit auch wieder in sein Herrscheramt einsetzte, ist eine müßige Frage. Nach der Buße von Canossa behandelte Gregor Heinrich als König, obwohl er 1080 erklärte, daß er Heinrich im Januar 1077 nicht wieder in das Königsamt eingesetzt hätte. Canossa war ein pastoraler Akt, der alle weiteren Angelegenheiten in der Schwebe ließ, allerdings mit der Einschränkung, daß Gregor seine vorgesehene Reise nach Deutschland aufgab. Nicht, weil er sie nunmehr für unnötig hielt, sondern mehr oder minder gezwungenermaßen, da die deutschen Fürsten ihm das versprochene Geleit nicht geschickt hatten, und Gregor die Reise nach Deutschland kaum in Begleitung Heinrichs machen konnte, wenn er als unparteiischer Schiedsrichter anerkannt werden wollte.

Durch seine Demütigung vor dem Papst zu Canossa errang Heinrich einen Teilerfolg: der Papst verzichtete auf ein sofortiges Eingreifen in Deutschland, und Heinrich, der mit seinen Getreuen absolviert worden war, gewann dadurch Zeit, in Deutschland wieder um seine Krone zu kämpfen und um Anhänger zu werben. Aber dieser politische Erfolg war teuer erkauft, denn durch seine öffentliche, spektakuläre Buße erkannte Heinrich IV. in feierlicher, überall bekannt werdender Form, die päpstliche Sentenz von der Februarsynode in allen Aspekten an. Er räumte dem Papst damit das Recht ein, sich zum Richter weltlicher Fürsten und weltlicher Belange zu machen, ein Recht, das Gregor zwar als Selbstverständlichkeit betrachtete, das aber durch seine völlige Abkehr vom gewohnten Gewaltendualismus tiefgreifende Veränderungen mit sich brachte, an denen die mittelalterliche Vorstellung von der einen christlichen *res publica* zerbrechen sollte, eine Vorstellung, der Gregor selbst noch vollständig verhaftet war. Die unmittelbare Verantwortung des Herrschers Gott gegenüber entfiel, und die Monarchie wurde ihrer sakralen Elemente entkleidet, die seit der Karolingerzeit auch im Westen des ehemaligen römischen Reiches so scheinbar unauflösbar mit ihr verbunden schienen. Die alte Formel vom König als Diener der Kirche wurde jetzt unter Gregor sehr deutlich zu der sehr viel konkreteren Formel von Fürsten als Lehnsleuten des hl. Petrus und damit des Papstes gewandelt; obwohl sich dieses Ziel praktisch nur in sehr geringem Umfang durchsetzen ließ, war das Konzept, das man mit einiger Wahrscheinlichkeit auf den Archidiakon Hildebrand und späteren Papst Gregor VII. zurückführen kann, von nicht zu unterschätzender Bedeutung.

Heinrichs unversöhnlichsten Gegner unter den weltlichen und geistlichen Fürsten Deutschlands fühlten sich vom Papst im Stich gelassen und schritten, sowie die Ereignisse von Canossa bekannt geworden waren, zu der Wahl Rudolfs von Rheinfelden als neuen König, nachdem sie Heinrich vielleicht ganz offiziell abgesetzt hatten. Die Wahl fand im März 1077 im fränkischen Forchheim in Anwesenheit einer kleinen aber einflußreichen Gruppe von Fürsten statt. Außer Rudolf selbst, der sich schon vorher eine Krone hatte anfertigen lassen, da ihm die Reichsinsignien ja nicht zur Verfügung standen, waren die Herzöge Berthold von Kärnten und Welf von Bayern anwesend. Dazu kam Otto von Nordheim, der sich nach wie vor um die Rückgewinnung des Herzogtums Bayern bemühte, die Erzbischöfe Siegfried von Mainz, Gebhard von Salzburg und Werner von Magdeburg sowie vier Bischöfe. Vielleicht war auch Herzog Magnus von Sachsen unter den Versammelten. Gregor ließ sich durch zwei Legaten vertreten, die der Neuwahl schließlich zustimmten und zwischen den Teilnehmern vermittelten, indem sie durchsetzten, daß persönliche Forderungen an Rudolf zurückgestellt werden sollten. Rudolf mußte nur in einem Eid versprechen, freie kanonische Bischofswahlen zuzulassen und darauf zu verzichten, die königliche Würde in seiner Familie erblich zu machen. Wie die Bischöfe sollte auch der König aus freier Wahl das heißt, freier Designation, hervorgehen.

Die Absolution von Canossa machte sich jetzt für Heinrich bezahlt. Nicht nur war der Papst nicht bereit, Rudolf ohne weiteres anzuerkenen, sondern Rudolf mußte auch in Deutschland um seine Anerkennung kämpfen. Durch die Schlachten von Mellrichstedt im August 1078, im Januar 1080 zu Flarchheim (Thüringen) und im Oktober 1080 an der Elster verlor die königsfeindliche Partei erheblich an Stärke. Nach Mellrichstedt war Rudolfs Einfluß in der Hauptsache auf Sachsen beschränkt, und noch vor der Schlacht zu Flarchheim gingen eine Reihe sächsischer Adliger, unter ihnen die Billunger, zu Heinrich IV. über. In der Schlacht an der Elster schließlich verlor Rudolf im Kampf seine rechte Hand, die Schwurhand, eine Verletzung, der er erlag. Den Zeitgenossen erschien dies wie ein Gottesurteil, war es doch diese Hand, mit der er Heinrich IV. einst Treue geschworen, die er dann gebrochen hatte, und zumindest ein Chronist malte den Tod Rudolfs ganz schaurig aus. Nach dem Tod Rudolfs verging fast ein Jahr, bevor sich die Schwaben und Sachsen auf den Grafen Hermann von Salm als neuen Gegenkönig einigten, der zu Weihnachten 1081 in Goslar gekrönt wurde. Er hatte so wenig Einfluß, daß er Heinrichs Königtum nie ernstlich bedrohte und ihm, als er 1088 in Lothringen im Kampf um sein Erbe fiel, kein neuer Nachfolger mehr gegeben wurde.

Heinrich hatte den Kampf um die Krone gewonnen. Dabei dürfte neben der Bannlösung von Canossa Gregors langes Zögern, Rudolf von Rheinfelden als alleinigen rechtmäßigen König anzuerkennen, von größter Bedeutung gewesen sein. Der Papst hielt an seinem ursprünglichen Plan, als Schiedsrichter zwischen der Opposition und König Heinrich IV. zu entscheiden, lange fest. Als er auf der Fastensynode des Jahres 1080 Heinrich schließlich zum zweiten Mal und diesmal endgültig bannte und absetzte, kam die Entscheidung zu spät, um Rudolf von Nutzen zu sein oder Heinrich ernstlich zu schaden. Gregor war so fest davon überzeugt, mit diesem Urteil die Entscheidung Gottes und des Apostelfürsten auszusprechen, daß er den Untergang Heinrichs bis zur Kettenfeier Petri (1. August) prophezeite. Die zweite Bannung des Königs fand ein wesentlich schwächeres Echo, vielleicht unter anderem ein Zeichen für eine Einbuße an päpstlicher Autorität in Deutschland, wo nicht wenige Gegenden seit Jahren durch Kämpfe und wiederholte Verwüstungen durch Heere auf beiden Seiten gelitten hatten.

Schon im Juni 1080 konnte Heinrich zum Gegenschlag ausholen. Auf einer Synode in Brixen wurde Gregor VII. förmlich abgesetzt. Einer der Teilnehmer war der von Gregor inzwischen endgültig abgefallene Hugo Candidus, der den Anspruch erhob, die römischen Kardinäle zu vertreten. Das Absetzungsdekret wurde von Hugo, 27 Bischöfen und König Heinrich unterzeichnet. Wegen einiger skurriler Verdächtigungen Gregors – z.B. daß er für die Vergiftung mehrerer Päpste verantwortlich sei – tut man im allgemeinen das gesamte Dekret von Brixen als propagandistisches Machwerk ab. Aber man muß zugeben, daß einige der Anklagen gegen Gregor aus der Sicht des Königs und seiner Anhänger durchaus ihre Berechtigung haben, zum Beispiel, daß der Papst die kirchliche Ordnung untergrabe (vielleicht ein Hinweis auf die Doppelbesetzungen verschiedener Bistümer mit je einem päpstlichen und königlichen Anhänger wie in Konstanz, Augsburg und Paderborn), Zwietracht säte, einen eidbrecherischen König unterstützte und dem wahren König nach Leib und Seele trachtete, letzteres sicher ein Hinweis auf die Prophezeiung Gregors über den Untergang des Königs. Die Synode von

Brixen stellte nach der Absetzung Gregors Erzbischof Wibert von Ravenna als Gegenpapst auf, der den Namen Clemens III. annahm. Es gelang Heinrich jedoch erst zu Ostern 1084 Wibert im Petersdom zu inthronisieren, nachdem 13 Kardinäle sowie andere Prälaten und Mitglieder der päpstlichen Verwaltung zu Heinrich übergegangen waren, da ihnen Gregors Unnachgiebigkeit selbst gemäßigten Forderungen Heinrichs gegenüber unverständlich war. Die Römer öffneten Heinrich die Tore, während Gregor sich in die uneinnehmbare Engelsburg zurückzog. Clemens III. krönte König und Königin mit der Kaiserkrone. Als schließlich die Normannen, seit 1059 Vasallen des Papstes, Gregor befreien konnten, verwüsteten und plünderten diese die Stadt Rom in einem solchen Ausmaß, daß Gregor zusammen mit ihnen die Stadt verlassen mußte. Er starb unter ihrem Schutz am 25. Mai 1085 in Salerno. Seine letzten Worte, »Ich habe die Gerechtigkeit geliebt, gottloses Wesen gehaßt; deswegen sterbe ich in der Verbannung,« sind oft kommentiert worden, am ausführlichsten und auch überzeugend von P. E. Hübinger, der sie nicht nur auf den 44. Psalm, sondern auch auf einen Satz der Bergpredigt bezog: »Selig sind, die um der Gerechtigkeit willen Verfolgung leiden, denn das Himmelreich ist ihrer« (Matth. 5:10).

Nach dem Tode des großen Papstes fiel es Heinrich nicht schwer, seiner Herrschaft, überall, einschließlich Sachsens, Anerkennung zu verschaffen. Als er im Juli 1085 mit einem Heer nach Sachsen zog, flüchteten die unversöhnlichsten gregorianischen Bischöfe des Landes zusammen mit dem Gegenkönig Hermann zu den Dänen. Obwohl Erzbischof Hartwig von Magdeburg und Bischof Burchard von Halberstadt bereits im Herbst des gleichen Jahres wieder in ihre Diözesen zurückkehren konnten, fiel der Friedensschluß des Jahres 1088 nach der Ermordung Burchards von Halberstadt doch zugunsten Heinrichs aus, der schon im Vorjahr seinen ältesten Sohn Konrad zum König krönen lassen konnte. Otto von Nordheim war 1083 gestorben und 1090 wurde der auf einem Fürstengericht geächtete Markgraf Egbert von Meißen getötet. Auch in Rom war man des Krieges müde. Erst ein Jahr nach dem Tode Gregors einigten sich die Reformer auf einen Papst, Abt Desiderius von Montecassino, der Ende Mai 1086 als Papst Viktor III. (1086–1087) Nachfolger Gregors wurde, das Amt aber erst im März 1087 endgültig annahm und in St. Peter inthronisiert wurde. Nichts könnte jedoch mehr täuschen, als dieser oberflächliche Eindruck eines völligen Scheiterns Gregors VII. Zwar haben weder die Dekrete dieses Papstes in der Kanonistik der Zeit viel Widerhall gefunden, noch konnte er sein Sendungsbewußtsein an seine Nachfolger auf dem hl. Stuhl übertragen, doch durch sein entschiedenes Auftreten hat er der Kirchenreform eine neue Richtung gegeben, die sich auch nach Gregors Tod nicht änderte. Die Absetzung des Königs und mehr noch die Investiturverbote der Synoden von 1078 und 1080 überschatteten die Pontifikate seiner Nachfolger bis zum Wormser Konkordat und drängten den Kampf gegen Simonie und Nikolaitismus in den Hintergrund. Der Investiturstreit hatte begonnen.

4. Literaturhinweise zu IV.

Allgemein

Den umfassendsten Überblick über die verschiedenen Themen der gregorianischen Reform bieten, abgesehen von der eingangs genannten Literatur, die Bände Studi Gregoriani, Rom 1947–, von denen bisher 11 erschienen sind. Sehr nützlich ist der Indexband 8; Bd. 10 veröffentlicht Beiträge aus Anlaß des Damiani-Kongresses von 1972, Bd. 11 (1978) enthält Material zu Cluny, beigetragen von *H. E. J. Cowdrey* sowie die Ausgabe einer Streitschrift der Periode über die Sakramente von Exkommunizierten, hrsg. von *I. S. Robinson*. Die hier folgenden Titel geben nur einen kleinen Einblick in die sehr umfangreiche Literatur:
H.-J. Becker, »Investitur,« Handwörterbuch zur dt. Rechtsgeschichte, Bd. 2, 1973, *R. L. Benson,* The Bishop-Elect, A Study in Medieval Ecclesiastical Office, 1968; *ders.* Plenitudo potestatis: Evolution of a formula from Gregory IV to Gratian, Studia Gratiana 14, 1967, S. 196 ff.; *W. Berges,* Gregor VII. und das deutsche Designationsrecht, Studi Gregoriani 2 (1974), S. 189 ff.; *G. B. Borino,* Il decreto di Gregorio VII contro le investiture fu »promulgato« nel 1075, Studi Gregoriani 6, S. 329 ff.; *K. Bosl,* Die Reichsministerialität der Salier und Staufer (1950); *A. Brackmann,* Die Ursachen der geistigen und politischen Wandlung Europas im 11. und 12. Jahrhdt., HZ 149 (1934), S. 229 ff.; *C. R. Brühl,* Fodrum, Gistum, Servitium regis, 2 Bde. (1968); *P. Classen,* Heinrichs IV. Briefe im Codex Udalrici, DA 20 (1964), S. 115 ff.; *Y. M.-J. Congar,* Der Platz des Papsttums in der Kirchenfrömmigkeit der Reformer des 11. Jhdts., in: Sentire ecclesiam, hrsg. von *J. Danielou* u. *H. Vorgrimler* (1961), S. 196 ff.; *ders.,* L'ecclésiologie du haut moyen-âge (1968), besonders S. 138-149; *G. Constable,* Monastic Tithes from Their Origins to the Twelfth Century (1964); *H. E. J. Cowdrey,* The Cluniacs and the Gregorian Reform (1970); *J. Deér,* Papsttum und Normannen (1972); *C. Erdmann,* Die Anfänge der staatlichen Propaganda im Investiturstreit, HZ 154 (1936), S. 491 ff.; *ders.,* Die Entstehung des Kreuzzugsgedankens, (zu Gregor VII., besonders Kapitel 4–8); *ders.* und *D. von Gla-*

diss, Gottschalk von Aachen im Dienste Heinrichs IV. DA 3 (1939), S. 115 ff.; *ders.*, Studien zur Briefliteratur Deutschlands im 11. Jhdt. (1938), hier besonders S. 225 ff.; *ders.*, Untersuchungen zu den Briefen Heinrichs IV., AUF 16 (1939), S. 248 ff.; *H. E. Feine*, Kirchliche Rechtsgeschichte; *J. Fleckenstein*, Hrsg., Investiturstreit und Reichsverfassung, Vortr. und Forsch. 17 (1973); *A. Fliche u. V. Martin*, Histoire de l'église depuis les origines jusqu'a nos jours, Bd. 8 (1944); *A. Fliche*, Premiers résultats d'une enquête sur la réforme grégorienne dans le diocèse français de Narbonne, Académie des inscriptions et de belles-lettres, Comptes rendus (1944), S. 162 ff.; *ders.*, La réforme Grégorienne, Bd. 2 (1925); *H. Fuhrmann*, Das Reformpapsttum und die Rechtswissenschaft, in Investiturstreit und Reichsverfassung, S. 175 ff.; *ders.* Über den Reformgeist der 74-Titel-Sammlung (Diversorum patrum sententiae), Fs. *H. Heimpel* Bd. 2 (1972), S. 1101 ff.; *V. Habbart*, Zur Rechtssymbolik des Bischofsrings (1963); *O. Hageneder*, Das päpstliche Recht der Fürstenabsetzung: seine kanonistische Grundlegung, Arch. Hist. Pont. 1 (1963), S. 53 ff.; *W. Hartmann*, Eine unbekannte Überlieferung der falschen Investiturprivilegien, DA 24 (1968), S. 498 ff.; *A. Hauck*, Kirchengeschichte 3, S. 753 ff.; *C. J. v. Hefele* u. *H. Leclercq*, Histoire des conciles, besonders die Bde. IV/2 und V/1 für die Konzilien der Reformzeit; *H. Hoffmann*, Die beiden Schwerter im hohen Mittelalter, DA 20 (1964), S. 78 ff.; *ders.*, Die Unveräußerlichkeit der Kronrechte im Mittelalter, DA 20 (1964), S. 389 ff.; *H. Hirsch*, Reichskanzlei und Reichspolitik im Zeitalter der salischen Kaiser, MIÖG 42 (1927), S. 14 ff.; *K. Jordan*, Das Eindringen des Lehnswesens in das Rechtsleben der römischen Kurie, AUF 12 (1932), S. 13 ff., besonders Teil III: Die Lehnsidee im Verhältnis des Papsttums zu den Staaten des Abendlandes (Neudr. 1971 mit sehr nützlichem bibliographischen Nachtrag); *ders.*, Der Kaisergedanke in Ravenna zur Zeit Heinrichs IV., ein Beitrag zur Vorgeschichte der staufischen Reichsidee, DA 2 (1938), S. 85 ff.; *ders.*, Die Ravennater Fälschungen aus den Anfängen des Investiturstreites, AUF 15 (1938), S. 426 ff.; *ders.;* Das Reformpapsttum und die abendländische Staatenwelt, Welt als Gesch. 18 (1958), S. 134 ff.; *ders.*, Die Stellung Wiberts von Ravenna in der Publizistik des Investiturstreites, MIÖG 62 (1954), S. 155 ff.; *ders.*, Das Zeitalter des Investiturstreites als politische und geistige Wende des abendländischen Hochmittelalters, GWU 23 (1972), S. 513 ff.; *F. Kern*, Gottesgnadentum und Widerstandsrecht (Neudr. 1954); *H.-M. Klinkenberg*, Der römische Primat im 10. Jhdt., ZRG Kan. 41 (1955), S. 1 ff.; *L. Knabe*, Die gelasianische Zweigewaltentheorie bis zum Ende des Investiturstreits (1936); *O. Köhncke*, Wibert von Ravenna (Papst Clemens III.) (1888); *G. Laehr*, Die Konstantinische

Schenkung in der abendländischen Literatur des Mittelalters bis zur Mitte des 14. Jhdts. (1926); *P. Leidinger,* Westfalen im Investitur-streit, Westfäl. Zeitschr. 119 (1969), S. 267 ff.; *D. Lück,* Erzbischof Anno II. von Köln: Standesverhältnisse, verwandtschaftliche Beziehungen und Werdegang bis zur Bischofsweihe, Ann. Hist. Verein f.d. Niederrhein 172 (1970, S. 69 ff.); *ders.,* Die Kölner Erzbischöfe Hermann II. und Anno II. als Erzkanzler der Römischen Kirche, Arch. f. Dipl. 16 (1969), S. 1 ff.; *ders.* Die Vita Annonis und die Annalen des Lampert von Hersfeld, Rhein. Vjbl. 37 (1973), S. 117 ff.; *T. Mayer,* Fürsten und Staat, (1950); *G. Meyer v. Knonau,* Jahrbücher des Deutschen Reiches unter Heinrich IV. und Heinrich V., 1–7 (1890–1909); *G. Miccoli,* La Chiesa gregoriana (1966), eine Sammlung von Aufsätzen des Autors über die Reform im 11. Jhdt.; *E. Müller-Mertens,* Regnum Teutonicum, Aufkommen und Verbreitung der deutschen Reichs- und Königsauffassung im früheren Mittelalter (1970), besonders S. 145 ff.; *E. Pasztor,* Sacerdozio e regno nella »Vita Anselmi episcopi lucensis«, Arch. Hist. Pont. 2 (1964), S. 91 ff.; *P. Salmon,* Mitra und Stab, Die Pontifikalinsignien im röm. Ritus (1960); *L. Santifaller,* Quellen und Forschungen zum Urkunden- und Kanzleiwesen Papst Gregors VII., I. Teil (Studi e testi 190) 1957; *A. Scharnagl,* Der Begriff der Investitur in den Quellen und der Lit. des Investiturstreits (1908); *R. Schieffer,* Die Entstehung des päpstlichen Investiturverbots für den deutschen König (1981); *ders.,* Von Mailand nach Canossa; ein Beitrag zur Gesch. der christlichen Herrscherbuße von Theodosius d. Gr. bis zu Heinrich IV., DA 28 (1972), S. 333 ff.; besonders nützlich als Erklärung für Gregors Geschichtsbild, der in ehrlicher Überzeugung die Buße des Jahres 390 als Rechtfertigung seiner Absetzung Heinrichs IV. zitierte; *Th. Schieffer,* Die päpstlichen Legaten in Frankreich vom Vertrage von Meersen (870) bis zum Schisma von 1130 (1935); *W. Schlesinger,* Die Wahl Rudolfs von Schwaben zum Gegenkönig 1077 in Forchheim, in: Investiturstreit u. Reichsverfassung, S. 61 ff.; mit älterer Literatur; *F.-J. Schmale,* Papsttum und Kurie zwischen Gregor VII. und Innocenz II., HZ 193 (1961), S. 265 ff.; *B. Schmeidler,* Kaiser Heinrich IV. und seine Helfer im Investiturstreit (1928), eine anregende Interpretation, obwohl in vieler Hinsicht heute nicht mehr akzeptiert; *P. Schmid,* Der Begriff der kanonischen Wahl in den Anfängen des Investiturstreits (1926); *Chr. Schneider,* Prophetisches Sacerdotium und heilsgeschichtliches Regnum im Dialog 1073–1077; zur Geschichte Gregors VII. und Heinrichs IV. (1972); *O. Schumann,* Die päpstlichen Legaten in Deutschland zur Zeit Heinrichs IV. und Heinrichs V. (1056–1125), (1912); *W. von den Steinen,* Canossa, Heinrich IV. und die Kirche (1957); *T. Struve,* Lampert von Hersfeld, Persönlichkeit und Weltbild eines Geschichtsschreibers am Beginn des Investiturstreits, Hess. Jb. f. Lgsch. 19 (1969), S. 1 ff. und 20 (1970), S. 32 ff.; *J. Sydow,* Untersuchungen zur kurialen Verwaltungsgeschichte im Zeitalter des Reformpapsttums, DA 11 (1954/55), S. 18 ff mit weiterf. Literatur; *G. Tellenbach,* Libertas. Kirche und Weltordnung im Zeitalter des Investiturstreits (1936); *W. Ullmann,* The Growth of Papal Government in the Middle Ages (1955); *E. Werner,* Pauperes Christi, Studien zu sozial-religiösen Bewegungen im Zeitalter des Reformpapsttums (1956); *J. P. Whitney,* Hildebrandine Essays (1932); *J. Ziese,* Historische Beweisführung in Streitschriften des Investiturstreites (1972).

Der Episkopat

K. Bogumil, Das Bistum Halberstadt im 12. Jhdt. (1972); *D. Claude,* Geschichte des Erzbistums Magdeburg bis in das 12. Jhdt., 2 Bde. (1972/75); *J. Fleckenstein,* Heinrich IV. und der dt. Episkopat in den Anfängen des Investiturstreites, in: Adel und Kirche, Festschrift G. Tellenbach (1968), s. 221 ff.; s. dazu *A. Nitschke,* Die Ziele Heinrichs IV., in: Wissenschaft, Wirtschaft und Technik, Wilh. Treue z. 60. Geb. 1970), s. 38 ff.; sowie *J. Fleckenstein,* Hofkapelle; *J. Fleckenstein,* Hofkapelle und Reichsepiskopat unter Heinrich IV., in: Investiturstreit u. Reichsverfassung, S. 117 ff. mit Bemerkungen zur Kritik A. Nitschkes in Festschrift Treue; *G. Glaeske,* Die Erzbischöfe von Hamburg-Bremen als Reichsfürsten, 937 bis 1258 (1962); *W. Goez,* Rainald von Como, ein Bischof des 11. Jhdts. zwischen Kurie und Krone, in: Histor. Forschungen f. Walter Schlesinger (hgg. von H. Beumann, 1974), S. 462 ff.; *G. Jenal,* Erzbischof Anno II. von Köln (1056–75) und sein politisches Wirken, 2. Bde., 1974 u. 1975; *R. Kottje,* Zur Bedeutung der Bischofsstädte für Heinrich IV., HJ 97–98 (1978), S. 131 ff. mit ausführlichen Literaturangaben zum Servitium regis; *I. S. Robinson,* Periculosus homo: Pope Gregory VII and Episcopal Authority, Viator 9 (1978), S. 103 ff.; *R. Schieffer,* Die Romreise deutscher Bischöfe im Frühjahr 1070, Anno von Köln, Siegfried von Mainz und Hermann von Bamberg bei Alexander II., Rhein. Vljbl. 35 (1971), S. 152 ff.; *ders.,* Spirituales Latrones: Zu den Hintergründen der Simonieprozesse in Deutschland zwischen 1069 und 1075, HJ 92 (1972), S. 19 ff. m. weiterführender Literatur; *M. Tangl,* Das Leben des Bischofs Benno II. von Osnabrück (1910); *H. Thomas,* Erzbischof Siegfried I. von Mainz und die Tradition seiner Kirche, DA 26 (1970), S. 368 ff.; *A. Wendehorst,* Bischof Adalbero v. Würzburg (1045–1090) zwischen Papst und Kaiser, Studi Gregoriani 6 (1959/61), S. 147 ff.; *S. Weinfurter,* Reformkanoniker und

Reichsepiskopat im Hochmittelalter, HJ 97/98 (1978), S. 158 ff., mit ausführlichen Literaturangaben zur Kanonikerreform in Deutschland besonders in der 1. Hälfte des 12. Jhdts.; *J. Ziese,* Bischofsamt und Königtum, HJ 97–98 (1978), S. 108 ff.

Zu Papst Gregor VII.

H. X. Arquilliere, Saint Gregoire VII, essai sur sa conception du pouvoir pontifical (1934); *G. B. Borino,* L'arcidiaconato di Ildebrando, Studi Gregoriani 3 (1948), S. 463 ff.; *ders.,* Quando e dove si fece monaco Ildebrando, Studi e testi 125 (1946), S. 218 ff.; *ders.,* Perché Gregorio VII non annunzio la sua elezione ad Enrico IV e non ne richiese il consenso, Studi Gregoriani 5 (1956), S. 313 ff.; *E. Caspar,* Gregor VII. in seinen Briefen, HZ 130 (1924), S. 1 ff.; *H. E. J. Cowdrey,* Hrsg., The Epistolae vagantes of Pope Gregory VII (1972); *C. Dereine,* La prétendue règle de Grégoire VII pour chanoines réguliers, Rev. bén. 71 (1961), S. 108 ff.; *H. Fuhrmann,* Zur Benutzung des Registers Gregors VII. durch Paul von Bernried, Studi Gregoriani 5 (1956), S. 299 ff.; *B. Gaffrey,* Hugo der Weisse und die Opposition im Kardinalskollegium gegen Papst Gregor VII., Diss. Greifswald 1914; *J. Gilchrist,* Gregory VII and the Juristic Sources of his Ideology, Studia Gratiana 12 (1967), S. 3 ff.; *ders.,* Gregory VII and the Primacy of the Roman Church, Besprechung des Buches von Meulenberg mit einer Diskussion des Datums der 74-Titel-Sammlung, Tijdschrift v. Rechtsgesch. 36 (1968), S. 123 ff.; *W. Goez,* Zur Erhebung und ersten Absetzung Papst Gregors VII., RQ 63 (1968), S. 117 ff.; *ders.,* Zur Persönlichkeit Gregors VII., RQ 73 (1978), S. 193 ff., ein ausgezeichneter Aufsatz mit weiterführender Literatur; *A. Gwynn,* Gregory VII and Modern Scholars, Studies 39 (1950), S. 40 ff.; *H. Hoffmann,* Zum Register und zu den Briefen Papst Gregors VII., DA 32 (1976), S. 86 ff. mit weiterführender Literatur; *W. Holtzmann,* Laurentius von Amalfi, ein Lehrer Hildebrands, Studi Gregoriani 1 (1947), S. 207 ff.; *P. E. Hübinger,* Die letzten Worte Papst Gregors VII. (1973); *G. B. Ladner,* Two Gregorian Letters, On the Sources and Nature of Gregory VII' Reform Ideology, Studi Gregoriani 5 (1956), S. 221 ff.; *B. Llorca,* Derechos de la Santa sede sobre Espana, el pensamiento de Gregoria VII: Sacerdozio e Regno da Gregorio VII a Bonifacio VIII (1954); *G. Marchetti-Longhi,* Ricerche sulla famiglia di Gregorio VII, Studi Gregoriani 2 (1947), S. 287 ff.; *W. Martens,* Gregor VII. (1894); *L. F. J. Meulenberg,* Der Primat der römischen Kirche im Denken und Handeln Gregors VII. (1956), s. dazu *J. Gilchrist,* Primacy; *G. Miccoli,* Literaturbericht zu Gregor VII. in Bibliotheca Sanctorum 7 (Rom, 1966); *ders.,* Le ordinazioni simoniache nel

pensiero di Gregorio VII, Studi medievali (1963), S.104ff., wieder abgedr. in *ders.*, Chiesa gregoriana, S.169ff.; *R. Morghen,* Gregorio VII
(1942); A. Nitschke, Die Wirksamkeit Gottes in der Welt Gregors
VII., Studi Gregoriani 5 (1956), S.115ff., ein bemerkenswerter, wenn
auch etwas zu einseitiger Versuch, die Gedankenwelt Gregors zu
entschlüsseln, der im allgemeinen vorsichtige Zustimmung gefunden hat; *R. Schieffer,* Gregor VII. – Ein Versuch über die historische
Größe, HJ 97–98 (1978), S.87ff., besonders nützlich; *P. E. Schramm,*
Das Zeitalter Gregors VII., Göttingische Gelehrte Anzeigen 207
(1953), S.62ff., ein Literaturbericht; *W. Wühr,* Studien zu Gregor
VII. Kirchenreform und Weltpolitik (1930);

Zum dictatus papae

K. Hofmann, Der »Dictatus Papae« Gregors VII. (1933); *H. Fuhrmann,* »Quod catholicus non habeatur, qui non concordat Romanae ecclesiae,« Randnotizen zum Dictatus Papae, Festschrift Hel-
mut Beumann (hrsg. v. *Jäschke u. Wenskus*) 1977, S.263ff. mit weiterf. Literatur und einer kurzen Einführung in den gegenwärtigen
Stand der Diskussion um dieses Dokument; *S. Kuttner,* 'liber cano-
nicus', Studi Gregoriani 2 (1947), S.394ff.; *H. Mordek,* 'Proprie auc-
toritates apostolice sedis; ein zweiter dictatus papae Gregors VII.?'
DA 28 (1972), s.105ff., s. dazu *F. Kempf,* Ein zweiter Dictatus Papae
Gregors VII.?, ein Beitrag zum Depositionsanspruch Gregors VII,
Arch. Hist. Pont. 13)1975), S.119ff.; *W. Ullmann,* Romanus Pontifex
indubitanter efficitur sanctus: Dictatus Papae 23 in retrospect and
prospect, Studi Gregoriani 6 (1959–61), S.229ff.

Zu Canossa

Zu den Vorgängen um Worms, Tribur-Oppenheim und Canossa s.
die Aufsatzsammlung Canossa als Wende (WdF 12) hrsg. von
H. Kämpf (1969) u. besonders die dort wieder abgedr. Arbeiten von
C. Erdmann und *G. Tellenbach;* der Themenkreis wurde kürzlich
wieder aufgenommen von *H. Beumann,* Tribur, Rom und Canossa;
in: Investiturstreit u. Reichsverfassung, S.33ff.; *M. Consiglia de
Matteis,* La riconciliazione di Canossa, Studi Medie vali 19 (1978),
S.681ff.; *R. Elze,* Über die Leistungsfähigkeit von Gesandtschaften
und Boten im 11. Jahrhundert: Aus der Vorgesch. von Canossa
(1075–1077), Beihefte der Francia 9 (1980), S.3ff.; *K. F. Morrison,*
Canossa: a Revision, Traditio 18 (1962), S.121ff., s. dazu *J. Gilchrist,*
Gregory VII and the Juristic Sources of his Ideology, Studia Gratiana
12 (1967), S.3ff.; *W. von den Steinen,* Canossa, Heinrich IV. und die

Kirche (1957); *H. Zimmermann,* Der Canossagang von 1077. Wirkungen und Wirklichkeit (Abh. Ak.d.W. u.d. Lit. in Mainz 5, 1975), sehr ausführlich.

Klosterreform und Adel

N. Bulst, Untersuchungen zu den Klosterreformen Wilhelms von Dijon (962–1031), (1973); *W. Goez,* Reformpapsttum, Adel und monastische Erneuerung in der Toscana, in: Investiturstreit und Reichsverfassung, S. 205 ff.; *K. Hils,* Die Grafen von Nellenburg im 11. Jhdt. (1967); *H. Jakobs,* Der Adel in der Klosterreform von St. Blasien (1968); *ders.,* Die Hirsauer, Ihre Ausbreitung und Rechtsstellung im Zeitalter des Investiturstreites ((1961); *ders.,* Rudolf von Rheinfelden und die Kirchenreform, in: Investiturstreit, S. 87 ff., s. dazu *K. Schmid,* ebd., S. 295 ff.; Jakobs gibt ausführliche Literaturhinweise zu dem Thema Klosterreform und Adel S. 97 ff, Anm. 52; *G. Penso,* Il movimento die Fruttuaria e la riforma gregoriana, in: Il monachesimo e la riforma ecclesiastica (1049–1122), Misc. del Centro di studi medioevali 6 (1971), S. 385 ff.; *K. Schmid,* Adel und Reform in Schwaben, in: Investiturstreit, S. 295 ff.; *J. Semmler,* Die Klosterreform von Siegburg (Rhein. Arch. 53), 1959.

Mailand

S. die Bibliographie zu Kapitel III, sowie *A. Borst,* Die Katharer (1953); *H. Keller,* Pataria und Stadtverfassung, Stadtgemeinde und Reform: Mailand im Investiturstreit, in: Investiturstreit, S. 321 ff.; *H. E. J. Cowdrey,* the Papacy, the Patarenes and the Church of Milan, TRHS 18 (1968), S. 25 ff., P. Zerbi Monasteri e riforma a Milano, Aevum 24 (1950), S. 44 ff.

Sachsen

G. Baaken, Königtum, Burgen und Königsfreie (1961),s. S. 75 ff zu Heinrich IV. und dem sächsischen Aufstand; *W. Berges,* Zur Geschichte des Werla-Goslarer Reichsbezirks vom 9. bis zum 11. Jhdt. (1963); *L. Fenske,* Adelsopposition und kirchliche Reformbewegung im östlichen Sachsen, Entstehung und Wirkung des sächsischen Widerstandes gegen das salische Königtum während des Investiturstreits (1977); *H. Grundmann,* Freiheit als religiöses, politisches und persönliches Postulat, HZ 183 (1957), S. 23 ff.; *O.-H. Kost,* Das östliche Niedersachsen im Investiturstreit. Studien zu Brunos Buch vom Sachsenkrieg (1962); *K.-H. Lange,* Die Stellung der Grafen von

Nordheim in der Reichsgesch. des 11. und frühen 12. Jhdts., Nieders. Jb f. Ldsgesch. 33 (1961), S.1ff.

Zur Streitschriftenliteratur

W. Affeldt, Königserhebung Pippins und Unlösbarkeit des Eides im Liber de unitate ecclesiae conservanda, DA 25 (1969), S.313ff.; *J. Autenrieth,* Bernold von Konstanz und die erweiterte 74-Titelsammlung, DA 14 (1958), S.375ff.; *W. Berschin,* Bonizo von Sutri (1972); *J. Beumann,* Sigebert von Gembloux und der Traktat de investitura episcoporum (1976); *P. Fournier* und *G. Le Bras,* Histoire des collections canoniques, bes. Bd. 2; *H. Fuhrmann,* »Volkssouveränität« und »Herrschaftsvertrag« bei Manegold von Lautenbach, Festschr. H. Krause (1975), S.21ff.; *K. Mirbt,* Die Publizistik im Zeitalter Gregors VII. (1894), nach wie vor grundlegend; *I. S. Robinson,* Authority and Resistance in the Investiture Contest: the Polemical Literature of the Late 11th Century (1978); *J. Schnitzer,* Die Gesta Romanae ecclesiae des Kardinals Beno (MGH LL 2.378) und andere Streitschriften der schismatischen Kardinäle wider Gregor VII. (1892).

V. Das Investiturproblem in England, Frankreich und Deutschland unter Gregors Nachfolgern

1. Papst Urban II., Investitur und hominium

Gregors Tod im Mai 1085 in Salerno, die Spaltung des Kardinalkollegiums sowie der unteren Ränge des römischen Klerus in zwei Parteien, von denen die eine zu dem von Heinrich IV. eingesetzten Gegenpapst Clemens III. hielt, stürzte die Kirche in Verwirrung. Doch schon Gregors zweitem Nachfolger, Papst Urban II. (1088–1099), war es bestimmt, das Papsttum aus dem Engpass herauszuführen, in den es während der achtziger Jahre geraten war.

Urban, ein Franzose vornehmer Abstammung, war seit den späten fünfziger Jahren Archidiakon der Erzdiözese Reims gewesen, trat dann aber, wahrscheinlich zwischen 1067 und 1070, in das Kloster Cluny ein, wo er unter Abt Hugo bald Prior wurde. Als Papst Gregor VII. Hugo 1078 bat, Mönche zu seiner Unterstützung nach Rom zu schicken, wurde auch dem Prior Odo, wie Urban vor seiner Papstwahl hieß, ein neues Aufgabengebiet in Rom überwiesen. Bald schon ernannte Gregor Odo zum Kardinalbischof von Ostia, der dann sowohl von Gregor VII. als auch von Papst Viktor III. den Wählern als neuer Papst empfohlen wurde, eine Wahl, die 1089 in Terracina erfolgte. Die schwierigen Anfangszeiten seines Pontifikats stellten die Fähigkeiten des Cluniazensers auf eine harte Probe, aber schon im Sommer 1089 gelang es Urban, von Süditalien aus Rom mit Waffengewalt zu erobern und Clemens III. zum Rückzug zu zwingen. Den Einzug in den Lateranpalast 1094 und 1098 in die Engelsburg erreichte der Papst auf friedlichere Weise durch die Zahlung von Abfindungssummen an die römischen Anhänger Wibert-Clemens III. Die Hauptstützen der päpstlichen Partei waren damals die Gräfin Mathilde von Tuszien und die italienischen Normannen, in deren Herrschaftsgebiet der Papst stets Zuflucht fand. 1089 gelang es Urban, die 26 Jahre ältere Mathilde zu einem Ehebündnis mit dem 17jährigen Welf V., Sohn des abgesetzten Bayernherzogs Welf IV., zu überreden und durch diese Koalition dem Kaiser den Weg nach Rom zu versperren, den Heinrich IV., nachdem er seine Macht in Deutschland gefestigt hatte, dann 1090 auch tatsächlich einschlug.

Zunächst schien Heinrich auch in Italien von Erfolg zu Erfolg zu eilen, aber bei der Burg Canossa kam es 1092 für den Kaiser zu einer schweren Niederlage, die schnell sehr weite Kreise zog. Die nach Unabhängigkeit strebenden Städte Mailand, Cremona, Lodi und

Piacenza schlossen ein antikaiserliches Bündnis. Kurze Zeit später, 1093, erhob sich sein 1087 in Aachen zum Nachfolger gekrönter Sohn Konrad, der sich mit der Markgräfin Mathilde und Welf V. abgestimmt hatte, gegen den Vater und wurde in Mailand zum König von Italien gekrönt. Auch Papst Urban II., der sich nie um Hermann von Salm gekümmert hatte, erkannte Konrad 1095 an, wohl in der Annahme, daß der junge Salier auch in Deutschland mit Unterstützung rechnen könne. Bei einem Zusammentreffen in Cremona leistete Konrad dem Papst Stratordienst, das heißt, er führte das Pferd des Papstes am Zügel, und schwor ihm einen Sicherheitseid. Urban II. seinerseits versprach, Konrad auf jede Weise zur Erreichung seiner Ziele behilflich zu sein, soweit dies – eine bedeutsame Einschränkung – unbeschadet der Rechte der römischen Kirche, unter denen das Investiturverbot namentlich erwähnt wurde, geschehen könne. Die Unterstützung Urbans beschränkte sich jedoch darauf, eine Vermählung zwischen Konrad und einer Tochter seines alten Bundesgenossen, Graf Rogers von Sizilien, zu vermitteln.

Während diese wahre Unglückswelle über den Kaiser hereinbrach, mußte er allem tatenlos zusehen, da er im Gebiet um Padua und Verona eingeschlossen war. Eine weitere Demütigung bereitete Heinrich seine zweite Gemahlin, die russische Fürstentochter Praxedis, die ihn auf dem Konzil zu Piacenza 1095 öffentlich abwegigen sexuellen Benehmens anklagte, deretwegen ihre Trennung von Heinrich durch Papst Urban II. voll gebilligt und Praxedis jegliche Buße erlassen wurde. Erst als der junge Welf seiner Gemahlin Mathilde, die, wie Welf überall verkündete, ihm seine ehelichen Rechte nicht gewährte, davonlief und damit nicht nur die unnatürliche Ehe, sondern auch das Bündnis zwischen dem Haus Canossa und den Welfen zerbrach, wendete sich das Blatt für Heinrich IV., der 1097 nach Deutschland zurückkehren konnte, wo er im Vorjahr Welf IV. wieder als Herzog von Bayern eingesetzt hatte. Urban II. allerdings hatte in der Zwischenzeit schon allgemein seine Anerkennung als rechtmäßiger Papst durchsetzen können, so daß Wibert-Clemens III. trotz seiner Fähigkeiten stets ein Gegenpapst von geringer Bedeutung bleiben sollte.

Die Jahre 1095/96 stellen den Höhepunkt des Pontifikats Urbans II. dar. Wie die Konzile von Piacenza (März 1095) und Clermont (November 1095) eindringlich zeigen, war Urban, obwohl er, wie er schon in seiner Wahlanzeige zum Ausdruck gebracht hatte, ohne Schwanken an der Politik Gregors VII. festhielt, eher bereit, Nachsicht zu üben, wenn das Wohl der Kirche dies zu verlangen schien. Im Bewußtsein seiner päpstlichen Autorität versuchte er, den kirchlichen Wirren der Zeit zu steuern und die Kirche zur Einheit zurückzuführen, indem er großzügig vom päpstlichen Dispensrecht Gebrauch machte. Dabei brachte er jedoch deutlich zum Ausdruck, daß er keineswegs beabsichtige, herkömmliches Kirchenrecht zu präjudizieren. Wenn die Notzeiten vorbei wären, dann sollten auch die notgedrungen gewährten Konzessionen ihre Gültigkeit verlieren. Vor allem das Schisma bereitete Urban Sorgen.

Seit es mit der Erhebung des Erzbischofs Wibert von Ravenna zum Gegenpapst 1080 zu zahlreichen Doppelbesetzungen kirchlicher Ämter in Deutschland und Italien gekommen war, häuften sich innerkirchliche Probleme; die kirchliche Rekonziliation und der Umgang mit Gebannten sowie die Gültigkeit schismatischer Weihen waren besonders schwer zu regeln. Beide Seiten, die Wiberts und des Kaisers sowie die päpstliche, fühlten sich zutiefst der Reform verpflichtet, die sie nach besten Kräften förderten. Nikolaitismus und Simonie waren überall verpönt. Trotzdem verfluchten die beiden ständig wechselnden Parteien sich gegenseitig als Häretiker und Schismatiker – letzteres ein Begriff, der verschieden interpretiert wurde – ohne sich in ihren Amtshandlungen behindert zu fühlen, »über deren Gültigkeit die widersprechendsten Meinungen herrschten; wie sollte man sich schließlich den Bischöfen gegenüber verhalten, die – zum Teil verdiente 'Gregorianer' und Verfechter der Reformidee, wie etwa Hermann von Metz oder Hartwig von Magdeburg – jetzt mit dem gebannten Kaiser sich verständigten, vielfach gerade um sich in ihren Diözesen noch halten zu können? Stand nicht auf jedwedem Umgang mit Exkommunizierten wieder die Exkommunikation?« (Becker). Urban II. hatte kaum Beziehungen zu deutschen Prälaten. Die Ausnahme waren der von ihm konsekrierte Bischof Gebhard von Konstanz, den er zum päpstlichen Vikar für ganz Deutschland neben Altmann von Passau (gest. 1091) ernannte, einige süddeutsche Fürsten sowie besonders die Klöster Hirsau und Allerheiligen zu Schaffhausen. In einem Schreiben an Gebhard vom April 1089 legte er, um der Unsicherheit zu steuern, fest, daß sowohl Wibert von Ravenna als auch Heinrich IV. als Urheber des Schismas grundsätzlich als von der Kirche ausgeschlossen zu betrachten seien. Das gleiche gälte für von diesen eingesetzte Simonisten, doch denjenigen, die nur mit den Gebannten verkehrten, sollte je nach der Schwere ihrer Schuld eine Buße, die er in Gebhards Ermessen stellte, auferlegt werden. Dann könnten sie wieder in die kirchliche Gemeinschaft aufgenommen werden. Mit dem gleichen Schreiben erkannte der Papst wenigstens einen Teil der während des Schismas erteilten nicht-simonistischen Kleriker-Ordinationen durch schismatische, nicht-simonistische Bischöfe vorläufig an. Man sieht, wie kompliziert die Probleme waren und kann sich nicht wundern, daß sich der Papst eine endgültige Entscheidung für ein allgemeines Konzil vorbehielt.

Das erste Konzil, das, soviel man weiß, zu der verfahrenen innerkirchlichen Situation Stellung nahm, war das Konzil von Piacenza im März 1095, das zu einem Triumpf Urbans wurde. Obwohl die Überlieferung der Konzilskanones noch nicht geklärt ist – verschiedene Versionen waren im Umlauf – läßt sich sagen, daß sich die Dekrete der Synode wie üblich an erster Stelle gegen Simonisten richteten, bei denen jedoch vielfältige Unterscheidungen gemacht wurden. Nicht-simonistisch von Simonisten geweihte Kleriker wurden in ihrem Ordo belassen, wenn sie nicht wußten, daß der Konsekrator ein Simonist war und wenn ihr Lebenswandel zu keinen Beanstandungen Anlaß gab. Mit ähnlicher Einschränkung wurden Kleriker anerkannt, die von Bischöfen geweiht worden waren, die ursprünglich nicht zu den Schismatikern gehörten oder wenn ein Kleriker bei seiner Weihe nicht wußte, daß der Weihebischof zur Zeit namentlich exkommuniziert war. Sie wurden in ihrem Amt belassen und mit der Kirche versöhnt, in der sie unter Umständen sogar zu einem höheren Rang aufsteigen konnten. Bei zukünftigen Ordinationen durch Schismatiker oder Simonisten, so verkündete ein weiterer Kanon, sollte jedoch keine Nachsicht mehr geübt werden. Piacenza sollte also einen Schlußstrich ziehen. Selbstverständlich machte es diese bedingte Amnestie vielen Bischöfen und Klerikern wesentlich leichter als in den letzten Pontifikatsjahren Papst Gregors VII., sich dem rechtmäßigen Papst anzuschließen. Urbans Politik zeigte durchaus ihre Früchte, und es ist umso bedauerlicher, daß es zwischen Papst und Kaiser zu keiner Versöhnung kam. Es war deutschen Bischöfen, denen Clemens III., der ehemalige Erzbischof Wido von Ravenna, stets fremd blieb, durchaus möglich, Treue zu Heinrich IV. mit Urban-Obödienz zu verbinden oder sich zumindest zwischen den Päpsten völlig neutral zu verhalten, aber von einer Annäherung zwischen den beiden Hauptgegnern weiß man nichts.

Eine der vielen noch ungeklärten Fragen aus Urbans Pontifikat ist das Investiturproblem. Sollte es den Stein des Anstoßes gebildet haben? Urbans Zurückhaltung in dieser Frage ist bemerkenswert. Auf der Herbstsynode von 1078 hatte Gregor VII. bei Strafe der Exkommunikation Klerikern verboten, die Investitur mit einem Bistum (episcopatus), einer Abtei oder einer Kirche aus den Händen des Kaisers oder Königs oder irgendeines Laien gleich welchen Geschlechts zu empfangen. Im März 1080 bei der zweiten Absetzung Heinrichs IV. verstärkten der Papst und die versammelte Synode einen ähnlichen Beschluß durch einen zweiten Kanon, der die

Exkommunikation auch über alle weltlichen Mächte und Personen aussprach, die eine solche Investitur vorzunehmen wagten. Urban II. wiederholte auf seiner ersten Synode, die im September 1089 in Melfi zusammentrat, lediglich einen Teil des ersten gegen Kleriker gerichteten Verbots Gregors VII., sich von Laien investieren zu lassen. Durch Laien investierte Kleriker und Mönche sollten abgesetzt werden, das heißt, ihre Investitur wurde für ungültig erklärt, aber im Gegensatz zu Gregor VII. wurde die Exkommunikation nicht erwähnt. Wirklich eine milde Strafe für den Empfang der Investitur! Trotzdem aber wurde selbst dieser Kanon von Urban ausgelassen, als er Bischof Pibo von Toul die Konzilbeschlüsse mitteilte. Das große Konzil von Piacenza ging auch nur höchstens am Rand auf die Investiturfrage ein. Nur eine Handschrift aus einer der verschiedenen Handschriftengruppen, soweit diese bisher bekannt geworden und ediert worden sind, übermittelt in fragmentarischer Form einen Kanon gegen die Investitur von Klerikern oder Mönchen mit Bistümern, Abteien oder anderen Ämtern durch Laien, so daß Alfons Becker vielleicht mit Recht vermuten kann, daß das Investiturverbot Gregors VII. zu Piacenza nicht wiederholt wurde.

Daß sich Urban II. dem Problem überhaupt zuwandte, zeigt lediglich einmal die Einzelnotiz über die Vereinbarungen zwichen Urban II. und dem abtrünnigen Königssohn Konrad zu Cremona sowie, und hier endlich betritt man einigermaßen gesicherten Boden, die Konzilsdekrete der Synode von Clermont, die Urban Ende November 1095 unter Zustrom einer großen Menschenmenge hielt. Die Synode ist hauptsächlich dadurch bekannt, daß Urban hier zum Kreuzzug gegen die Seldschuken aufrief, ein Aufruf, der unter allen Volksschichten ein begeistertes Echo hervorrief. Doch befaßte sich das Konzil, wie Robert Somerville veranschaulichte, mit einem wesentlich weiterem Aufgabengebiet: der Papst und die Versammlung verkündeten einen Gottesfrieden mit den üblichen Bestimmungen zum Schutz der waffenlosen Bevölkerung einschließlich der Kirchen, eine Einrichtung, mit der Urban als Franzose sehr vertraut war; er bekräftigte die Einhaltung der Grade der kirchlichen Hierarchie, befaßte sich mit Klerikermoral, verschärfte die Zölibatsgebote wowie das Verbot, Waffen zu tragen. Auch Bestimmungen über die römischen Fastenzeiten nehmen einen breiten Raum ein. Selbstverständlich wurde auch die Simonie verboten. Drei von diesen Kanones verbieten die Investitur und außerdem den Lehnseid für alle Geistlichen gegenüber dem König und anderen Laien. Nicht zuletzt hat die Versammlung Laien auch den Besitz von Zehnten oder Kirchen verboten. Während des Pontifikats Urbans II. wurden das Investitur- und Lehnseidverbot gleich im Anschluß an Clermont auf der Provinzialsynode von Rouen im Februar 1096 wiederholt. Urban selbst hat, was sicher zu sein scheint, sowohl die Investitur als auch den Lehnseid noch einmal auf seiner letzten Synode, die er kurz vor seinem Tod im Frühjahr 1099 in Rom hielt, untersagen lassen.

Im Hinblick auf den gesamten Pontifikat Urbans II. fällt es schwer, Augustin Fliche und anderen Historikern zuzustimmen, die annehmen, daß der Papst, nachdem er seine allgemeine Anerkennung hatte durchsetzen können vom 'Opportunismus', der die ersten Pontifikatsjahre beherrscht habe, zu gregorianischem 'Rigorismus' zurückgekehrt sei und dann die Pläne seines großen Vorgängers mit äußerster Konsequenz verfolgte und durch sein Hominiumsverbot über das Investiturverbot Gregors noch hinausging. Eine derartige Auslegung scheint zwar naheliegend, besonders wenn man die Konsequenzen des Hominiumsverbotes in England, die im folgenden Abschnitt behandelt werden, bedenkt. Trotzdem scheint größte Vorsicht bei der Interpretation des Hominiumsverbots von Clermont geboten.

Zur Zeit des Konzils findet man in den Quellen die allerersten Spuren für die Benutzung des Wortes *hominium* (Mannschaft). Erst zwei Legaten Papst Paschalis II. (1099–1118), die 1100 eine Synode zu Poitiers mit der Absicht abhielten, die Gebote Urbans aus Clermont zu bestätigen, benutzen den Ausdruck *hominium,* wohingegen die Synode von Rouen 1096 den Vorgang genau wie die Versammlung von Clermont noch umschrieben hatte. Paschalis II. selbst benutzte den Ausdruck *hominium* auf seinem Konzil von 1102, auf dem er den Lehnseid zum letzten Mal ausdrücklich verbot. Was mit *hominium* gemeint ist, dürfte aber gerade trotz der Umschreibung klar sein. Nach der klassischen Analyse von Ganshof entspricht es einer Kommendation mit zweifacher Handgebärde: der zukünftige Herr umschloß mit seinen Händen die zusammengelegten Hände seines zukünftigen Vasallen. Ganshof weist ausdrücklich darauf hin, daß Kommendation, »ein Rahmenvertrag«, außerordentlich verschiedene Unterordnungsverhältnisse begründen konnte. Selbst nach Monika Minningers Zusammenstellung bleibt es, da die Quellenbelege häufig fehlen oder viel zu vage sind, sehr unklar, wie oft Investitur (auch dies ein Ausdruck für die Übergabe des Ringes und des Hirtenstabs an den Prälaten, der erst Ende des 11. Jahrhunderts aufgekommen ist) von Kommendation begleitet war. Daher ist es fast unmöglich, die Wirkung von Urbans Verbot einzuschätzen. Die wichtigste Komponente der Einsetzungszeremonie war der Treueid, der im Laufe der Übertragung eines Bistums oder einer Abtei von Klerikern oder Mönchen geschworen wurde, und gerade dieser Eid, obwohl er, wie wir gesehen haben, schon zu Zeiten Kaiser Heinrichs III. in verschiedenen Fällen zur Debatte stand, da sowohl die Bibel als auch die Klosterregel Benedikts das Schwören untersagte, wurde weder von Gregor VII., noch von seinen Nachfolgern verboten. Gregors Lösung vom Treueid anläßlich der Deposition Heinrichs IV. steht auf einem anderen Blatt. Man muß annehmen, daß das Investiturverbot zur Beurteilung des Verhältnisses zwischen der weltlichen und der geistlichen Macht während des Pontifikats Papst Urbans II. von größerer Bedeutung war als das Hominiumsverbot. Für Frankreich konnte Alfons Becker feststellen, daß es keineswegs sicher war, »daß der König tatsächlich und immer den (zu Clermont) verbotenen Lehnseid überhaupt forderte, und daß die französischen Bischöfe mehr als einen bloßen Treueid leisteten. Vom Lehnseid war in der kirchlichen Rechtspraxis seit 1095 keine Rede mehr.« In England, wo seit der normannischen Eroberung durch Wilhelm I. auch die kirchliche Hierarchie in ein striktes Lehnssystem eingegliedert war, und wo die Kommendation bei der Investitur tatsächlich eine Rolle spielte, wurde ironischerweise das Verbot von Clermont nicht bekannt gemacht.

Als Urban II. am 29. Juli 1099 starb, hatte er wahrscheinlich noch nicht erfahren, daß Jerusalem 14 Tage vorher von den hauptsächlich französischen Kreuzfahrern eingenommen worden war. Das ungeheure Blutbad, das sie dabei anrichteten, verdunkelt zwar den Ruhm der meisten »fränkischen« Ritter – der Lothringer Gottfried von Bouillon war eine Ausnahme – aber kann doch den Glanz des Erfolgs von Urbans Kreuzzugsaufruf nicht ganz verwischen. Die Begeisterung, die Urbans Aufruf anläßlich des Konzils von Clermont Ende November 1095 entfacht hatte, erweckte in der abendländischen Welt ein Ideal, das bis in die frühe Neuzeit nicht verlöschen sollte, obwohl religiöse Vorstellungen sehr schnell von handgreiflichen wirtschaftlichen Interessen überlagert wurden. Die Notlage des byzantinischen Kaisers Alexios, der bei seinem Hilfegesuch, das zum ersten Mal wohl zu Piacenza dem Papst durch Boten vorgelegt wurde, an ritterliche Söldner gedacht haben wird, spielte schon gar keine Rolle mehr, als sich der Gedanke einer bewaffneten Wallfahrt in vielen Volksschichten durchsetzte.

Schon im Winter 1095 brachen unter dem Einfluß von charismatischen, fanatischen Volkspredigern wie Peter von Amiens, dessen Esel sogar für heilig gehalten wurde, für mittelalterliche Verhältnisse riesige Menschenmengen nach Jerusalem auf, die in den Rheinlanden durch grausame Judenverfolgungen von sich reden machten. Jerusalem erreichte von diesen Pilgern wohl niemand; die Reste der ungeordneten Scharen, die die Strapazen und Gefahren des Marsches zunächst überstanden hatten, wurden von den Türken in Kleinasien vernichtet. Erst die Ritter, die nach umständlichen und sehr kostspieligen Vorbereitungen 1096 aufbrachen, erreichten nach großen Schwierigkeiten ihr Ziel und gründeten schließlich das lateinische Königreich Jerusalem.

Das in unserem Zusammenhang Bemerkenswerte an diesem Ereignis ist das Bild, das freilich der geschichtlichen Wirklichkeit nicht entsprach, eines unter der Führung des Papstes geeinigten Christentums, das die christliche Lehre siegreich verbreitete und Andersgläubige in seinen Bann zwang. Die Könige Europas wurden dabei zu Randfiguren: der französische Philipp I. (1060–1108) war wegen seiner Zweitehe mit Bertrada von Montfort im Bann, Heinrich IV., der deutsche Kaiser, war nicht nur exkommuniziert, sondern auch in Oberitalien von Feinden umringt, und der englische König, Wilhelm Rufus, hatte den Papst nur mit knapper Not anerkannt. Schon Gregor VII. hatte sich an diesem Bild begeistert, das er allerdings nicht realisieren konnte, und in einem seiner ersten Briefe feierte Papst Paschalis II. den »Triumph der christlichen Heere in Asien«, ein Triumph, der Urban II. zu verdanken war.

2. Der Investiturstreit in England

Wenn bisher in diesem Buch vielleicht der Eindruck erweckt wurde, als ob die Kirchenreform unter päpstlicher Führung nur in Deutschland zu Schwierigkeiten im Verhältnis zwischen den beiden Gewalten *regnum* und *sacerdotium* geführt hätte, so ist dies bis zu einem gewissen Grad irreführend. Der Nachfolger Urbans II., Papst Paschalis II. (1099–1118), verstand es jedoch, sowohl in England als auch in Frankreich Übereinkommen zu erreichen, die den dort schwelenden Disputen die Spitze abbrachen. Während seine in die gleiche Richtung zielenden Ausgleichsversuche mit Deutschland die Schwierigkeiten, die während seines Pontifikats hauptsächlich aufgrund der Investiturverbote bestanden, zunächst nur vertieften, war dem Papst, der in der allgemeinen Literatur meist als starrsinniger oder, im besten Falle, als naiver Schwachkopf gilt, in den beiden anderen europäischen Ländern durchaus ein dauerhafter Erfolg beschieden, der nicht nur der Kirche, sondern auch den Herrschern Vorteile brachte.

Die Beziehungen zwischen Rom und England, so eng sie auch zur Zeit Gregors I. (590–604) – auf dessen Initiative die Missionierung der heidnischen Angelsachsen zurückgeht – und zur Zeit seiner ersten Nachfolger gewesen sein mögen, waren vor der Eroberung des Landes durch Herzog Wilhelm von der Normandie, selbst unter König Eduard dem Bekenner, nur von lockerer Art. England hatte zwar an der Klosterreform des 10. Jahrhunderts teilgenommen und nach neueren Forschungen wird auch den Berichten des Wilhelm von Malmesbury, daß die angelsächsische Kirche vor der Eroberung korrupt und dekadent war, kein uneingeschränkter Glauben mehr geschenkt, aber es trifft doch zu, daß die Kirche in England institutionell gesehen durch geographische Isolierung mit der Entwicklung auf dem Kontinent nicht Schritt gehalten hatte. Beispiele sind das Fehlen gesonderter kirchlicher Gerichtshöfe und die monastischen Domkapitel wie in Canterbury.

Diese Rückständigkeit der englischen Kirche sowie ihre Selbständigkeit Rom gegenüber wird vor allem das Entgegenkommen von seiten des damaligen Archidiakons Hildebrand erklären, als Herzog Wilhelm von der Normandie um päpstliche Unterstützung nachsuchte, um sich die Krone Eduards zu gewinnen. Wie Papst Gregor VII. später in einem bekannten Brief an Wilhelm I. von England selber schrieb, war er es, der es durchsetzte, daß Papst Alexander II. den Invasionsplänen Wilhelms trotz Opposition an der Kurie schon im voraus die Genehmigung erteilte und ihm sehr wahrscheinlich sogar eine geweihte Fahne für den Feldzug überreichen ließ. Nach einer Quelle soll Wilhelm durch seinen Gesandten, Bischof Gisilbert von Lisieux, Harald, den die Engländer selbst 1066 nach Eduards Tod zum König gewählt hatten, Meineid vorgeworfen haben, und es ist möglich, daß Alexander Harald sogar exkommunizierte. Eine spätere und nicht immer zuverlässige Quelle, Wace, behauptet, daß der Herzog dem Papst hatte versichern lassen, daß er das neue Reich von Gott und St. Peter halten wolle und daß er den alten Peterspfennig getreulich zahlen würde.

Wie dem auch sei, Wilhelms erfolgreiches Unternehmen stand von Anfang an unter dem Schutz Roms, und Gregor durfte mit Recht später erwarten, daß sich der neue englische König für römische Unterstützung dankbar erweisen würde. Nachdem sich Wilhelm in England militärisch durchgesetzt hatte, wandte er sich auch energisch der Reform der englischen Kirche zu. Im Jahr 1070 wurden auf einer Synode unter dem Vorsitz eines päpstlichen Legaten sämtliche angelsächsichen Bischöfe mit Ausnahme Siwards von Rochester und Wulfstans von Worcester abgesetzt und durch Normannen oder Lothringer ersetzt. Der gelehrte Lanfranc, Abt von Caen und Bec, wurde Erzbischof von Canterbury (1070–1089) und ein enger Mitarbeiter Wilhelms, der den König in seinem Bemühen unterstützte, die kirchliche Verfassung und die kirchlichen Ansichten der Normandie in sein neues Königreich zu übertragen.

Die Verdienste der Normannenherrscher um die politische und kirchliche Entwicklung ihres Herzogtums, das ihnen 911 im Vertrag von Saint-Clair-sur-Epte von König Karl dem Einfältigen von Frankreich wahrscheinlich als Lehen übertragen worden war, sind unbestritten bemerkenswert. Aus der Gegend von Rouen stammten nicht nur die künftige englische Oberschicht, sondern auch die Gründer der süditalienischen Normannenstaaten, seit 1059 päpstliche Vasallen, die durch Seitenlinien nach 1098 auch für kurze Zeit das Fürstentum Antiochien regierten. Der erste der normannischen Herzöge, der sich intensiv um die Wiedererweckung des Klosterlebens in der Normandie bemühte, war Richard I. (943–996), gerade zur Zeit der Tätigkeit Gerhard von Brognes. Einer von Gerhards Schülern, Mainard, wurde von Richard mit der Reformierung mehrerer Klöster, dem heutigen Saint-Wandrille, Mont-Saint-Michel und vielleicht auch Saint-Ouen in Rouen, beauftragt. Der gleiche Herzog Richard, der von einer zeitgenössischen Chronik noch als »Herzog der Seeräuber« bezeichnet wurde, wandte sich auch, allerding vergeblich, an Abt Majolus von Cluny (965–994), dem er seine Gründung Fécamp übertragen wollte.

Erst unter Richard II. (996–1026), der Fécamp Wilhelm von Volpiano unterstellte, wurde die Normandie selbst ein Zentrum klösterlichen Lebens und klösterlicher Gelehrsamkeit, das sogar aus Italien Schüler und Gelehrte anzog, unter Ihnen Lanfranc, der aus Pavia gekommen war, sowie Anselm aus Aosta. Fécamp, wo die Mönche den Gewohnheiten Clunys folgten, die von Wilhelm von Volpiano den lokalen Verhältnissen entsprechend abgeändert worden waren, wurde unter dem Abt Wilhelm der Jurisdiktion des Erzbischofs von Rouen entzogen und dem päpstlichen Schutz unterstellt, blieb dabei aber eine herzogliche Eigenabtei, die Cluny selbst in keiner Weise rechtlich unterstellt war. Auch zur Zeit Herzog Wilhelms II. der Bastard (so genannt, bis der Spottname durch »der Eroberer« ersetzt wurde) wurden durch die Tätigkeit des Abtes Richard von Saint-Vanne in der Normandie, die bis in die Regierungszeit von Wilhelms Vater, Herzog Robert (1028–1035) zurückgeht, die Beziehungen mit der Klosterreform aufrecht erhalten. Doch hatte Wilhelm der Bastard wenig Zeit, sich um Klöster zu kümmern, und es bedeutet viel, wenn von ihm gesagt wurde, daß er »das reguläre Mönchtum in einem Maass begünstigte, wie kein Fürst seiner Zeit« (Wolter). Die Festigung seiner Herrschaft, die ihm von seinen hochgeborenen Verwandten bestritten wurde, mußte sein erstes Ziel sein. Er überkam sowohl innere als auch äußere Feinde (besonders Gottfried Martel von Anjou) und konnte sowohl seine Vasallen als auch die normannische Kirche in strikte Abhängigkeit bringen. Die frühe finanzielle, politische und kirchliche Zentralisation der Normandie ist bekannt.

Als sich Lanfranc bereit erklärte, Erzbischof von Canterbury zu werden und die Reformierung der angelsächsischen Kirche zu übernehmen, wußte er, daß er sich auf die Unterstützung des Eroberers verlassen konnte. »Keiner der normannischen Herrscher hat in der Tat in kirchlichen Kreisen ein solches Ansehen gehabt wie der Eroberer, selbst der von den Mönchschronisten so gefeierte Heinrich I. muß vor ihm zurückstehen. Die Geschichte hat in ihrem Urteil über Wilhelm in seltener Einmütigkeit das Lob der Zeitgenossen bestätigt« (Wolter). Ein für diese Zeit seltenes Dokument zeigt uns deutlich, was Lafranc unter Kirchenreform verstand. Z. N. Brooke identifizierte eine kanonistische Handschrift im Trinity College zu Cambridge als das Original einer von Lanfranc selbst zusammengestellten kirchenrechtlichen Sammlung, die er bei seiner Ankunft in England höchstwahrscheinlich seinem neuen Kapitel Christ Church, Canterbury, schenkte und auch für alle anderen 14 Kathedralen Englands kopieren ließ. Bei der Sammlung Lanfrancs handelt es sich um eine gekürzte Gesamtausgabe der pseudoisidorischen Dekretalen. Brooke konnte zeigen, daß Lanfranc selbst diese Sammlung ausschließlich zitiert hat, die in einem ersten Teil Dekretalen von Clemens bis Gregor II. (etwa um ein Drittel gekürzt) und in einem zweiten griechische Konzilien enthält. Dieser offiziellen Quelle zum Kirchenrecht, die anscheinend auch zu Unterrichtszwecken benutzt wurde, wurden erst unter Erzbischof Theobald von Canterbury (1139–1161) andere Sammlungen zur Seite gestellt, darunter auch das Dekret Gratians. Horst Fuhrmann weist darauf hin, daß »nicht wenige pseudoisidorische Grundsätze dem Zentralismus des anglo-normannischen Staates und den extensiven Metropolitanrechten des Erzbischofs von Canterbury durchaus entgegenstanden,« aber diese Nachteile wurden durch eben diese Zentralisation wieder aufgehoben, wie besonders der Prozeß gegen einen Halbbruder des Eroberers, Bischof Odo von Bayeux zeigt, der als weltlicher Lehnsträger – er war gleichzeitig Graf von Kent – vor Gericht gestellt und zu Kerkerhaft verurteilt wurde.

Das Ziel Lanfrancs und des Eroberers war klar: kirchliche Angelegenheiten sollten alten päpstlichen und konziliaren Rechtssätzen entsprechend geregelt werden. Man glaubte nicht, der Hilfe Roms bei diesem Unternehmen besonders zu bedürfen, nachdem ein päpstlicher Legat Lanfranc den Weg geebnet hatte. Obwohl die von Wilhelm I. erlassenen Gesetze schlecht überliefert sind, ist sicher, daß er die Kirche fest in das Lehnssystem einbaute und, obwohl selbstverständlich von Äbten und Bischöfen kein persönlicher Kriegsdienst verlangt wurde, daß kirchlicher Territorialbesitz wie der der Barone für eine genau festgelegte Quote von »knights' fees«

verantwortlich war, das heißt, für einen Anteil des dem König als Lehnsherrn zustehenden Lehnsdienst *(servitium debitum).* Außerdem wurde den weltlichen Richtern die Kompetenz über kirchliche Fälle entzogen, für die in England zum ersten Mal eigene diözesane Gerichtshöfe geschaffen wurden. Appellation an den Papst wurde allgemein als Treulosigkeit dem König gegenüber betrachtet, und päpstliche Legaten konnten ohne besondere königliche Erlaubnis England nicht betreten. Lanfranc, ein Theologe, der besonders durch seinen Traktat gegen die Abendmahlslehre Berengars bekannt wurde, war als Abt von Bec öfter in Rom gewesen und nahm zum Beispiel an dem Konzil von 1059 teil, aber als Erzbischof suchte er Rom nur ein einziges Mal auf, im Jahr 1071, als ihm Alexander II. das Pallium verlieh und seine Ansprüche auf den Primat Canterburys gegenüber York unterstützte.

Während des Pontifikats Gregors VII. kühlten die Beziehungen zwischen der Kurie und England jedoch merklich ab. Als Gregor Lanfranc aufforderte, nach Rom zu kommen, stellte sich dieser taub, da er genau wie deutsche oder französische Bischöfe unaufgefordertes päpstliches Eingreifen in die Angelegenheiten, für die die Bischöfe oder Metropoliten zuständig waren, nicht billigte. Diese Eingriffe des Papstes widersprachen zwar nicht dem Kirchenrecht, aber doch alten Gewohnheiten, und Neuerungen schienen weder Lanfranc noch Wilhelm vonnöten. In England hielt man sich an die Gewohnheit, wie sehr auch Gregor diese Einstellung beklagen mochte. Soweit wie möglich ignorierten König und Erzbischof päpstliche Aufforderungen und erst wenn unbedingt nötig, wie im Fall der Ernennung Wilhelms Bona Anima als Erzbischof von Rouen, verhandelten sie mit Gregor durch Legaten, die in speziellem Auftrag nach Rom geschickt wurden. Gregor kam Wilhelm entgegen, wohl in der Hoffnung, daß der König sich daraufhin bereit finden würde, die Lehnshoheit St. Peters über England anzuerkennen. Doch Wilhelm weigerte sich, einen Lehnseid zu leisten, den er niemals versprochen hätte und den auch keiner seiner Vorgänger geleistet hätte, wie er klar und deutlich schrieb. Andererseits versprach der König, den Peterspfennig, dessen Zahlung durch des Königs Abwesenheit von England verzögert worden sei, so schnell wie möglich nachzuholen. Da Gregor nicht nur ein Idealist, sondern auch ein durchaus gewandter Politiker war, gab er Wilhelm gegenüber nach, dessen Verdienste um die Reform er durchaus anerkannte. Nachdem Heinrich IV. Wibert von Ravenna als Gegenpapst erhoben hatte, vereinfachte sich die Lage für Lanfranc und seinen König weiter, indem man sich neutral verhielt und erst einmal abwartete. Im Gegensatz zu Heinrich IV. konnte sich Wilhelm diese Haltung leisten, da er sowohl in der Normandie als auch in England jegliche Opposition im Keim erstickt hatte. Er war Herr im eigenen Haus. Unter seinem Sohn und Nachfolger, Wilhelm Rufus (Rotkopf), änderte sich zunächst nichts. Wilhelm II. nützte seine Lehenshoheit nach besten Kräften aus. Wie der Krönungscharter seines Nachfolgers, Heinrich I. (1100–1135), zeigt, gehörte dazu besonders die Nutzung finanzieller Rechte. Wilhelm, wie auch Heinrich später, erwies sich in bezug auf die finanzielle Nutzung von Bistümern und Abteien besonders geschickt. Er ließ sie lange Zeit unbesetzt, um deren Einkünfte für seine eigene Hofhaltung und die seiner Getreuen in Anspruch nehmen zu können. Den Mönchen und Kanonikern wurde während der Vakanz nur ein sehr kleiner Teil der Einkünfte zur Verfügung gestellt, der sie, wie so manche Chronik klagt, mit knapper Not vor dem Verhungern bewahrte. Nach dem Tod Erzbischof Lanfrancs 1089 übte Wilhelm dieses sogenannte Spolienrecht auch mehrere Jahre über Canterbury aus, bis er sich durch seine Magnaten sowie durch eine Krankheit davon überzeugen ließ, daß Lanfrancs Nachfolger als Prior in der Abtei Bec auch würdig sei, dessen Nachfolger als Erzbischof von Canterbury zu werden. Anselm selbst – er war ein berühmter Gelehrter, Theologe und Philosoph, aber an der Welt wenig interessiert – war davon nicht so überzeugt, aber er ließ sich schließlich überreden, 1093 seine Wahl durch König, Klerus und Volk anzunehmen.

Schwierigkeiten sollten nicht ausbleiben. Mehr als dreißig Jahre vorher, 1060, war Anselm in Bec Mönch geworden und seit der Zeit war das Leitmotiv seines Lebens Gehorsam, doch war es alles andere als einfach zu entscheiden, wo sein Gehorsam zu liegen hatte, nachdem er Erzbischof geworden war. Gewiß stand an erster Stelle der Papst, aber der Papst war weit, über englische Angelegenheiten schlecht oder gar nicht unterrichtet und mit anderen Sorgen beschäftigt. Wie sollte er sich verhalten, wenn königliche Forderungen seiner Diözese abträglich sein sollten? Seit der Kirchenreform galt es jedem Prälaten, ob es sich um den Papst oder den Bischof einer kleinen Diözese in den Pyrenäen handelte, als oberstes Gesetz, die alten Rechte seiner Kirche wiederherzustellen und sie unvermindert an seine Nachfolger zu übertragen. Unter diesen Verpflichtungen, an die sich Anselm streng gebunden fühlte, litt er ganz besonders. Dazu kam, daß er viel besser als andere englische Prälaten mit Forderungen der Kirchenreform vertraut war. Als Abt von Bec hatte er Urban II. anerkannt, und selbst wenn er nicht immer über Einzelmaßnahmen oder Konzilskanones unterrichtet war, so teilte er doch die strenge Verurteilung der Simonie. Wie konnte er die von Wilhelm als selbstverständlich erwarteten Leistungen, die ihm Anselm als seinem Lehnsherrn schuldete, mit seinem Gewissen vereinbaren?

Reibereien und Unannehmlichkeiten, bei denen Anselm auch bei seinen bischöflichen Kollegen auf Unverständnis stieß, führten zu dem Zusammenstoß zwischen Wilhelm II. und Erzbischof Anselm auf der Versammlung von Rockingham im Februar 1095, die der König einberufen hatte, um über Anselms Gesuch zu entscheiden, nach Rom zu reisen, um das Pallium von Urban II. in Empfang zu nehmen. Selbstverständlich wäre dies einer offiziellen englischen Anerkennung Urbans gleich gekommen, und Wilhelm hatte die Reiseerlaubnis verweigert. In Rockingham vertraten der König und seine weltlichen und geistlichen Magnaten die Ansicht, daß Anselms Verpflichtungen in erster Linie dem König und erst in zweiter dem Papst galten. Obwohl die meisten seiner Kollegen ihm wie von Wilhelm verlangt, den Gehorsam aufkündigten, waren vor allen Dingen die weltlichen Magnaten nicht bereit, Anselm abzusetzen und ins Exil zu verbannen. Man vertagte die Verhandlungen. Inzwischen hatte Wilhelm jedoch zwei Gesandte nach Rom geschickt, die mit dem Pallium für Anselm und in Begleitung eines päpstlichen Legaten, des Kardinals Walter von Albano, noch vor Ablauf der zu Rockingham vereinbarten Frist nach England zurückkehrten. Walter tat alles, wobei er sich vor der Brüskierung des Primas von England nicht scheute, um von Wilhelm die Anerkennung Urbans zu erreichen. Er bestätigte Wilhelm weitgehende Rechte über die englische Kirche, insbesondere, daß der Papst ohne königliche Genehmigung keine Legaten senden würde und daß kein englischer Prälat päpstliche Briefe ohne königliche Genehmigung erhalten solle oder ohne Einwilligung des Königs päpstlichen Anordnungen zu gehorchen hätte, doch fand sich selbst Walter nicht bereit, Anselm abzusetzen. Nach längeren Verhandlungen erklärte sich Anselm willens, sein Pallium vom Altar der Kathedrale von Canterbury zu nehmen, auf dem es der Legat niedergelegt hatte, nachdem er sich geweigert hatte, das Pallium aus den Händen des Königs zu empfangen.

König und Primas hatten sich notgedrungen wieder ausgesöhnt, doch schnell kam es zu einem neuen Zusammenstoß, als der König die Ausrüstung der Ritter bemängelte, die ihm Anselm Anfang 1097 für seinen Feldzug gegen Wales zur Verfügung stellte. Anselm hatte inzwischen einsehen müssen, daß er und der König zu verschieden dachten, als daß es zu einer für den Erzbischof befriedigenden Zusammenarbeit mit dem König hätte kommen können. Er beschloß daher, sich mit der Bitte um Rat und Unterstützung unmittelbar an Urban zu wenden und bat den überraschten König und die *curia regis* zu Pfingsten 1097 um Urlaub für eine Romreise. Der Urlaub wurde ihm trotz wiederholter Bitten nicht gewährt und schließlich vor die Wahl gestellt, sich entweder mit dem Entscheid des Königs zufriedenzugeben und niemals mehr an den Papst zu appellieren oder sein Erzbistum aufzugeben, entschied sich Anselm für das letztere. Im November 1097 verließ er England von Dover aus und kehrte erst nach dem Tod Wilhelms II., der durch einen Jagdunfall im August 1100 unerwartet ums Leben kam, nach England zurück, als ihn der jüngste Sohn des Eroberers, Heinrich I. (1100–1135) darum ersuchte. Heinrich, dem der Thron als Jüngstem nicht zustand, benötigte Anselms Unterstützung und war unter den Nachkommen Wilhelms I. wohl auch derjenige, der am meisten von dessen Frömmigkeit geerbt hatte.

Nachdem Heinrich in seinem Krönungscharter in feierlicher Form der Kirche und auch dem Adel ihre alte Freiheit, das heißt, die Gebräuche seines Vaters versprochen hatte, konnte man meinen, daß nun der Frieden wiederhergestellt worden sei. Doch ein neues Hindernis ergab sich. Während seines Exils, das er in Rom und bei Erzbischof Hugo von Lyon, dem übereifrigen Gregorianer, verbracht hatte, hatte Anselm auch an dem römischen Konzil im Frühjahr 1099 teilgenommen, das unter anderem die Verbote der Investitur und des Lehnseides wiederholt hatte. Wie Anselm später selber mehrmals an Papst Paschalis II. schreiben sollte, fühlte er sich als Augenzeuge an den Konzilsentscheid gebunden und verweigerte daher Heinrich I. von England sowohl den Lehnseid als auch die Investitur. Anselm brachte zunächst Verständnis für die königliche Haltung auf und bot sich an, zwischen Heinrich und Papst Paschalis II., der im Vorjahr Nachfolger Urbans II. geworden war, zu vermitteln, indem er ihn um Milderung des Investiturverbots ersuchte.

Aber trotz des guten Willens auf allen Seiten ließ sich dies für England völlig neue Problem nicht so leicht aus der Welt schaffen. Die Verhandlungen erstreckten sich über mehrere Jahre und endeten erfolglos im Frühjahr 1103, als Anselm sich kurz vor Ostern zum zweiten Mal auf den Kontinent ins Exil begab. Paschalis hatte auf einem Konzil 1102 wieder Investitur und Lehnseid verboten. Trotzdem aber blieb, anders als unter Wilhelm II., die Verständigungsbereitschaft allerseits groß. Sowohl Anselm als auch die Kurie und der König waren soweit wie möglich bemüht, den Konflikt um die Investitur in England nicht auf die Spitze zu treiben: »Anselm aus angeborener Friedensliebe, der König aus politischer Berechnung, die Kurie, weil sie den Romschoß und die Oboedienz Englands nicht aufs Spiel setzen mochte« (Böhmer). 1105 hat sich Anselm endlich in Rom Gehör verschaffen können. Eine Lateran-Synode unter Paschalis II., über die der Papst selbst dem Erzbischof berichtete, hatte sich bereit erklärt, Heinrichs Ratgeber, »die den König dazu anhielten, die Investitur zu erteilen, sowie diejenigen, die von ihm investiert wurden,« zu exkommunizieren und dem König auch selbst den Bann anzudrohen. Der Papst schrieb auch an den Erzbischof von York, der in Abwesenheit des Primas dazu angehalten wurde, die Exkommunikationen zu veröffentlichen. Schließlich drohte auch Anselm um diese Zeit aus eigener Autorität als Erzbischof von Canterbury dem englischen König mit der Exkommunikation, weil dieser die Güter der Diözese Canterbury konfisziert hatte. Heinrich, der dabei war, die Normandie, das Herzogtum seines Bruders Robert, zu erobern, konnte sich keine Exkommunikation leisten, sondern benötigte, ganz wie zu Anfang seiner Regierung allen Beistand, den er finden konnte. Seine Schwester, Gräfin Adele von Blois, arrangierte im Juli 1105 zu Laigle an der normannischen Grenze ein Treffen zwischen Heinrich und dem Erzbischof, auf dem es in der Tat zu einer Art Waffenstillstand kam; der König restaurierte die Güter Canterburys und der Primas zog die Bannandrohung zurück. Über die Investitur und das Lehnseidverbot wollte man von beiden Seiten erneut Gesandte an Paschalis schicken.

Die weiteren Stadien der Verhandlungen sind und werden wohl immer unklar bleiben: im Dezember 1105 schrieb Anselm an seinen Freund und Berater Hugo von Lyon, daß die augenblickliche Hauptschwierigkeit, die ihn vom König trennte, die Tatsache sei, daß, obwohl dieser bereit sei, sich von der Unrechtmäßigkeit der Investitur überzeugen zu lassen, er auf den Lehnseid der Prälaten nicht verzichten wolle. Die nächste Information über die Verhandlungen kann einem Brief Paschalis' II. vom 23. März 1106 an Anselm entnommen werden. Der Papst schrieb an den Erzbischof als Antwort auf einen Vorschlag, den ihm die königlichen Gesandten unterbreitet hatten, daß er Anselm von der Beachtung des Verbots, oder, wie er meinte, der Exkommunikation Urbans II. seligen Andenkes, die dieser auf die Investitur und den Lehnseid gesetzt hätte, absolvierte. Gleichzeitig absolvierte der Papst Bischöfe, die inzwischen vom König investiert worden waren und wies den Primas an, auch Prälaten zu ordinieren, die dem König Hommagium geleistet hätten, solange diese nicht auch die Investitur empfangen hätten und nur so lange bis Gott, durch die fruchtbringende Predigt Anselms, das Herz des Königs erweicht hätte. Im August 1107 wurde diese Regelung schließlich auf einem Hoftag öffentlich verkündigt: der König verzichtete auf Investitur des in seiner Gegenwart am Hof Gewählten, dem er die Temporalien überließ, für die ihm die Kandidaten dann *Hominium* leisten. Obwohl sich Heinrich I. noch nicht leichten Herzens mit dem Verlust der Investitur abfand – man verfolgte an seinem Hof mit größter Spannung die Ereignisse in Deutschland und protestierte 1108 lebhaft, als das Gerücht aufkam, der Papst wolle Heinrich V. die Investitur gestatten – brachte die englische Regelung, ein Kompromiß, der nur vorläufige Geltung besitzen sollte, doch für den englischen König keine Einbuße in seiner Verfügungsgewalt über die englische Kirche. Erst während der chaotischen Zustände unter seinem Nachfolger Stephan, der mit Heinrichs Tochter Mathilde um die englische Krone stritt, konnte sich der Einfluß Roms in der englischen Kirche direkt bemerkbar machen. Wie man weiß, war es aber noch unter der Regierung Heinrichs II. (1154–1189) an erster Stelle der Mord des Thomas Becket durch übereifrige Parteigänger des Königs, der eine erneute Isolierung der anglo-normannischen Kirche verhinderte.

3. Frankreich und die Investiturfrage

Auch der Kompromiß Roms mit den französischen Königen Philipp I. (1060–1108) und Ludwig VI. (1108–1137), der 1107 zu einem feierlichen Treffen in Saint-Denis führte, fällt in den ereignisreichen Pontifikat Papst Paschalis II. Die französische Situation unterschied sich grundsätzlich von der Lage in Deutschland oder England, denn die Kapetinger, seit 987 die unbestrittenen Erben der karolingischen Königstradition, verfügten nur über einen kleinen Teil der französischen Bistümer, die in oder an ihrem eigenen, noch sehr beschränkten, Herrschaftsbereich lagen. Wie Becker geschätzt hat, waren es nur 25 aus einer Gesamtzahl von 77. Über die meisten französischen Bistümer verfügte also eine Vielzahl von Adligen. Außerdem darf nicht vergessen werden, daß der französische König sogar in manchem Bistum in seiner eigenen Einflußsphäre seine Kirchenhoheit nicht immer, sondern nur unter besonders günstigen Umständen ausübern konnte, indem er einem Kandidaten seiner Wahl zum Erfolg verhalf.

Nichtsdestoweniger war eine wirksame Beherrschung der Bistümer für die Könige von Frankreich ebenso wichtig wie für den deutschen König, denn sie waren stark auf die wirtschaftliche und militärische Hilfe der Bischöfe angewiesen, um ihre zunächst mehr theoretische als praktische Lehnshoheit über weltliche Vasallen zu realisieren. Aus all diesen Gründen hielten die Kapetinger zwar mit Zähigkeit an ihren Ansprüchen fest, verfochten diese aber eher auf pragmatischem Wege als durch doktrinäre Erklärungen. Die Umstände, unter denen sie einen königstreuen Bischof ernennen konnten, waren ihnen viel weniger wichtig als die Tatsache, daß ein weiterer Bischof als Stütze der Königsherrschaft gewonnen war. Die Kirche kam den königlichen Bestrebungen entgegen. Vor die Wahl gestellt, entweder ein zentrales Königtum zu stützen oder unter die Herrschaft einer der zahlreichen Lehnsgewalten zu fallen, entschied sie sich meist für das erstere als das kleinere Übel.

Das große Reimser Konzil Papst Leos IX. aus dem Jahre 1049, das berechtigterweise stets als Ausgangspunkt für die gregorianische Reform angesehen wird, fand aus den verschiedensten Gründen im französischen Grenzgebiet statt, dem die Kirchenreform so viele Anregungen verdankt. Nicht zuletzt war es jedoch die Sorge um den Zustand der französischen Kirche, die den Blick des Papstes nach Frankreich lenkte. Nicht ohne Grund forderte ein Kanon der Reimser Synode eine kanonische Wahl für Prälaten und nicht ohne Grund wurde ein Großteil des französischen Episkopats vor Leo IX. der Simonie angeklagt. Als sich die Reformer in bezug auf Deutschland und Italien auf das Eingreifen Kaiser Heinrichs III. verlassen konnten, dachte Heinrich I. von Frankreich (1031–1060) noch nicht daran, bei Wahlen auf kanonische Forderungen Rücksicht zu nehmen. Reichtum und politische Zuverlässigkeit der Kandidaten waren dem König wichtiger als religiöse Eignung.

Den Päpsten blieb nichts anderes übrig, als in Frankreich den Kampf für kanonische Wahl, gegen Simonie und Priesterehe, selbst aufzunehmen. Nach dem Pontifikat Leos IX. bedienten sie sich dabei vorwiegend der Hilfe von Legaten, die durch lokale Konzilien römischen Reformdekreten Nachdruck verliehen und sie soweit wie möglich auch durchsetzten. Legaten wurden auch mit Sonderaufträgen von Rom ausgesandt, meist um kirchliche Streitfälle zu schlichten. Besonders bekannt ist das Eingreifen Petrus Damianis im Auftrag Papst Alexanders II. zugunsten des Klosters Cluny im Streit der Abtei mit dem Bischof von Mâcon. Bei dieser Gelegenheit verhalf er Abt Hugo von Cluny auch zur Anerkennung seiner Autorität in dem kurz zuvor an Cluny übergebenen Kloster Saint Martial zu Limoges. Man sieht, schon während der Frühreform waren die Beziehungen zwischen Rom und Frankreich die lebhaftesten. Den Päpsten selbst bot der häufige Streit um einzelne königliche Bistumsbesetzungen Gelegenheit zu persönlichem Eingreifen. Bisweilen stieß zwar die Reformtätigkeit von Legaten oder den Päpsten auf Ablehnung und königlichen Widerstand, aber ein grundsätzlicher Konflikt kündigte sich noch nicht einmal an, weil beide Seiten immer wieder bereit waren, nachzugeben.

Mit dem Pontifikat Gregors VII. verschob sich das Bild, nicht so sehr in bezug auf den König, dem Gregor schon 1073 und 1074 mehrmals brieflich mit Exkommunikation und Absetzung drohte, sondern vor allem in bezug auf das Verhältnis zwischen Rom und dem französischen Episkopat. Dies geht auf zweierlei Maßnahmen zurück: erstens, die Ernennung zweier französischer Bischöfe zu ständigen Vertretern des Papstes (Hugo von Die und Amat von Oléron) und zweitens, die Errichtung des Primats von Lyon, das schließlich Hugo von Die anvertraut wurde.

Im Herbst 1074, im Zusammenhang mit einem Überfall auf italienische Kaufleute durch den König, hatte Gregor den französischen Bischöfen ihre Lauheit vorgeworfen, der er an den Missetaten des Königs die Schuld gab. Der Papst beschimpfte sie als stumme Hunde, die zum Bellen unfähig seien. Kurze Zeit später, auf der römischen Fastensynode des Jahres 1075, ernannte er dann Hugo von Die und Amat von Oléron zu ständigen Legaten, Hugo für Burgund und Nordfrankreich, Amat für Südfrankreich. Der Papst muß dabei gehofft haben, sowohl die Bischöfe des Adels als auch die königlichen Bischöfe, die auf der Pariser Synode des Vorjahres eine ausgesprochen reformfeindliche Haltung eingenommen und den König unterstützt hatten, in engere Beziehung zu Rom zu bringen und den dauernden Schwierigkeiten bei Bistumsbesetzungen ein Ende zu bereiten. Ein anderes Problem, mit dem sich die Legaten befassen sollten, war die als häretisch bekannte Abendmahlslehre Berengars von Tours. Auf jeden Fall war die Ernennung der Legaten ein Zeichen, daß Gregor nach den Mißerfolgen seiner heftigen Drohungen gegen den König – weder die französischen Fürsten, die Gregor im November 1074 veranlassen wollte, sich zusammenzutun und den König zur Rede zu stellen, noch Abt Hugo von Cluny, dem Gregor zu Anfang 1075 schrieb, traten gegen den König auf – entschlossen war, die Kirchenreform zunächst im französischen Episkopat selbst durchzusetzen.

Hugo griff im Auftrag des Papstes in eine ganze Reihe von Bistumsbesetzungen ein, sogar im königlichen Einflußbereich wie in Le Puy, wobei es ihm gelang, Simonisten auszuschalten, ohne daß es dabei zu besonderen Schwierigkeiten kam. Sowohl der König als auch der Papst selbst hielten sich sehr zurück. Auch als Hugo auf der Synode von Autun (Burgund) im September 1077 im Zusammenhang mit der umstrittenen Bistumsbesetzung von Cambrai das erste Investiturverbot verkündete, war die Reaktion zunächst schwach. Die Bischofsstadt und ein Teil der Diözese Cambrai gehörten politisch zu Deutschland (der andere zu Frankreich) und stellte für den König von Deutschland einen wichtigen Stützpunkt seiner Herrschaft im flandrischen Raum dar. Kirchlich gehörte Cambrai jedoch zur Erzdiözese Reims. Nach dem Gewohnheitsrecht hätten deutsche Könige und Kaiser über das Bistum verfügt. Als Klerus und Volk daher im Herbst 1076 zu einer Neuwahl schritten, aus der der vorherige Archidiakon Gerhard als neuer Bischof hervorging, wurde dieser mit der Bitte um Investitur zu Heinrich IV. gesandt. Diese erhielt er auch, doch Erzbischof Manasse von Reims verweigerte, da er von der Exkommunikation Heinrichs auf Gregors Fastensynode von 1076 gehört hatte, die Weihe, so daß Gerhard im Frühjahr 1077 vor dem Papst in Rom erschien und ihn um seine Weihe ersuchte, mit der Begründung, daß er von der Exkommunikation des Königs und von einem Investiturverbot keine offizielle Kenntnis gehabt hätte. Nach einigem Zögern akzeptierte Gregor die Entschuldigung Gerhards, der dem Papst sein Amt zur Verfügung stellte, aber überließ die endgültige Entscheidung des Falles schließlich Hugo von Die, seinem Legaten in Frankreich. Hugo sollte ein großes Konzil einberufen, möglichst im Einverständnis mit König Philip in einen Ort im königlichen Frankreich, vor dem Gerhard seine Aussage beschwören sollte. Er sollte dazu auch Abt Hugo von Cluny und Erzbischof Manasse von Reims einladen, und die Synode außerdem dazu benutzen, ein Investiturverbot zu verkünden, das von den Teilnehmern bestätigt werden sollte.

Die Synode fand schließlich in Autun, im Herzogtum Burgund, statt. Der Text des Investiturverbots ist nicht erhalten, so daß sein Inhalt aus Gregors Schreiben an den Legaten sowie aus einem Brief des Erzbischofs von Reims an den Papst, in dem auf die Synode Bezug genommen wird, erschlossen werden muß. Es steht fest, daß auf dem Konzil Metropoliten und Bischöfen bei Androhung von Absetzung verboten wurde, einen Kleriker, der von einem Laien die Investitur erhalten hätte, zu weihen. Als weiterer Grundsatz wurde verfügt, daß sich keine weltliche Macht in eine Bischofserhebung einmischen dürfe. Außerdem ist noch bekannt, daß Hugo damals die Erzbischöfe von Reims, Sens und Bourges suspendierte, weil sie seiner Einladung zum Konzil nicht Folge geleistet hätten. Die betreffende Entschuldigung Manasses von Reims erkannte er nicht an, sondern weihte auf dem Konzil unter Übergehung des zuständigen Metropoliten Gerhard von Cambrai selbst. Auch nach Auflösung des Konzils ging Hugo weiter energisch vor und brachte schon am 15. Januar 1078 ein weiteres Konzil in Poitiers, der Hauptstadt des Herzogs von Aquitanien, der die römischen Reformen warm unterstützte, zustande, obwohl König Philip I. von Frankreich vorher seine Bischöfe und auch den Herzog selbst angewiesen hatte, sich derlei Konzilien fernzuhalten. Erzbischof Rudolf von Tours versuchte, die Tagung mit Gewalt zu unterbrechen. Als man die Hintergründe seiner bischöflichen Erhebung untersuchte, stürmten einige seiner mit Beilen bewaffneten Leute die Versammlung. Aber es half nichts, der Legat, der ein neues und diesmal im Wortlaut überliefertes Investiturverbot erließ, kam doch dazu, eine lange Reihe von Bischöfen zu suspendieren, meist wegen unkanonischer Erhebung. Obwohl Rudolf aus selbstsüchtigen Motiven eingegriffen hatte, gab er doch einer allgemeinen Mißstimmung über die römische Reformpolitik und besonders gegen Hugo Ausdruck, die zu Beschwerden an den Papst in Rom führte, wo sich im Frühjahr die wichtigsten der von Hugo suspendierten Bischöfe einfanden und auch von Gregor auf der Frühjahrssynode wieder eingesetzt wurden. Auch die Bischöfe, die die Reise nicht gemachten hatten, die von Thérouanne, Amiens, Beauvais, Noyon, Laon und Senlis, blieben, abgesehen von dem Bischof von Amiens, weiter im Amt.

Es war in erster Linie das Auftreten Hugos, das den französischen Episkopat fast geschlossen gegen den Legaten aufgebracht hatte. Besonders der Erzbischof von Reims, der mindestens seit den Zeiten Hinkmars einen Anspruch erhob, die französische Kirche als Primas zu vertreten, aber auch der Erzbischof von Sens, der seit dem 9. Jahrhundert 'Primas für Gallien' und 'Päpstlicher Vikar für Franreich' war, fiel es schwer, sich dem Legaten aus der kleinen Stadt Die unterzuordnen. Im April 1079 schuf Gregor mit Lyon, einer Stadt außerhalb Frankreichs, einen neuen Primat, den er Erzbischof Gebuin von Lyon anvertraute und nach dessem Tod Ende 1082/Anfang 1083, Hugo von Die. Im Zuge dieser Neuordnung, bei der sich Gregor auf alte kirchliche Zustände berufen zu können glaubte, ordnete der Papst die Erzbischöfe von Rouen, Tours und Sens dem neuen Primas unter. Manasse, der persönlich wohl unbeliebt war, gelang es trotzdem nicht, den französischen, allgemein königstreu und sich mit Vorliebe neutral verhaltenden, Episkopat zu einer geschlossenen Opposition gegen den Legaten zu veranlassen, und er wurde im Dezember 1080 von Gregor abgesetzt, nachdem ihn auch der König fallen gelassen hatte. Der Widerstand des Erzbischofs von Sens gegen den neu ernannten Primas von Lyon dauerte dagegen noch lange an, und übte auf die Vorgänge in der französischen Kirche einen starken Einfluß aus, besonders nachdem der große Gelehrte und im kanonischen Recht seiner Zeit wie kaum ein zweiter Bewanderte Ivo als Bischof von Chartres und daher als Suffragan des schließlich exkommunizierten Erzbischofs von Sens, es auf sich nahm, den Primatsstreit für diesen zu verfechten.

Mit dem König gab es während des Pontifikats Papst Gregors VII. nur einzelne Machtproben, da sich Philipp I. stark zurückhielt und dem Papst verschiedentlich seine Ergebenheit versichern ließ, wenn er sich auch nach wie vor nicht um die Reform kümmerte. Es kam jedenfalls zu keiner grundsätzlichen Diskussion über das Verhältnis des Königs zum Episkopat und schon gar nicht zu einer Diskussion der Investitur. Gregors Legat in Frankreich, Hugo von Lyon, war der Führer der Opposition zu Desiderius von Montecassino, den die Kardinäle zum Nachfolger Gregors gewählt hatten und wurde wegen seiner Unversöhnlichkeit schließlich auf der Synode von Benevant 1087 exkommuniziert. Viktors Nachfolger, der französische Cluniazensermönch Urban II. (1088–1099), gliederte eingedenk des Widerstandes, den Hugo von Lyon der Kurie gegenüber geleistet hatte, die Primas-Gewalt auf, indem er den Erzbischof von Reims sowie dem Erzbischof von Narbonne ebenfalls einen Primat übertrug. Urban II. verfolgte ansonsten eine Frankreich-Politik, die sich von der Gregors kaum unterschied und die ebenso wenig zu einer grundsätzlichen Auseinandersetzung zwischen Papst und König führte.

Selbst an der königlichen Investitur nahm Urban nicht unbedingt Anstoß, wenn es sich nicht ermöglichen ließ, königlichen Einfluß auf ein Bistum ganz auszuschalten. Das zeigt die Wahl Ivos, des Abtes von St. Quentin zu Beauvais, zum Bischof durch Klerus und Volk von Chartres mit Genehmigung des Papstes. Auch der König hatte die Wahl Ivos zugelassen und gegen die Absetzung seines Vorgängers durch den Legaten nicht protestiert. Er investierte Ivo wohl auf den Wunsch des Kapitels. Erzbischof Richer von Sens versagte jedoch dem Elekten die Weihe, da Richer den Eingriff Roms in seinen Metropolitensprengel beanstandete. Die Synode, die Richer einberief, unterstützte den Erzbischof, indem sie sich hinter den abgesetzten Bischof Gottfried von Chartres stellte, und es Ivo zum Vorwurf machte, daß er an den Papst appellierte und sich von ihm hatte weihen lassen. Von der Investitur sprach niemand.

Philipps Eheprobleme sorgten dafür, daß das auch so bleiben sollte. Der König verstieß 1092 seine Gemahlin und heiratete Bertrada von Montford, die Gattin des Grafen Fulco von Anjou. Der einzige französische Bischof, der den königlichen Wünschen nach Anerkennung dieser Heirat ernstlich Widerstand leistete, war Bischof Ivo von Chartres, der inhaftiert wurde. So konnte im Herbst 1094 auf einem Konzil in Reims unter dem Vorsitz Richers von Sens der Eheprozeß gegen den König zu seinen Gunsten entschieden werden. Obwohl Hugo von Lyon den König schon im Oktober 1094 exkommunizierte, wurde die Exkommunikation von Urban erst auf dem Konzil von Clermont im November 1095 bestätigt. Auf dieser Versammlung, die den Lehnseid verbot, wurde der König jedoch ausdrücklich nur wegen seiner ehelichen Verfehlungen verurteilt, sein Kirchenregiment wurde nicht erwähnt. Es ist nicht nötig, die Verwicklungen von Philipps Eheprozeß weiter zu verfolgen. Noch vor dem Verlassen Frankreichs hatte Urban den König wieder vom

Bann gelöst, doch wurde er schnell erneut exkommuniziert, da er seine Versprechen, sich von Berta zu trennen, nicht hielt. Jedenfalls war Philipp beim Pontifikatsbeginn von Urbans Nachfolger, Papst Paschalis II., nach wir vor im Bann. Im Zusammenhang mit der Investiturfrage sind Philipps persönliche Probleme nur insofern von Bedeutung, als sie deutlich machen, wie wenig Neigung der König verspürte, den päpstlichen Forderungen bezüglich Bistumsbesetzungen und Kirchenreform entschieden entgegenzutreten. Er war mit den Teilerfolgen, die er immer wieder erringen konnte und die ihm wohl zeigten, daß er mit Geschick seine königlichen Rechte durchaus auch gegenüber reformeifrigen Bischöfen wahren konnte, zufrieden.

Trotz der umfangreichen Literatur über den Investiturstreit ist, wie oben angedeutet, die Bedeutung von Urbans Lehnseidverbot nach wie vor unklar. Ein Ansatz zur Lösung dieser Frage scheint mit einer Anregung Alfons Beckers gegeben zu sein, daß der Papst damit der Umgehung des Investiturverbots durch eine lehnsrechtliche Bindung, die durch den Lehnseid hergestellt werden sollte, zuvorkommen wollte, und seine Regelung somit in den meisten Staaten des Abendlandes (wo der Lehenseid ungewöhnlich war) voraus war, diese dann jedoch beeinflußte. In diesem Licht wird auch verständlich, inwiefern »Papst Urban II. gerade durch sein Lehnseidverbot, aber auch besonders durch sein praktisches Verhalten in seiner Frankreichpolitik, sehr viel zur Überwindung des Investiturproblems in Frankreich« beigetragen hat (Becker).

Der Franzose Ivo von Chartres war einer der wenigen 'Gregorianer', die sich bemühten, das Problem der königlichen Mitwirkung bei Bischofswahlen im Sinne der Kirchenreform zu durchdenken und einen Ausweg vorzuschlagen, der sowohl dem kirchlichen Streben nach Unabhängigkeit entgegenkommen würde, als auch dem König den ihm zustehenden Einfluß einräumen würde. Ivos Einstellung war dabei Schwankungen unterworfen, wie besonders Hartmut Hoffmann gezeigt hat. Auch war er weder der erste, der rein kirchliche und kirchlich-weltliche Kompetenzen abzugrenzen versuchte, noch gelang es Ivo, die Probleme endgültig zu lösen. Nichtsdestoweniger verliert sein berühmtes Schreiben an Erzbischof Hugo von Lyon, in dem er zur Investitur Daimberts von Sens Stellung nimmt, nichts von seiner Bedeutung. Nicht was er sagte, sondern daß er öffentlich gerade gegen Ende der neunziger Jahre zu den Zeitproblemen Stellung nahm, ist wegen Ivos eminenter Persönlichkeit und »seiner eigentümlichen Stellung zwischen den streitenden Lagern als Freund der Päpste und Verteidiger der Monarchie« (H. Hoffmann) von Bedeutung.

Irrtümlicherweise hat man lange angenommen, daß Ivo von Chartres eigentlich als derjenige zu gelten hat, der die theoretische Grundlage für die Einigung zwischen Rom und den Königen des Abendlandes geschaffen hat. Die Unterscheidung zwischen Temporalien und Spiritualien, das heißt, die Trennung des geistlichen Amtes von den weltlichen Gütern, die zum Bistum oder einer Abtei gehörten, war wesentlich älter und wurde seit der Mitte des 11. Jahrhunderts nach Guido von Arezzo hauptsächlich von Simonisten benutzt, die behaupteten, mit ihren Zahlungen nicht das geistliche Amt, sondern nur den sozusagen »unheiligen«, weltlichen Besitz erworben zu haben und sich so entschuldigten. Um die Wende vom 11. zum 12. Jahrhundert lief diese Warnung an gutgläubige Menschen, sich nicht von Simonisten hereinlegen zu lassen, unter dem Namen eines Papstes Paschalis um und fand Eingang in viele kanonistische Sammlungen, unter anderem in die Panormia Ivos von Chartres. Bei seinen Investiturverboten hat Papst Gregor VII., ganz wie in den Anfängen der Reform Kardinal Humbert von Silva Candida, gewiß nicht zwischen den Spiritualien und Temporalien eines Bistums unterschieden. Der Legat Gregors, Hugo von Lyon, nannte im Investiturverbot des Konzils von Poitiers (1078) ausdrücklich auch die materiellen Güter des Bistums, die nicht durch Laien übertragen werden durften. In der Praxis wurde diese begriffliche Trennung im Zusammenhang mit der Investitur zuerst von der Partei des deutschen Gegenkönigs ausgenutzt. Die Anhänger Rudolfs von Rheinfelden erklärten, daß er bei der Investitur des Bischofs Wigold von Augsburg genau die Vorschriften des Investiturverbots der großen Herbstsynode des Jahres 1078 beachtet hätte: nachdem der Mainzer Erzbischof Wigold Ring und Stab überreicht und in sein geistliches Amt eingewiesen hatte, übertrug ihm Rudolf anschließend entsprechend seinem königlichen Amt die kirchlichen Güter. In Rom schwieg man dazu, aber einer der bedeutendsten kaiserlichen Publizisten, der Scholasticus Wenrich von Trier, wies sofort darauf hin, daß man nicht Heinrich IV. verbieten dürfe, was man Rudolf gestattete; in anderen Worten, Heinrichs Parteigänger waren sich damals noch keines Unterschiedes zwischen herkömmlicher Investitur mit Ring und Stab und Rudolfs Temporalien-Übertragung bewußt.

Wie Hartmut Hoffmann gezeigt hat, war es zuerst Manegold von Lautenbach, der einen wichtigen weiteren Schritt zur begrifflichen Klärung vornahm. Manegold unterschied nicht nur zwischen Temporalien und Spiritualien, sondern er unterschied auch zwischen zwei Arten von Temporalien: Regalien und dem übrigen Kirchenbesitz. Hoffmann hält es für möglich, daß diese Auffassung aus der

Normandie und dem normannischen England an die Anhänger Rudolfs vermittelt worden sei. Daran ist ganz sicher zutreffend, daß damals das Lehnssystem nirgends klarer durchdacht und entsprechend angewandt war als in England. Erzbischof Lanfranc von Canterbury hatte schon im Prozeß gegen Bischof Odo von Bayeux diesen nur in seiner Eigenschaft als Graf von Kent vor das Hofgericht gezogen. Zur Zeit Wilhelms II. wurde Bischof Wilhelm von Durham vor das gleiche Gericht gestellt und ihm das Recht verweigert, als Kleriker behandelt zu werden, das heißt, deren kanonische Privilegien in Anspruch zu nehmen, weil der König ihn nur in seiner Eigenschaft als Vasall, der mit einem königlichen Lehen ausgestattet gewesen wäre, vor Gericht gestellt habe. Das Bistum *(episcopatus),* behauptete Lanfranc, habe ihm der König ja keineswegs entzogen, sondern nur das Lehen, das er besessen habe.

Dies war zwar ein Schritt in die Richtung der Lösung der Investiturfrage, aber noch nicht die Lösung selbst, die Manegold schon in greifbarere Nähe gebracht hatte, als die englische Trennung von Spiritualien und Temporalien. Das größte Hindernis kam erst jetzt in ganzer Schärfe zum Ausdruck; Kirchenbesitz wurde sowohl im römischen als auch im kanonischen Recht als permanenter Besitz betrachtet. Nachdem Spirtitualien und Temporalien unterschieden wurden, mußte, wollte man dem Herrscher irgendwelche Rechte an den Temporalien gewähren, das Recht der Kirche an ihrem Besitz neu definiert werden. Man rang sich damals zu einer solchen neuen Definition noch nicht durch, sondern begnügte sich mit einem Ausweg, indem man den Herrschern auf dem Wege des Dispens eine Beteiligung an der Temporalienübertragung einräumte, ohne den Rechtszustand kirchlichen Besitzes zu verändern.

Als Papst Urban II. 1097 diesbezügliche Bemerkungen Ivos von Chartres, die dieser in seinem Streit mit Hugo von Lyon entwickelt hatte und die Hoffmann als erster ins rechte Licht gerückt hat, ablehnte, hatte sich die Erkenntnis, daß es bis zu einem gewissen Grad gerechtfertigt war, Herrschern Rechte auch über kirchlichen Besitz zu gewähren, noch nicht durchgesetzt. Deutlich machte sie sich jedoch sein Nachfolger, Paschalis II., zu eigen, als er Anselm von Canterbury gestattete, vorläufig Prälaten zu weihen, selbst wenn diese dem König einen Lehnseid geleistet haben sollten, bis sich der König dazu erweichen ließe, auf den Eid zu verzichten. Der Kompromiß war äußerst geschickt gewählt. Trotz Anerkennung der politisch-legalen Verhältnisse in England, gab der Papst keinen kirchlichen Anspruch auf die Dauer auf. Als Gewinn konnte er buchen, daß Heinrich I. von England seinerseits darauf verzichtet hatte, weiterhin die Investitur mit Ring und Stab vorzunehmen. Zur Zeit Paschalis II. wurden Ring und Stab allerdings als rein kirchliche Symbole betrachtet. Der Ring symbolisierte die Ehe Christi mit der Kirche, seiner Braut – und daher die Bindung eines Bischofs an seine Kirche – und der Krummstab die Seelsorge. Die Verleihung dieser Symbole, also die Investitur, wurde daher als sakramentale Handlung betrachtet, die selbstverständlich von einem Laien nicht vorgenommen werden konnte, auch nicht mehr vom König, nachdem ihm die theokratischen Grundlagen seiner Herrschaft entzogen worden waren. Heinrich I. von England hatte dies erkannt, aber trotz der engen Beziehungen zwischen England und Deutschland, Heinrich V. heiratete die englische Königstochter Mathilde, verging noch mehr als ein Dezennium, bevor sich auch der deutsche König dem Drängen seiner Umwelt nicht mehr verschließen konnte.

Es ist nicht schwer, den Grund für diese Beharrlichkeit auf deutscher Seite zu erkennen. Die militärische Eroberung Englands durch Wilhelm I. hatte es ihm erlaubt, ein striktes Lehnsrecht einzuführen, unter dem der König der alleinige Eigentümer alles Grundbesitzes war, das er aus eigener (militärischer) Machtvollkommenheit an seine Vasallen, die er tatsächlich in einem strikten Abhängigkeitsverhältnis zu halten wußte, nach einem Quotensystem verlieh, darunter auch an die geistlichen Magnaten. Heinrich IV. hatte keine Gelegenheit, ein ähnlich radikal-absolutes Lehnsverhältnis einzuführen, sondern war an die Regierungsmethoden seiner Vorfahren gebunden. Ihm fehlte es daher an Kompromißmöglichkeiten. Wie auch das Vorgehen Rudolfs von Rheinfelden im Zusammenhang mit der anscheinend formlosen Temporalienübertragung an Wigold von Augsburg zeigt, gab es in Deutschland damals keinen Lehnseid, der die Investitur hätte ersetzen können. Wie der folgende Abschnitt zeigt, mußte sogar Papst Calixt II. Heinrich V. eine Investitur mit den Temporalien in den Wormser Abmachungen gestatten.

Die Situation in Frankreich war viel weniger klar als in England oder Deutschland. Die Sitten und Gebräuche in den zahlreichen Territorien Adelsfamilien unterschieden sich sehr von einander, so daß man den verschiedenartigsten Kompromissen gegenüber offen war. In keinem anderen »Land« hätte ein Kirchenrechtler des elften Jahrhunderts, der sich ganz der Reform verschrieben hatte, erklären können, so wie es Ivo von Chartres tat, daß die Investitur, die er im Fall des Erzbischofs Daimbert von Sense für nicht erwiesen hielt, zu den Dingen gehörte, die mit dem Seelenheil nichts zu tun hätten und die man daher notfalls dulden könne. Als Ivo schrieb und als Urban das Hominiumsverbot auf der Synode von Clermont verkünden ließ, sprachen die französischen »Quellen schon lange ... nicht mehr von Investitur mit Ring und Stab« (Becker, Frankreich).

Die Frage, ob Philipp noch Investitur ausgeübt hat, obwohl Urban sie in der Theorie nach wie vor verbot, in der Praxis aber vielleicht duldete, läßt sich deshalb nicht klar beantworten. »Wahrscheinlich ist es so gewesen, daß der französische König den gegebenen Verhältnissen entsprechend (die Wirksamkeit und Macht seiner Kirchenhoheit war dabei natürlich oft entscheidend) bald die Investitur mit dem Bischofsstab (z.B. in Chartres bei der Erhebung Ivos) erteilte, bald einem Bischof die Güter seines Bistums mit oder ohne irgend eine Zeremonie übertrug oder einfach überließ« (Becker, Frankreich). Es kann jedoch keine Rede davon sein, daß 1098 zwischen Papst und König in der Investiturfrage ein Übereinkommen getroffen wurde. Es mag sein, daß dem schon damals nichts mehr im Wege stand als Philipps Eheprozeß. Dieser endete erst im Dezember 1104 mit der engültigen Absolution des französischen Königs, der sich schließlich von Bertrada von Monfort getrennt hatte, auf einem Konzil in Paris. Der Streit um die Besetzung des Bistums Beauvais, der in den Frankreich üblichen Bahnen verlief, indem sich sowohl der König als auch der Papst mit Teilerfolgen in der Wahrung ihrer Rechte zufrieden gaben, fand auf dem gleichen Konzil seinen Abschluß, da Galo, der zum Bischof von Beauvais von Paschalis geweihte, aber vom König abgelehnte Schüler Ivos als Bischof von Paris an ihm teilnahm. Als Paschalis II. sich entsprechend der Tradition seiner Vorgänger Leo IX. und Urban II. Ende 1106 anschließend an das Konzil von Guastalla nach Frankreich wandte, kam es daher fast wie selbstverständlich in der Abtei Saint-Denis zu einem feierlichen Treffen zwischen Papst Paschalis und den gemeinsam herrschenden Königen Philipp I. und Ludwig VI., über das der berühmte Abt Suger von Saint-Denis gut drei Jahrzehnte später knapp und aus der Sicht späterer Verhältnisse berichtete. Der Abt schrieb, daß man sich damals herzlich und freundschaftlich über kirchliche Angelegenheiten (die nicht definiert werden) unterhielt und daß sich der Papst schließlich an die französischen Könige mit der Bitte um Unterstützung für seine Deutschland-Politik wandte, die ihm auch gewährt wurde. So kam es, daß Paschalis kurz vor der Eröffnung seiner Synode von Troyes zu Himmelfahrt 1107 zu Châlons-sur-Marne den Botschaftern des deutschen Königs mit einer ansehnlichen Entourage geistlicher und weltlicher Magnaten Frankreichs entgegentreten konnte und sich dem deutschen Herrscher gegenüber auf keinerlei Kompromisse einzulassen brauchte. Die dürren Worte Sugers sind alles, was wir über das Bündnis zwischen Rom und Frankreich wissen. Doch scheint es, daß der Papst und die Könige sich dahingehend verständigt hätten, »die augenblicklichen kirchenpolitischen Verhältnisse in Frankreich als zufriedenstellend anzuerkennen und den derzeitigen Modus der Bistumsbesetzungen im wesentlichen beibehalten zu wollen« (Becker, Frankreich).

4. Der Frieden zwischen Reich und Kirche: Das Wormser Konkordat

Die deutschen Abgesandten, an der Spitze Erzbischof Bruno von Trier, denen sich Paschalis bei den Verhandlungen zu Châlons 1107 vor der Synode von Troyes gegenüber sah, repräsentierten nicht mehr den alten Gegner der Päpste, Kaiser Heinrich IV., sondern seinen Sohn, Heinrich V. (1106–1125), der sich um die Jahreswende 1104/1105 von seinem Vater losgesagt und mit Teilen des deutschen Adels besonders in Bayern, Sachsen und Thüringen gegen den alten Kaiser verbündet hatte. Papst Paschalis II., mit dem sich der Rebell sofort in Verbindung setzte, hatte ihn von dem Eid gelöst, in dem er bei seiner Krönung 1099 in Aachen dem Vater geschworen hatte, sich zu dessen Lebzeiten nie gegen seinen Willen in die Regierungsgeschäfte einzumischen. Der Mainzer Reichstag, der 1098 Heinrich V. zum König wählte, hat damals gleichzeitig die Absetzung Konrads ausgesprochen, dessen Gegenkönigtum in Deutschland nie von Bedeutung gewesen war und der, wohl 1107, unbeachtet in Italien starb. Heinrich V. erklärte sich zum Vorkämpfer der kirchlichen Partei, und Paschalis, der durch Legaten mit dem jungen König in enger Verbindung stand, mochte wohl hoffen, daß Rom so wie mit den Königen von Frankreich und England auch mit Heinrich V. eine beiderseits einigermaßen befriedigende Lösung der bestehenden Schwierigkeiten ausarbeiten könnte. Kaiser Heinrich IV., der bis zuletzt loyale Anhänger hatte, starb am 7. August 1106 in Lüttich. Das große, vom Papst einberufene und geleitete Konzil, das gegen Ende Oktober in Guastalla im Gebiet der Markgräfin Mathilde von Canossa stattfand, steht mit deutschen Verhandlungen in besonders engem Zusammenhang.

Bereits im März des Jahres 1106 hatte Paschalis von Benevent aus jenen Brief an Anselm von Canterburys geschrieben, in dem er dem Primas gestattete, auf dem Weg des Dispens auch solche Kleriker zu weihen, die dem englischen König Mannschaft, das heißt, *hominium* geleitet hatten, obwohl sein Vorgänger, Papst Urban II. dies untersagt hatte. Die Investitur gestattete Paschalis jedoch Heinrich I. nicht und erteilte auf dem Konzil von Guastalla auch der Gesandtschaft Heinrichs V. einen entsprechenden Bescheid: Investitur blieb verboten. Gleichzeitig folgte der Papst aber dem Vorbild Urbans, indem er aus christlicher Liebe heraus in Übereinstimmung mit den Vätern der frühen Kirche schismatisch ordinierte Bischöfe anerkannte, solange sie von simonistischen oder kriminellen Verfehlungen frei und aus kanonischer Wahl hervorgegangen seien. Außerdem durfte ihr Lebenswandel zu keinem Tadel Anlaß bieten. Heinrich V. jedoch bestand trotz dieser Zugeständnisse auf Investitur mit Ring und Stab, die das Konzil ganz eindeutig verbot. Trotzdem muß man sich mit Bruno von Trier, der von der Markgräfin Mathilde unterstützt wurde, auf einen Kompromiß geeinigt haben, denn Heinrich V. wurden nicht exkommuniziert und die Verhandlungen wurden zwar vertagt, aber nicht abgebrochen. Sie wurden in Châlons wieder aufgenommen, nachdem es in Saint-Denis zu einer Absprache zwischen den französischen Königen und Paschalis gekommen war. Die Haltung des Papstes hatte sich verschärft, wahrscheinlich weil Heinrich V. seinerseits jeden Kompromiß in bezug auf die Investitur verweigerte, Kompromisse, die die Herrscher Englands und Frankreichs eingegangen waren. Sugers Bericht über die Verhandlungen von Châlons ist erwiesenermaßen von der Terminologie des Wormser Konkordats beeinflußt, so daß man nicht weiß, ob Heinrich V. außerdem noch auf dem Hominium der Bischöfe und Reichsäbte bestanden hat. Auf jeden Fall verliefen auch die Besprechungen von Châlons wenigstens zunächst ergebnislos. In gewissem Sinn war es nämlich ein Resultat der scheinbar so fruchtlosen Verhandlungen, daß man in königlichen Kreisen nunmehr doch einzusehen begann, daß man trotz aller Kompromißbereitschaft des Papstes nicht damit rechnen konnte, daß er dem deutschen König die schon so lange umkämpfte Investitur gestatten würde.

Der auf das Jahr 1109 datierte »Tractatus de investituris«, für dessen Autoren man vielleicht den kaiserlichen Publizisten Sigebert von Gembloux halten kann, und der sehr wahrscheinlich den Legaten Heinrichs V. in diesem Jahr mit auf den Weg zu Verhandlungen nach Rom mitgegeben wurde, die die Kaiserkrönung vorbereiten sollten, hielt zwar noch an dem Investiturrecht des Königs fest, aber deutete in enger Anlehnung an den Brief Ivos von Chartres an Hugo von Lyon an, daß die Symbole, mit denen die Investitur durch den Herrscher vollzogen würde, von nebensächlicher Bedeutung seien, so lange sie vor der Weihe stattfände. Der König und Kaiser könne sie »durch Wort oder Befehl oder Stab oder eine andere Sache« vollziehen. Diese Investitur schütze den Besitz der Kirche. Am Tag der Weihe sollte dann der Bischof Ring und Stab vom Altar nehmen. Der »Tractatus« erwähnt auch den Lehnseid, der, so schlägt die Schrift vor, am besten vor der Weihe geleistet werden würde. Im deutschen Reich begegnet das Wort *hominium* zum ersten Mal in der Schrift, was Peter Classen der Beeinflussung der Politik Heinrichs V. durch das englische Beispiel zuschreibt. Der »tractatus de investituris« wies also einen Weg aus der Sackgasse, in die die deutsche Politik geraten war. Doch die Möglichkeiten, die ein Ausweichen in die »lehnsrechtliche Interpretation des Verhältnisses zwischen Bischof und König, dinglich in den Regalien und persönlich in dem Hominium« (Peter Classen) eröffnete, wurden 1110/1111 nicht genutzt. Die Verhandlungen mit dem Papst scheiterten. Auf dem Laterankonzil im März 1110, dessen Dekrete eine weite Verbreitung fanden, wurde nicht nur die Investitur mit Kirchen oder kirchlichen Würden verboten (Empfänger, Konsekrator und der die Investitur ausübende Laie wurden gleichermaßen mit der Exkommunikation bestraft), sondern auch die Übertragung kirchlicher Besitzungen. Lediglich das Hominium wird in den erhaltenen Kanones nicht erwähnt, was darauf schließen läßt, daß die Gesandten des Königs diesen Teil ihrer Instruktionen – falls es sich bei dem »Tractatus de investituris« tatsächlich um solche handelt – nicht hervorgeholt haben.

Obwohl die Verhandlungen zum Abbruch kamen, begab sich Heinrich V. schon im Sommer 1110 mit einem großen Truppenaufgebot auf den Weg nach Rom. Sein Ziel war die Kaiserkrone. Er nahm erneut Verhandlungen mit dem Papst auf, die zu den berühmt-berüchtigten Abmachungen vom Februar 1111 führten. Diesen Abmachungen zufolge wollte der Papst vor der Krönung des Kaisers die Bischöfe Deutschlands anweisen, die Regalien, die dem Reich auf unveräußerliche Weise zugeordnet und die seit der Regierung Karls des Großen an Kirchen übertragen worden waren, dem König zurückzugeben. Der König seinerseits versprach dem Papst, daß er unter diesen Bedingungen bei der Krönung als erster schwören würde, auf die Investitur mit Ring und Stab zu verzichten und kirchliche Besitzungen, die keine Regalien seien, in das volle Eigentum der Kirche übergehen zu lassen.

Im allgemeinen werden die Vorschläge Papst Paschalis' als utopisch bezeichnet, da jeder habe erkennen müssen, daß sie sich als undurchführbar erweisen würden. Man vermutet in Paschalis einen Vorläufer der Wanderprediger des späteren 12. Jahrhunderts, die die apostolische Armut der Kirche predigten, hat dabei aber nicht beachtet, daß der König dem Papst erstens die volle Wiederherstellung des Kirchenstaats, wie er in den alten Kaiserpakten beschrieben wurde, geschworen hatte und zweitens, daß der Ausdruck »Regalien« durchaus zweideutig war, und man nördlich und südlich der Alpen durchaus etwas anderes unter Regalien verstehen konnte und wollte. Regalien waren durchaus nicht alle weltlichen Rechte, selbst in Deutschland nicht, um von Italien einmal ganz zu schweigen. Aber wie dem auch sei, am Krönungstag, dem 21. Februar 1111, kam

es in der Peterskirche im Zusammenhang mit den vereinbarten Abmachungen zu Tumulten, die, nachdem Paschalis Heinrich die Krönung verweigerte, mit der Gefangennahme des Papstes und seiner
Anhänger am Abend des Tages endeten. Drei Monate später gelang
es Heinrich V. vom Papst und den mit ihm gefangenen Kardinälen
das in den Quellen als »Pravileg« bezeichnete »Privileg« von Ponte
Mammolo zu erpressen, das dem König die Kaiserkrone zusicherte
sowie das Recht, die Investitur von Bischöfen und Äbten weiterhin
mit Ring und Stab vorzunehmen. Es zeigte sich schnell, daß Heinrich, jetzt Kaiser, mit dem Privileg noch nichts gewonnen hatte. Paschalis wurde durch Opposition innerhalb der Kirche gezwungen,
es schon 1112 zu widerrufen. Man befand sich wieder am Nullpunkt.
Erst der Ponitifikat des Zweiten Nachfolgers Paschalis II. – Gelasius
II. (1118–1119) starb nach kurzer Regierungszeit im Kloster Cluny,
wohin er wegen der Feindschaft der mächtigen römischen Adelsfamilie der Frangipani hatte fliehen müssen – führte zur Wiederauf-
nahme von Verhandlungen zwischen Kaiser und Kurie. Papst Calixt II. (1119–1124), ein Burgunder, der vor seiner Wahl zum Papst
Erzbischof von Vienne gewesen war, hatte sich schon im Februar
1119 mit einem versöhnlich gestimmten Schreiben an Heinrich V.
gewandt, in dem er den auch von seinen Vorgängern vertretenen
Grundsatz erwähnte, daß der Kirche gehöre, was Christi sei, und
dem Kaiser, was ihm gehöre. Ein deutscher Reichstag im Juni bei
Mainz hatte beschlossen, sich um eine baldige Aussöhnung mit
dem Papst zu bemühen und im Herbst 1119 begannen dann auch in
Straßburg Besprechungen zwischen Heinrich V. und Vertretern des
Papstes, Wilhelm von Champeaux, dem bekannten Pariser Philoso-
phen und Lehrer Abelards, und Abt Pontius von Cluny. Wilhelm
wies auf sich selbst als Beispiel dafür hin, daß, obwohl er als Bischof
von Châlons vom französischen König weder vor noch nach der
Weihe (1113) »irgend etwas« (wohl die Investitur) empfangen habe,
er alle Verpflichtungen erfülle, die dem Staat (in der Erzählung Hes-
sos, der Quelle für Wilhelms Rede, wird der Ausdruck *res publica* anstelle des damals üblicheren Ausdrucks *regnum* gebraucht) seit altersher zustünden, genau wie die Bischöfe Heinrichs V. Daher solle
Heinrich auf jede Art der Investitur mit Bistümern und Abteien verzichten. Dazu erklärte sich Heinrich schließlich auch bereit.
Pontius von Cluny und Wilhelm von Champeaux berichteten dem
Papst, der sich in Paris aufhielt. Dieser entsandte nunmehr außer
Wilhelm und Pontius auch zwei Kardinäle (sie sollten später beide
einmal Papst werden), Lambert von Ostia und Gregor von Sant-An-
gelo zu Heinrich, damit diese den Vertrag schriftlich abschließen
könnten, und um ein Treffen zwischen Papst und Kaiser zu verein-

baren, das noch vor der Beendigung des päpstlichen Konzils, das für Reims einberufen worden war, stattfinden sollte. Es wurde für den 24. Oktober zu Mouzon vereinbart, und der Papst zog dem Kaiser tatsächlich auch entgegen, nachdem er das Reimser Konzil unterbrochen hatte. Doch im allerletzten Augenblick, so berichtet Hesso (ein päpstlicher Anhänger, der nicht immer ganz glaubhaft ist), fürchtete man, daß der Kaiser die Vereinbarungen im Sinne der 1111 gemachten Vorschläge auslegen und sich den Kirchenbesitz aneignen würde oder ihn zum Gegenstand einer lehnsrechtlichen Investitur machen wolle. Außerdem wollte man die kaiserlichen Gegenbischöfe nicht mit in den Frieden einbeziehen. Nach Theodor Schieffer muß es sich hier um einen Versuch gehandelt haben, Heinrich auch eine ausdrückliche Verzichtserklärung auf die »weltliche Investitur« zu entwinden, die man sich wohl als Analogie zu der englichen Temporalienverleihung denken kann. Heinrich fand sich dazu nicht bereit, da er, wie er erklärte, einen solchen Verzicht nicht ohne Konsultierung der Fürsten vornehmen könne. Die Parteien trennten sich erneut. Die Synode von Reims, der durch Kardinal Johannes von Crema berichtet wurde, Heinrich V. habe die Schandtat von 1111 wiederholen wollen, reagierte auf die Nachrichten von Mouzon mit einer Exkommunikation des Kaisers, des Gegenpapstes Burdinus (Heinrich V. hatte ihn 1118 erheben lassen, aber seit Beginn der Verhandlungen mit Calixt II. stillschweigend fallen gelassen) und zahlreicher Anhänger Heinrichs, einschließlich des berühmten Bologneser Juristen Irnerius. Doch sah sich der neue Papst auch von der Reimser Synode enttäuscht, die sich weigerte, einen Kanon zu akzeptieren, der dem zuletzt auf den Verhandlungen von Mouzon eingenommenen Standpunkt des Papstes entsprach und der nicht nur die Investitur mit kirchlichen Ämtern, sondern auch mit kirchlichem Besitz verboten hätte.

Wie Theodor Schieffer betont, waren die Verhandlungen von Mouzon trotz des Scheiterns eine »Etappe auf dem Wege nach Worms, wo großenteils dieselben Personen handelten und die Entwürfe von 1119 als Vorurkunden benutzt wurden.« Schon damals wurde die Fortdauer der bischöflichen Leistungen, die trotz der Bezeichnung *servitium* nicht auf das Lehnrecht zurückgeführt werden können, auf beiden Seiten als Selbstverständlichkeit betrachtet. Außerdem zeigt gerade der stürmische Ablauf des Reimser Konzils, daß die Mehrzahl der Teilnehmer zu einem Kompromiß bereit waren, und selbst unter den damaligen Umständen – der Papst war nach der Rückkehr von Mouzon einem körperlichen Zusammenbruch wie Hesso berichtet so nahe, daß er sich auf dem Konzil durch Johannes von Crema vertreten lassen mußte – wollte man den Frieden nicht durch die »Ratifizierung« der von Calixt vorgeschlagenen Kanones erschweren. Der Stimmung dieser Mehrzahl auf dem Konzil, so darf man wohl schließen, wird die Stimmung vieler Kreise innerhalb der Kirche entsprochen haben. Auf dem Reimser Konzil hatte man nichts dagegen, Laienrecht am Kirchengut zumindest stillschweigend anzuerkennen, selbst auf die Gefahr hin, daß dies im deutschen Reich, wenn man das *regnum* schon so bezeichnen darf, in einer im übrigen Abendland bereits überholten Form, der Temporalieninvestitur, zum Ausdruck gebracht werden sollte.

Das Verlangen nach Frieden mit der Kirche herrschte auch unter dem Adel Deutschlands vor, obwohl sich die Adelsopposition zum Kaiser unter der Führung des Erzbischofs Adalbert von Mainz im großen und ganzen in einer günstigen Lage befand. Adalbert, der an den Ereignissen von 1110/1111 führend beteiligte Erzkanzler Heinrichs V., war kurz danach wegen seiner ungezügelten Machtpolitik im Familieninteresse in Ungnade gefallen. Von Papst Calixt II. wurde er auf dem Konzil von Reims, an dem er mit einer Begleitung von 500 seiner Ritter teilnahm, zum päpstlichen Legaten ernannt, so daß er nach dem Scheitern der Verhandlungen von Mouzon die Opposition gegen Heinrich V. gleichzeitig als führendes Mitglied des deutschen Adels und als Repräsentant der Kirche leitete. Adalberts Partei, zu der der Erzbischof von Köln sowie die sächsischen und niederrheinischen Fürsten gehören, verhielt sich zunächst jedoch völlig abwartend, bis 1121 auf beiden Seiten wieder einzelne militärische Aktionen die kriegsmüden Parteien erneut in Bewegung brachten. Doch endete diese Phase, in der es nicht nur um kirchliche Rechte sondern ebenso sehr um die Vorherrschaft in den mittelrheinischen Territorien (Peter Classen) ging, bereits Ende September/Anfang Oktober 1121 mit dem Würzburger Reichstag, der, so Heinrich Büttner, mit einem förmlichen Friedensvertrag zwischen Kaiser Heinrich V. und der Fürstenopposition schloß. Die Bedingungen wurden, so scheint es, ganz von Adalbert und seiner Partei diktiert. Der Kaiser sollte sich dem Papst fügen, von dem man anzunehmen schien, daß er wieder ins Reich kommen würde, um den endgültigen Frieden zwischen Reich und Kirche auszuhandeln und zu besiegeln. Bis dahin sollten die kanonisch gewählten Bischöfe im Amt bleiben, auch wenn sie von Heinrich erhoben worden waren – eine Regelung, die besonders im Interesse zweier erklärter Anhänger Adalberts von Mainz, sein Bruder Bruno von Speyer und Bischof Burchard von Worms, festgehalten wurde. Sehr wesentlich ist außerdem, daß die Würzburger Abmachung zum ersten Mal in der Geschichte eine sehr klare Unterscheidung zwischen dem Kaiser auf der einen Seite und dem Reich auf der anderen Seite trifft. Dabei

wird das Reich mit den Fürsten identifiziert, so daß diese »als gleich-
berechtigte Partner des Königs am Reich auftreten« (Büttner).

Als im Juli 1122 die päpstlichen Legaten, unter denen sich wieder der
schon in Mouzon beteiligte Kardinal Lambert von Ostia (später
Papst Honorius II.) sowie der Kardinaldiakon Gregor (später Papst
Innozenz II.) befanden, mit der an den Papst geschickten deutschen
Gesandschaft in Deutschland eintrafen, beriefen sie sofort, schon
für Anfang September, eine allgemeine Synode nach Mainz, der Bischofsstadt Adalberts. Es sah so aus, als ob man erwartete, daß Heinrich sich, ohne irgendwelche Gegenleistungen zu verlangen, dem
Diktat Adalberts und seiner Partei beugen würde. Aber selbst wenn
die deutsche Gesandtschaft in Rom diesen Eindruck erweckt haben
sollte, paßten sich die päpstlichen Legaten schnell den tatsächlichen
Machtverhältnissen an und verhandelten während des Monats August lebhaft mit dem Kaiser, der sich im Mittelrhein- und Oberr-
heingebiet befand.

Die für Mainz angekündigte Synode fand wie geplant statt, wahrscheinlich unter Teilnahme von Legaten Heinrichs V., Erzbischof
Bruno von Trier, Bischof Otto von Bamberg und einem kaiserlichen Kapellan Arnold. Der Kaiser selbst blieb während der Synode
und während der Verhandlungen überhaupt in der kaiserlichen
Stadt Worms und vor den Toren dieser Stadt; auf den nicht mehr lo-
kalisierbaren Lobwiesen fand dann auch am 23. September 1122 die
Versöhnung zwischen dem Kaiser und der Kirche statt, bei der auf
eine förmliche Kirchenbuße des Kaisers verzichtet wurde, und die
Legaten Calixts nur noch Minimalforderungen durchsetzten. Die
drei Legaten des Papstes tauschten mit dem Kaiser kurze Urkunden
aus, die in knapper Form, die deutlich die Züge von Waffenstill-
standsdokumenten trug, Grundsätze für die Regelung des damals
schon mehr als 40 Jahre währenden Streits zwischen der Kirche und
dem Reich enthielten. Der Kaiser verzichtete auf das Recht der Investitur mit Ring und Stab und gestattete freie kanonische Wahl
und Weihe. Der Papst gestattete die Wahl für deutsche Bistümer
und Abteien in Gegenwart des Königs und räumte dem König
außerdem ein gewisses Recht ein, in umstrittene Wahlen einzugrei-
fen. Vor allen Dingen wurde dem Kaiser gestattet, die nicht näher
definierten Regalien dem Kandidaten in Deutschland vor der Weihe durch das Szepter zu übertragen. In Burgund und Reichsitalien
sollte der Herrscher die Regalien erst dem bereits geweihten Bischof
oder Abt übertragen können. Beim Empfang der Regalien sollten
die Geistlichen die entsprechenden, nicht näher bezeichneten
Rechtspflichten gegenüber dem Herrscher erfüllen. Beide Seiten
versprachen einander Frieden.

Historiker haben lange über die Dauer und den rechtlichen Charakter der beiden Urkunden gestritten, die erst im 17. Jahrhundert Konkordat genannt wurden. Die Urkunde Heinrichs V. ist noch heute im Original im Vatikanischen Archiv erhalten. Im Mittelalter sah man sie außerdem, anscheinend in lesbarer Form, auf einem der berühmten Fresken des Lateranpalasts, auf dem Heinrich V. bei ihrer Überreichung an den Papst dargestellt wurde. Das päpstliche Dokument ist nur in abschriftlicher Form erhalten und für Spezialisten ergeben sich daher zahllose, zum Teil faszinierende Fragen, die aber wohl nie beantwortet werden können. Fest steht jedenfalls, daß Calixt II. seine Abmachungen mit dem Kaiser dem großen Laterankonzil von 1123 vorlegte. Trotz heftigen Widerstandes der alten Anhänger Papst Paschalis II., die seit dem Debakel von 1111 jeglichem Kompromiß abgeneigt waren, gelang es Calixt, die offizielle Anerkennung der Vereinbarungen durch das Konzil zu erreichen, und zwar mit der gleichen Begründung, mit der auch schon Paschalis die verschiedenen Abmachungen mit England und Frankreich begründet hatte: die Zeitumstände verlangten nach einem Dispens von der sofortigen Durchführung der theoretischen Maximalforderungen. Der Vertrag war wie die weniger formellen Vereinbarungen mit England und Frankreich ein Kompromiß, doch wie diese erreichten die Wormser Dokumente ihren Zweck. Der Friede wurde wiederhergestellt, und das Verhältnis zwischen weltlicher und kirchlicher Macht, dem *regnum* und dem *sacerdotium,* entwickelte sich auf neuen Bahnen, die für das spätere Mittelalter charakteristisch werden sollten.

5. Literaturhinweise zu V.

A. Becker, Papst Urban II. (1088–1099), I: Herkunft und kirchliche Laufbahn. Der Papst und die lateinische Christenheit (1964); *R. L. Benson,* The Bishop-Elect: a Study in Medieval Ecclesiastical Office (1968), hier besonders Part II, S. 203 ff.; *J. Beumann,* Sigebert von Gembloux und der Traktat »De investitura episcoporum« (1976); *U.-R. Blumenthal,* The Early Councils of Pope Paschal II. 1100–1110 (1978) *C. Servatius,* Paschalis II. (1099–1118) (1979); *O. Cartellieri,* Abt Suger von Saint-Denis (1081–1151) (1898); *A. Cauchie,* La querelle des investitures dans les diocèses de Liège et de Cambrai (1889/91); *S. Chodorow,* Christian political Theory and Church Politics in the Mid-Twelfth Century (1971); *ders.,* Ecclesiastical Politics and the Ending of the Investiture Contest: The Papal Election of 1119 and the Negotiations of Mouzon, Speculum 46 (1971), S. 613 ff.; *P. Classen,* Gerhoch von Reichersberg

(1960); *Ch. Dereine*, L'élaboration du statut canonique des chanoines réguliers spécialement sous Urban II., Revue d'Histoire ecclés. 46 (1951); *C. Erdmann*, Mauricius Burdinus, QF 19 (1927), S.205 ff.; *A. Fliche*, Y-a-t-il eu en France et en Angleterre une querelle des investitures?, Rev. Bén. 46 (1934), S.283 ff.; *R. Foreville*, Latran l, II, III, et Latran IV (1965); *J. Fried*, Die Entstehung des Juristenstandes im 12. Jahrhundert (1974), ders., Der Regalienbegriff im 11. und 12. Jahrhundert, DA 29 (1973), S.450 ff., mit der älteren Literatur; *W. Fröhlich*, Die Entstehung der Briefsammlung Anselms von Canterbury, HJ 100 (1980), S.457 ff.; *H. Fuhrmann*, Einfluß und Verbreitung der pseudoisidorischen Fälschungen, besonders Bd. 2 (1973); *F. L. Ganshof*, Qu'est-ce-que la féodalité? (1957) – Was ist das Lehnswesen? (1961); *F. J. Gossman*, Pope Urban II and Canon Law (1960); *Th. Gottlob*, Der kirchliche Amtseid der Bischöfe (1936); *H. Guleke*, Deutschlands innere Kirchenpolitik 1105–1111 (1882); *F. Hausmann*, Reichskanzlei und Hofkapelle unter Heinrich V. und Konrad III. (1956); *W. Heinemann*, Das Bistum Hildesheim im Kräftespiel der Reichs- und Territorialpolitik vornehmlich des 12. Jhdts. (1958); *C. Henking*, Gebhard III., Bischof von Constanz: 1084–1110 (1880); *E. Hirsch*, Kardinal Deusdedits Stellung zur Laieninvestitur, Arch. f. kath. Kirchenrecht 88 (1908), S.34 ff.; *R. Hiestand*, Legat, Kaiser und Basileus: Bischof Kuno von Praeneste und die Krise des Papsttums von 1111/1112, in: Aus Reichsgesch. und Nordischer Gesch. Kieler Hist. Studien 16 (1972), S.141 ff.; *H. Hoffmann*, Gottesfriede und Treuga Dei (1964); *ders.* grundlegend, Ivo von Chartres und die Lösung des Investiturproblems, DA 15 (1959), S.393 ff.; *W. Kienast*, Untertaneneid und Treuevorbehalt in England und Frankreich (1952); *W. Holtzmann*, Zur Geschichte des Investiturstreites (englische Analekten ll), NA 50 (1933–35) S.246 ff., besonders Teil 3: England, Unteritalien und der Vertrag von Ponte Mammolo, S.282 ff. und Teil 4: eine Bannsentenz des Konzils von Reims 1119, S.301 ff.; *K. Jordan*, Das Eindringen des Lehnswesens in das Rechtsleben der römischen Kurie mit einem Nachtrag zum Neudruck (1971); *W. Kienast*, Deutschland u. Frankreich in der Kaiserzeit (900–1270), Weltkaiser und Einzelkönige, 3 Bde. (1974/75); *H. W. Klewitz*, Das Ende des Reformpapsttums, DA 3 (1939), S.372 ff., wieder abgedr. in: Reformpapsttum und Kardinalkolleg (1957), S.209 ff.; *W. Kratz*, Der Armutsgedanke im Entäußerungsplan des Papstes Paschalis ll. (1933); *G. Ladner*, I mosaici e gli affreschi ecclesiastico-politici nell'antico palazzo Lateranense, Rivista di Arch. Cristiana 12 (1935), S.281 ff.; *ders.*, Theologie und Politik vor dem Investiturstreit (1936); *K. Leyser*, England and the Empire in the Early Twelfth Century, Transact. of the Roy. Hist. Soc., 5th ser., 10 (1960), S. 61 ff.; *F. Liebermann,* Anselm von Canterbury und Hugo von Lyon, in Hist. Aufsätzen dem Andenken an G. Waitz gewidmet (1886), S.156 ff.; *W. Lühe,* Hugo von Die und Lyon, Legat von Gallien (1898); *I. Ott,* Der Regalienbegriff im 12. Jhdt., ZRG Kan. 35 (1948), S.234 ff.; *P. F. Palumbo,* Lo scisma del MCXXX (1942); *ders.,* Nuovi studi (1942–1962) sullo scisma di Anacleto II, Bull. Ist. Stor.It. 75 (1963), S.77 ff.; *G. Peiser,* Der Deutsche Investiturstreit unter König Heinrich V. bis zum päpstlichen Privileg vom 13. April 1111 (1883); *U. Robert,* Histoire du Pape Calixte II. (1891); *A. Scharnagl,* Der Begriff der Investitur in den Quellen und der Literatur des Investiturstreites (1908); *R. Schieffer,* Die Entstehung des päpstlichen Investiturverbots für den deutschen König (1981); *Th. Schieffer,* Nochmals die Verhandlungen von Mouzon 1119, Festschrift Stengel (1952), S.324 ff.; *F.-J. Schmale,* Studien zum Schisma des Jahres 1130 (1961); *G. Schreiber,* Kurie und Kloster im 12. Jhdt. (1910); *W. Schum,* Kaiser Heinrich V. und Papst Paschalis II. im Jahre 1112. Nebst einem Anhang über: Abt Gottfrieds von Vendôme Stellung zur Investiturfrage, Jahrb. Ak. Erfurt, N.F. 8 (1877), S.189 ff.; *O. Schumann,* Die päpstlichen Legaten in Deutschland zur Zeit Heinrichs IV. und Heinrichs V. (1056–1125) (1912); *C. Servatius,* Paschalis II., 1099–1118 (1979); *R. Somerville,* The Councils of Urban II., 1: Decreta Claromontensia (Ann. Hist. Conciliorum, Suppl. 1, 1972); *M. Stroll,* New Perspectives on the Struggle Between Guy of Vienne and Henry V. Arch. Hist. Pont. 18 (1980), S.97 ff.; *G. Tellenbach,* Der Sturz des Abtes Pontius von Cluny und seine geschichtliche Bedeutung, QF 42–43 (1963), S.13 ff.; *A. Waas,* Heinrich V.: Gestalt und Verhängnis des letzten salischen Kaisers, (1967); *St. Weinfurter,* Salzburger Bistumsreform und Bischofspolitik im 12. Jhdt. Der Erzbischof Konrad I. von Salzburg (1106–1147) und die Regularkanoniker (1975); *H. White,* The Gregorian Ideal and Saint Bernard of Clairvaux, Journal of the Hist. of Ideas 21 (1960), S.332 ff., *ders.,* Pontius of Cluny, the Curia Romana and the End of Gregorianism in Rom, Church Hist. 27 (1958), S.195 ff.; *M. J. Wilks,* Ecclesiastica and Regalia: Papal investiture policy from the Council of Guastalla to the First Lateran Council, 1106–23, in: Studies in Church History 7 (1971), S.69 ff.; *H. Wolter,* Ordericus Vitalis. Ein Beitrag zur kluniazensischen Geschichts-Schreibung (1955); *H. Zatschek,* Beiträge zur Beurteilung Heinrichs V., I: Die Verhandlungen des Jahres 1119, DA 7 (1944), S.48 ff., s. dazu den Beitrag von *Th. Schieffer,* Mouzon (wie oben); *P. Zerbi,* Pasquale II e l'Ideale della povertà della Chiesa, Ann. dell'Un. Catt. del Sacro Cuore (1965), S.203 ff.

Zu England

F. Barlow, A view of Archbishop Lanfranc, Journal of Eccl. Hist. 16 (1965), S.163 ff.; ders., The English Church 1000–1066 (1979); ders., The Feudal Kingdom of England 1042–1216 (1955), eine sehr gute Einführung; H. Böhmer, Kirche und Staat in England und der Normandie im XI. und XII. Jhdt. (1899), nach wie vor wichtig zum sog. Anonymous of York; M. Brett, The English Church under Henry I. (1975); C. N. L. Brooke, Gregorian Reform in Action: Clerical Marriage in England 1050–1200, Cambridge Hist. Journal 12 (1956), S.1 ff.; Z. N. Brooke, The English Church and the Papacy from the Conquest to the Reign of John (1932), besonders zu Lanfranc; ders., Pope Gregory VII's Demand for Fealty from William the Conqueror, EHR 21, S.225 ff.; N. F. Cantor, Church, Kingship and Lay-Investiture in England 1089–1135 (1958), s. dazu Th. Schieffer, HZ 192 (1961), S.690 ff.; R. R. Darlington, Ecclesiastical Reform in the Late Old English Period, EHR 51 (1936), S.385 ff.; M. Gibson, Lanfranc of Bec (1978); K. Pellens, Das Kirchendenken des normannischen Anonymus (1973); ders., Die Texte des Normannischen Anonymus (1966); R. E. Reynolds, The Unidentified Sources of the Norman Anonymous, in: Cambridge Bibl. Society, Transactions 1969 (vol. 5, part 1), S.122 ff.; R. W. Southern, St. Anselm and His Biographer (1963), eine sehr gute Studie über Anselm und seine Zeit; F. M. Stenton, Anglo-Saxon England (1971³), hier besonders S.622 ff.; ders., The First Century of English Feudalism 1066–1166 (1932); Tenth-Century Studies: Essays in Commemoration of the Millennium of the Council of Winchester and Regularis Concordia, hrsg. von D. Parsons (1975); H. Tillmann, Die päpstlichen Legaten in England bis zur Beendigung der Legation Gualas (1218) (1928); G. H. Williams, The Norman Anonymous of 1100 A.D. (1951).

Zu Frankreich

A. Becker, Studien zum Investiturproblem in Frankreich (1955); E. Bournazel, Le gouvernement Capétien au VIIe siècle, 1108–1180 (1975); A. Cauchie, La querelle des investitures dans les diocèses de Liège et de Cambrai (1889/91); J. Choux, L'épiscopat de Pibon (1069–1107): Recherches sur le diocèse de Toul au temps de la réforme grégorienne (1952); A. Fliche, Premiers resultats d'une enquête sur la réforme grégorienne dans les diocèses français, Comptes rendus des séances de l'Académie des inscr. et belles lettres 1944, S.162 ff.; ders., Le règne de Philippe Ier, roi de France (1912); P. Imbart de la Tour, Les élections épiscopales dans l'église de France du IXe au

XIIe siècle (1891); *J.-F. Lemarignier,* Le gouvernement royal aux premiers temps Capétiens (987–1108) (1965), eine sehr gute Einführung mit ausführlicher Bibliographie; *A. Luchaire,* Louis VI., le Gros, Annales de sa vie et de son règne (1081–1137) (1890); *B. Monod,* L'élection épiscopale de Beauvais de 1100 à 1104, Mémoires de la société académique... du département de l'Oise, 19 (1904–1906); *ders.,* Essai sur les rapports de Pascal II. avec Philippe Ier (1099–1108) (1907); *M. Pacaut,* Louis VII. et les élections épiscopales dans le royaume de France (1957); *ders.,* Louis VII. et son royaume (1964); *P. E. Schramm,* Der König von Frankreich, das Wesen der Monarchie vom 9. zum 16. Jhdt., 2 Bde. (1939); *W. Schwarz,* Der Investiturstreit in Frankreich, ZKG 42 (1923), S. 262 ff., s. dazu *Becker,* Studien (wie oben).

Zum Hominium

s. *Classen,* wie unten, Zum Wormser Konkordat; *G. F. L. Ganshof,* Note sur l'apparition du nom de l'hommage particulièrement en France, in: Aus Mittelalter und Neuzeit, Festschrift G. Kallen (1957), S. 29 ff.; *W. Kienast,* Untertaneneid und Treuevorbehalt in England und Frankreich (1952); *M. Minninger,* Von Clermont zum Wormser Konkordat (1978), nicht immer ganz geglückt, aber mit guten Anregungen; *G. Waitz,* Deutsche Verfassungsgeschichte 6, 2. Aufl. bearb. v. *G. Seeliger* (1896) S. 136 ff.

Zu Ivo von Chartres

A. Esmein, La question des investitures dans les lettres d'Yves de Chartres, (1889); *P. Fournier,* les collections canoniques attribuées à Yves de Chartres, BEC 57 und 58 (1896, 1897); *H. Hoffmann,* Ivo von Chartres und die Lösung des Investiturproblems, DA 15 (1959); *R. Sprandel,* Ivo von Chartres und seine Stellung in der Kirchengeschichte (1962).

Kreuzzüge

H.-E. Mayer, Die Kreuzzüge (1980^5) grundlegend; *ders.* Bibliographie zur Gesch. der Kreuzzüge (bis 1965) und dazu ergänzend HZ Sonderheft 3 (1965); *J. Prawer,* Histoire du royaume de Jerusalem (1969); *S. Runciman,* A History of the Crusades 1: The First Crusade and the Foundation of the Kingdom of Jerusalem (1951; dt. Übers. 1959), durch Mayer sind die weiteren Bände des Werks (2 und 3) überholt; *C. Erdmann,* Die Entstehung des Kreuzzugsgedankens (1935).

E. Bernheim, Das Wormser Konkordat und seine Vorurkunden (1906; Neudr. 1970); *H. Büttner,* Erzbischof Adalbert von Mainz, die Kurie und das Reich in den Jahren 1118 bis 1122, in: Investiturstreit u. Reichsverfassung, hrsg. v. *J. Fleckenstein* (s. oben Kap. 4), S. 395 ff.; *P. Classen,* Das Wormser Konkordat in der deutschen Verfassungsgeschichte, in: Investiturstreit u. Reichsverfassung, S. 411 ff., ein sehr grundsätzlicher Aufsatz, dem ich weitgehend gefolgt bin; *A. Hofmeister,* Das Wormser Konkordat: zum Streit um seine Bedeutung, Neuausgabe mit Vorwort von *R. Schmidt* (1962); *M. Minninger,* Von Clermont zum Wormser Konkordat (1978).

Register